HIGH-QUALITY ORGANIZATIONAL LEARNING

高质量学习

中国式组织学习实践与创新

——>

何建湘　高剑峰　著

中国人民大学出版社
·北京·

本书评语

高质量学习理论体系是一个系统完整、逻辑严谨、融贯中西、特色突出、体用结合的组织学习理论体系，是企业推进高质量学习从理论到实践的行动指南，是组织与个人应对不确定性与不稳定性未来的根本途径，对于推动学习型大国建设、促进社会创新与高质量发展、加快中国式现代化进程具有重要的现实意义与时代价值。这是一次对中国式组织学习理论体系化与学理化的有益探索，是中国自主知识体系建构过程中浓墨重彩的一笔。

——刘伟　中国人民大学原校长、国家一级教授

结合自己在不同工作岗位的经历，我对本书提出的高质量学习理念及相关思考深有感受。让学习成为一种信仰和风气以及提高学习的质量对于一个组织的成长进步至关重要。建湘团队历经20年的理论与实践探索，提出了颇具建设性的机构学习的理论体系及可落地的方法论，对于今天处于纷繁复杂环境中的企业来说，具有重要的参考价值。

——屠光绍　上海交通大学上海高级金融学院首任理事长

本书提出并阐述的"高质量学习"这个话题，可谓是开风气之先，很有现实意义和实操价值。本书在论述上将历史、实践、理论三个维度相结合，认

真总结中国共产党组织学习的宝贵经验和典型成果，展示了一段跨越百年的高质量的组织学习史。它是一部鲜活的组织学习的基本读本。推进高质量学习型组织、高质量学习型企业的建设，无疑是更好走向未来的重大举措。

——陈晋　中央马克思主义理论研究和建设工程咨询委员会委员、
中共中央党史和文献研究院原院务委员

从理论内容初步发布，到一起探讨高质量学习规划方法论、和差与积原理妙用等，再到图书的出版，一路见证了高质量学习理论体系逐步成熟的过程，也感受到作者难能可贵的学术精神。基于20年本土实践，经过5年精心打磨的《高质量学习》一书堪称中国式组织学习理论的开山之作，定能为中国企业增强核心功能、提高核心竞争力注入鲜活力量！

——邓志雄　国务院国资委产权管理局原局长、规划发展局原局长

2021年我第一次听到建湘团队关于组织学习理论研究的报告，一家知识服务机构致力于教育培训的底层理论研究，使我感到很惊奇；近日又欣喜地看到，他们锲而不舍，孜孜以求，将其研究成果成书出版，可喜可贺！

该研究成果兼顾历史深度与现实宽度，对中国企业组织学习独特性的剖析尤为深刻，读罢有"知其然，知其所以然，知其所以必然"的豁然顿悟；该研究成果所提出的"6大环节、21个工作模块"的本土化组织学习实践路径，对中国企业有很高的指导借鉴价值。

——董大海　中国大连高级经理学院原常务副院长、中国国有企业
研究院院长、大连理工大学二级教授

中国经济已由高速增长阶段转向高质量发展阶段，企业要实现高质量发展，需要高质量学习。《高质量学习》一书，科学回答了高质量学习的基本内涵、总体特性、独特"基因"、标准体系、核心价值以及实施路径，是对新时

代组织学习理论体系的重构，是中国式组织学习理论与实践研究的一次突破。对于丰富和发展中国特色管理理论，指导中国企业组织学习实践具有重要参考价值。

——黄群慧　十四届全国政协委员、中国社会科学院经济研究所
　　　　　　研究员、中国社会科学院大学经济学院教授

在以中国式现代化推进强国建设、民族复兴伟业的历史进程中，建构中国自主知识体系成为一个重大的时代课题。其中的一个重要原则，就是呼唤主体性与原创性相统一。建湘院长牵头的研究团队长期扎根于中国企业本土实践，从中华优秀传统文化和中国共产党的学习历史经验中汲取养分，围绕"如何以高质量学习推动高质量发展"，探索性提出中国企业组织学习"三大基因"，重构体系化、学理化和组织化的组织学习新理论与新实践，体现出鲜明的中国特色和时代精神，填补了中国式组织学习理论与实践研究的空白，这是对组织学习时代之问的科学回应，也是立足于中国式现代化在组织学习领域建构中国自主知识体系的一次大胆尝试。非常有价值，特别值得肯定！

——张占斌　中央党校（国家行政学院）中国式现代化研究中心主任、
　　　　　　国家哲学社会科学一级教授

二十华年磨一剑，上下探索见真章。本书尊崇学术、贯通历史、扎根现实、面向时代、聚焦问题，从大历史角度追溯中国企业组织学习的根源与基因，提炼出中国特色组织学习新理论，概括出适应中国情境的组织学习新实践，有效破解组织学习力提升难题，是组织学习理论的一次升华，是对中国特色企业管理思想与模式的有益补充。这是20年理论与实践互动的创新成果，也是一门组织学习通识课，更是组织学习理论研究者与实践者的必读物！

——叶康涛　北京国家会计学院党委副书记、副院长

本书从中国共产党的发展历程、中国企业学习型组织建设、西方组织学习理论以及大量标杆企业的实践等多个视角，探讨新时代组织学习的本质与实践路径，很有深度和新意，是一部立足本土、中西融合、知行合一、高度凝练的管理著作，为中国企业组织学习能力提升的理论与实践提供了系统性的参考。

——王辉　北京大学博雅特聘教授、北京大学领导力研究中心主任

推荐序

高质量学习从理论到实践的行动指南

《中共中央关于进一步全面深化改革 推进中国式现代化的决定》明确指出,"健全劳动、资本、土地、知识、技术、管理、数据等生产要素由市场评价贡献、按贡献决定报酬的机制"。知识成为重要的生产要素,是知识经济时代提出的必然要求,也是我国全面深化改革、培育新质生产力、推动高质量发展、以中国式现代化全面推进中华民族伟大复兴的应有之义。当代中国正经历着广泛而深刻的社会变革,进行着人类历史上最为宏大而独特的实践创新。面对纷繁复杂的国际国内形势、新一轮科技革命和产业变革、艰巨繁重的改革发展稳定任务,面对知识更新的不断加快、知识结构的日益复杂、知识形态的变化多端、知识生产的层出不穷,我们正经历着一场前所未有的学习变革,我们无时无刻不感受到"本领恐慌",建构中国自主的知识体系刻不容缓。我们要不断推进知识创新、理论创新、方法创新,以科学回答中国之问、世界之问、人民之问、时代之问。

然而,无论是知识的获取与创新,还是知识体系的重构与应用,其本质上都是学习的过程。因此,对每一个组织及个体而言,当下比在任何一个时代都更加迫切地需要增强学习本领,不断提高学习力、创新力与核心竞争力；对每一家企业与机构而言，当下比在任何一个时代都更加迫切地需要中国式组织学习理论，以高质量学习推动经济社会高质量发展。这无疑是组织学习面临的时代课题。

令人感到欣慰的是，《高质量学习》一书犹如"及时雨"，对此进行了很好的回应。作者团队基于20余年在组织学习与干部成长知识服务领域的深耕，以党的组织学习历史为根基，以中西方企业组织学习理论与实践为主要依据，通过严谨扎实的历史研究、理论研究、案例研究、客户端研究、专家端交流和内部大讨论，不仅进一步论证了"组织学习力就是核心竞争力，时代呼唤中国式组织学习理论，高质量学习推动企业高质量发展"，还创新性提出中国式组织学习理论——高质量学习理论体系以及"1+N"高质量学习知识服务体系。其突出亮点主要体现在两个方面。

一是系统性提出应对学习变革的整体解决方案。即基于历史的逻辑、理论的逻辑与实践的逻辑，重构体系化学理化的组织学习理论，尤其是其中的基本定义、"九要素"、"九功能"、"六特性"、"三支柱"、"五力"模型、战略路径图、实施路线图等，科学回答了新时代高质量学习的内涵、特征、要求、意义以及实施高质量学习的路径与方法。

二是创新性提出中国式组织学习理论的特色"基因"。即始终坚持用党的科学理论武装队伍思想，与学习型党组织建设融为一体，注重与中华优秀传统文化、企业具体实际相结合。这"三大基因"，本质上是中国企业组织学习实践与马克思主义基本原理深度融合所产生的结果，充分体现了中国企业组织学习的独有特色和创新精神，也是区别于任何西方企业最大的组织学习特色。

这是一个系统完整、逻辑严谨、融贯中西、特色突出、体用结合的组织学习理论体系，是企业推进高质量学习从理论到实践的行动指南，是组织与个人应对不确定性与不稳定性未来的根本途径，对于推动学习型大国建设、促进社会创新与高质量发展、加快中国式现代化进程具有重要的现实意义与时代价值。而且，这是一次对中国式组织学习理论体系化与学理化的有益探索，是中国自主知识体系建构过程中浓墨重彩的一笔。

我为这些成果的输出感到高兴，不仅因为其学术价值和实践意义，还因为作者团队坚持不懈的事业追求与孜孜不倦的学术精神。建湘院长及其团队 20 余年专注于组织学习这一件事，一直坚守"学以成己成物"的初心，秉持"立足本土，融贯中西；知行合一，经世致用"的学术理念，这是难能可贵的。我相信，只要有更多的这种钉钉子精神与担当精神，我们的理论创新成果就一定会越来越多，也一定会形成更多的中国范式、中国方案。

知识就是力量，学习决定未来。一个具有强大学习力的组织定然会所向披靡、茁壮成长；一个具有强大学习力的企业必然会披荆斩棘、走向世界；一个具有强大学习力的国家一定会高歌猛进、繁荣昌盛。最后，期望作者团队能够坚守初心，始终如一，在组织学习领域创造更多新成就，也祝愿《高质量学习》一书能够大放异彩，为个人、组织、企业、社会与国家高效"赋能"，以学习促进"大创新"，以学习应对"大变革"，以学习实现"大发展"！

是为序！

刘伟　中国人民大学原校长

前言

提供中国企业成长的思想动力

2000年初，与众多渴望知识的中国企业一样，我们开始接受异彩纷呈的管理知识，包括一些组织学习理论、技术与工具，这些知识基本上是以引进方式应用到培训项目之中，我们对组织学习理论尚未有深刻理解。

我们真正受到"思想触动"是2005年运营《北大商业评论》时期。受北京大学一批管理学者"提炼中国特色企业管理思想，提供中国企业成长的思想动力"的影响，我们萌发了从组织学习角度探究中国企业成长的内在逻辑的念头，为后期坚持高质量学习事业、不断探索中国式组织学习理论埋下了思想的"种子"。此后近15年，我们先后探索各类组织学习项目、创新产品和服务模式，研究主要集中于支撑项目或某些专业领域的服务，例如组织学习标杆案例总结、项目方法论提炼、企业文化建设体系构建等，在组织学习实践方面奠定了良好的基础，但对组织学习理论的思考仍然停留在项目层面且缺乏系统性。这个阶段我们新提出了"让组织学习力成为核心竞争力"的使命，与"提供中国企业成长的思想动力"一脉相承。

我们正式全面、系统、深入研究组织学习理论已有约5年，缘于一个契机。2019年9月的一次战略研讨会上，我们把大量产品和服务资料摆在桌上，包括浓缩的数千个项目与案例，尤其是10余年积累的具有中国特色的组织学习实践，我们突然发现，虽然产品不少、经验丰富、成果颇多，但是明显缺乏核心思想或者理论支撑，导致很难向客户讲清楚自己的理念与整体服务内容。因此，我们提出了"高质量学习"概念，并筹备深入开展高质量学习课题研究。随后，一场突如其来的新冠疫情弄得我们措手不及，一方面要想办法谋生存求发展，另一方面要考虑如何保持研发进度与质量。形势严峻，变革剧烈，项目很少，面对现实，我们艰难地做出决定：坚持集中性投入资源，全方位开展高质量学习课题研究。于是，我们于2020年初正式成立了"高质量学习"专项课题组，通过文献研究、案例研究、课题研究、问卷调研、正式访谈、主题交流、专家讨论等方式，着重从以下六个方面系统性开展研究工作：

一是历史研究。即党的组织学习历史与中国企业组织学习历史研究。我们从组织学习的角度，认真梳理了我们党在不同历史阶段的组织学习背景、目标、任务、特征和成果。同时，我们从实践角度（并非以西方组织学习理论引进为时间起点，而是以20世纪20年代为起点，原因是中国共产党领导中国企业一步步建立现代企业制度，并走上光明的道路，而且党的组织学习实践也对中国企业组织学习产生了深远影响。本书讨论的中国企业组织学习，是与学习型党组织建设融为一体的），深度挖掘了中国企业组织学习的历史经验与成果，并根据时代背景、发展特征进行了阶段划分，还总结了具有中国特色的组织学习模式与理论框架。

二是理论研究。主要指对已有科学理论的系统梳理与再认识，包括西方的组织学习与发展理论、与组织学习相关的政治经济理论与指导思想、中国特色企业管理思想与模式三个方面的内容，涵盖基础理论，具体的方法论、技术及工具等。基于理论研究，结合实践总结，回归组织学习本质，创新思考新时代组织学习新内涵、新路径与新模式。

三是案例研究。主要指多层次、多领域组织学习实践案例采集、总结与提炼，形成融知识要点、案例过程、实战经验、典型成果于一体的案例库，包括党的组织学习案例、中国企业组织学习案例、教育培训机构服务案例（包括商儒企业管理研究院 2 000 余个知识服务项目案例）、世界 500 强企业组织学习标杆案例等。

四是客户端研究。主要指与全国 300 余家战略合作客户（以大企业大集团为主，少数为政府机构）互动性深入探讨组织学习理念、理论、方法论及其应用，包括高质量学习规划编制探讨、理论体系发布、高质量学习主题交流、高质量发展内外部环境分析、高质量发展瓶颈问题分析、分级分类人才培养体系构建讨论、高质量学习课题研究、将理论应用到具体学习项目等活动。

五是专家端交流。主要指与宏观经济、党的建设、组织学习、人才培养、企业文化、国企改革、经营管理等领域的专家学者，就高质量学习主题尤其是组织学习关键问题进行访谈、讨论、交流等，同时邀请专家顾问就案例总结、阶段性课题成果进行指导。

六是内部大讨论。主要指研究团队围绕高质量学习主题，结合业务，开展全员分享、讨论与交流活动。包括学习的变革、关于全面推进组织高质量学习的几点认识、让组织学习力成为核心竞争力、学习规划编制、高质量学习流程价值再造、理论体系、指标体系、调研问卷设计、国有企业领导干部能力素质要素、基于学习贯彻习近平新时代中国特色社会主义思想主题教育再认识高质量学习发展路径、"1＋N"高质量学习知识服务体系运行逻辑、标杆案例讨论等。

5 年来，持续的历史研究、理论研究、案例研究、客户端研究、专家端交流以及内部大讨论，涉及研究对象 300 余家、组织学习与人才成长知识服务项目 2 000 余个、子课题 20 余个、正式访谈交流 200 余次、标杆案例 1 000 余篇、文献资料 1 000 余万字。我们首先得出一个核心结论：组织学习力就是核心竞争力，时代呼唤中国式组织学习理论，高质量学习推动企业高质量发展。中国式组织学习理论应该是怎样的？源起何处？有什么样的特点、规律与优势？又该如何科学应用？这是我们这些年来一直试图回答的关键问题，其答案也是本课题的核心成果。我们将成果分为六章呈献给读者。

第一章回顾党的学习历史，从新民主主义革命时期、社会主义革命和建设时期、改革开放和社会主义现代化建设新时期、中国特色社会主义新时代四个阶段，总结了我们党组织学习的宝贵经验与典型成果，以此作为中国式组织学习理论与实践探索的历史根基与特色"基因"来源，并强调依靠学习从历史走向未来的重要意义。第二章追溯中国企业组织学习的前世今生，将其分为自主摸索期、引进吸收期、创新突破期三个阶段，全面梳理和总结了中国企业组织学习不同阶段的时代背景、特征与实践成果，是中国式组织学习理论形成的主要来源。第三章分析当前组织学习面临的变革与挑战，就中国企业高质量发展环境、高质量发展关键要素、组织学习面临的具体问题进行了详细剖析，是探讨高质量学习的重要前提。第四章梳理组织学习理论、技术与工具，从理论层面对组织学习再认知、再学习、再反思，回归本质，重新定义了组织学习、组织学习力，并明晰了组织学习力与组织创新力、核心竞争力之间的逻辑关系，还探寻出新时代组织学习力再造的基本方向，并回答了中国式组织学习理论的理论必然、历史必然、现实必然与实践必然。第五章提出中国式组织学习理论——高质量学习理论体系，包括基本定义、"九要素"、"九功能"、"六特性"、"三支柱"、"五力"模型、战略路径图、实施路线图等核心内容，科学系统地回答了新时代高质量学习的内涵、特征、要求、意义以及实施高质量学习的路径与方法，并阐释了理论的主要来源、内在逻辑、特色基因与应用价值。第六章回答如何推动企业高质量学习，从达成共识、评价切入、规划引领、系统推进、高效实施、持续改善六个方面，全面运用高质量学习理论体系，充分融入了现代管理理念，以全面提升学习共识力、学习组织力、学习行动力、学习转化力和学习优化力为主线，为企业开展高质量学习提供具有可操作性的系统解决方案。

这是基于历史的逻辑、理论的逻辑和实践的逻辑所形成的课题成果，力求理论与实践的互动创新。理论层面，我们重新定义组织学习、组织学习力和组织学习的战略地位及核心价值；重新厘清组织学习力与组织创新力、核心竞争力之间的逻辑关系；探索性提出中国企业组织学习特色"基因"——始终坚持用党的科学理论武装队伍思想，与学习型党组织建设融为一体，注重与中华优秀传统文化、企业具体实际相结合；重构体系化学理化的组织学习新理论。实践层面，我们不仅提出了战略路径图与实施路线图，还给出了高质量学习体系构建与落地实施的实操方案。总之，新提出的高质量学习理论体系既有理论原理，又有操作方法，既有西方理论精粹，又有中国特色"基因"，具有系统完整、逻辑严谨、融贯中西、体用结合的典型特征。

这是我们多年来坚持学习事业、坚守"让组织学习力成为核心竞争力"使命所形成的理论与实践成果，可以说是回答组织学习历史之问、理论之问、实践之问的一次尝试。我们期望这些成果，能够给政府、企业等单位从事组织学习与人才发展方面的理论研究者与实践者带来一定的启示与思考，能够为中国企业提升组织学习力、夯实人才队伍、提高核心竞争力、实现高质量发展助一臂之力，能够为推动学习型大国建设、建构中国自主知识体系、促进社会创新与发展、加快中国式现代化进程贡献力量。

理论与实践创新永无止境，况且这些初步成果只是中国式组织学习理论与实践方面的尝试性探索，定然存在诸多不足，我们真诚地欢迎各位读者多提宝贵意见和建议，以帮助我们不断改进和完善高质量学习理论体系。也衷心地期待与更多热爱学习、善于学习的"同行者"一起推动理论创新，共同促进组织成长，以更好应对时代的变革、科技的变革与学习的变革！

何建湘　商儒企业管理研究院院长

目 录

第一章　中国共产党依靠学习从历史走向未来　001

第一节　从《改造我们的学习》说起　004

第二节　新民主主义革命时期：从注入组织学习"基因"到"有组织的学习"　006

第三节　社会主义革命和建设时期：组织学习进一步正规化　020

第四节　改革开放和社会主义现代化建设新时期：组织学习体系日益完善　026

第五节　中国特色社会主义新时代：引领学习型大国建设　032

小　结　039

第二章　中国企业组织学习发展历程　041

第一节　自主摸索期：中国企业组织学习萌芽　044

第二节　引进吸收期：从模仿到本土化探索　047

第三节　创新突破期：孕育中国特色组织学习模式　056

小　结　080

第三章　学习的变革　　083

第一节　大变局下的"危"与"机"　　086
第二节　中国企业高质量发展瓶颈问题及应对　　096
第三节　迎接"难学习"与"大学习"的挑战　　109
小　结　　121

第四章　重新认知组织学习　　123

第一节　组织学习理论常识　　126
第二节　从组织学习力到核心竞争力　　139
第三节　时代呼唤中国式组织学习理论　　149
小　结　　158

第五章　高质量学习理论体系　　159

第一节　何谓高质量学习理论体系　　162
第二节　五个来源：理论之"源头活水"　　176
第三节　三个逻辑与"三大基因"：理论之本质与特性　　191
第四节　双重价值：理论创新与指导实践　　195
小　结　　201

第六章 如何推动企业高质量学习   **203**

第一节	达成共识：让学习成为一种信仰	206
第二节	评价切入：一切从问题出发	212
第三节	规划引领：依靠学习走向未来	230
第四节	系统推进：从整体到局部，从战略到策略	237
第五节	高效实施：从教学服务到教学运营	302
第六节	持续改善："学"与"习"互动，学无止境	319
小　结		326

参考文献   **329**

后　记   **335**

第一章

中国共产党依靠学习从历史走向未来

学习是文明传承之途、人生成长之梯、政党巩固之基、国家兴盛之要。从"有教无类""学而优则仕"到"敬教劝学，建国之大本；兴贤育才，为政之先务"，从"敏而好学"到"格物致知"，从凿壁偷光到囊萤映雪，从悬梁刺股到闻鸡起舞，中华民族自古以来就崇尚知识、热爱学习。

回顾中国共产党的百年奋斗历史，我们党就是在学习中诞生、在学习中进步、在学习中壮大的。党领导中国革命、建设和改革的历史就是一部创造性学习的历史。从延安整风时"改造我们的学习"，到执政之初"必须学会自己不懂的东西"，从改革开放后"认真建立学习制度"，到新世纪阶段的"在全党大兴学习之风"，在每一个重大转折时期，面对新形势新任务，我们党总是号召全党同志加强学习；而每次这样的学习热潮，都能推动党和人民事业实现大发展大进步。

这是一部跨越百年的高质量的组织学习史，是伟大的党组织开展的组织学习的典型案例，更是一本鲜活的组织学习教科书。在组织达成共识、提升能力、建强队伍、支撑建设、促进变革方面，持续的"大学习"的价值发挥得淋漓尽致。其先进的学习理念、高效的学习组织、完善的人才体系、系统的学习内容、创新的学习形式、严谨的学习机制、成熟的学习文化等，在组织学习方面无不起着引领作用，而且诸多的实践比西方提出的组织学习理论要早近半个世纪，对于企业组织学习的理论与实践研究具有重要指导意义。因此，我们今天探讨组织学习，有必要从党的学习历史中汲取经验。

第一节　从《改造我们的学习》说起

1939年5月20日,毛泽东同志在延安在职干部教育动员大会上指出"我们要建设大党,我们的干部非学习不可。学习是我们注重的工作,特别是干部同志,学习的需要更加迫切,如果不学习,就不能领导工作,不能改善工作与建设大党。这领导工作、改善工作与建设大党,便是我们学习运动的直接原因"①。会上,他还号召"要把全党变成一个大学校"②。在毛泽东同志的大力倡导下,一场全党性的学习运动在延安及其他根据地兴起。

不过,学习运动在取得成绩的同时,暴露出许多问题。其中,最突出的问题是理论脱离实际的教条主义倾向。为了纠正这一偏向,1941年5月19日毛泽东同志在延安干部会上作《改造我们的学习》的报告,集中批判了理论脱离实际的学风,主张"将我们全党的学习方法和学习制度改造一下",并认为"如果不纠正这类缺点,就无法使我们的工作更进一步,就无法使我们在将马克思列宁主义的普遍真理和中国革命的具体实践互相结合的伟大事业中更进一步"③。

2021年2月20日,习近平同志在党史学习教育动员大会上回顾了整风运动,并且指出:"延安时期,为了解决党内存在的思想分歧、宗派主义等问题,我们党开展了大规模的整风运动,使全党达到了空前的团结和统一,为夺取抗战胜利和全国解放奠定了强大思想政治基础。"④《改造我们的学习》作为整风运动的重要文献、毛泽东同志的重要著作,在党的历史上具有重要地位,对今天加强和改进我们的学习仍然具有重要的指导意义。

从2023年4月开始,党中央以县处级以上领导干部为重点在全党深

---

① 毛泽东. 毛泽东文集:第2卷. 北京:人民出版社,1993:179.
② 同①,185.
③ 毛泽东. 毛泽东选集:第3卷. 2版. 北京:人民出版社,1991:759-796.
④ 习近平. 在党史学习教育动员大会上的讲话. 北京:人民出版社,2021:22.

入开展学习贯彻习近平新时代中国特色社会主义思想主题教育,这是在重大历史关头开展的又一次全党"大学习",是大兴学习之风、强化理论武装,坚持学习、学习、再学习,坚持实践、实践、再实践的历史赓续。在学习贯彻习近平新时代中国特色社会主义思想主题教育工作会议上的讲话中,习近平同志明确指出,"这次主题教育的总要求是'学思想、强党性、重实践、建新功'","是一件事关全局的大事,时间紧、任务重、要求高",要"谋划好、组织好、落实好","不划阶段、不分环节,要把理论学习、调查研究、推动发展、检视整改等贯通起来,有机融合、一体推进"①……可见,主题教育的根本落脚点在于"建新功",即"紧紧围绕高质量发展这个全面建设社会主义现代化国家的首要任务","以推动高质量发展的新成效检验主题教育成果",建立长效机制、制度机制,确保常态长效。这一切深刻诠释了:高质量发展的起点是学习,高质量发展必然离不开高质量的"大学习",而且没有完成时,只有进行时。

总之,这次主题教育是贯彻落实党的二十大精神的重大举措,对于统一全党思想、解决党内存在的突出问题、始终保持党同人民群众血肉联系、推动党和国家事业发展,具有重要意义。这是统一全党思想意志行动、始终保持党的强大凝聚力、战斗力的必然要求,这是推动全党积极担当作为、不断开创事业发展新局面的必然要求,这是深入推进全面从严治党、以党的自我革命引领社会革命的必然要求。

无论是八十多年前"改造我们的学习",还是今天"不划阶段、不分环节"的主题教育,我们党在每一个重大转折时期,面对新形势新任务,总是号召全党同志加强学习,以强大的组织学习力应对挑战和风险考验,永葆生机与活力,以全党"大学习"推动事业大发展大进步,依靠学习从

---

① 习近平. 在学习贯彻习近平新时代中国特色社会主义思想主题教育工作会议上的讲话. 北京:人民出版社,2023:8,11,16-17.

历史走向未来。

"欲知大道，必先为史。"党的历史是最生动、最有说服力的教科书。中国共产党的组织学习在不同历史阶段有什么样的策略与特征？其百余年的发展历程又沉淀了哪些宝贵的组织学习经验与成果？图1-1是对中国共产党的组织学习历程的概要描述。

从注入组织学习"基因"到"有组织的学习"
新民主主义革命时期

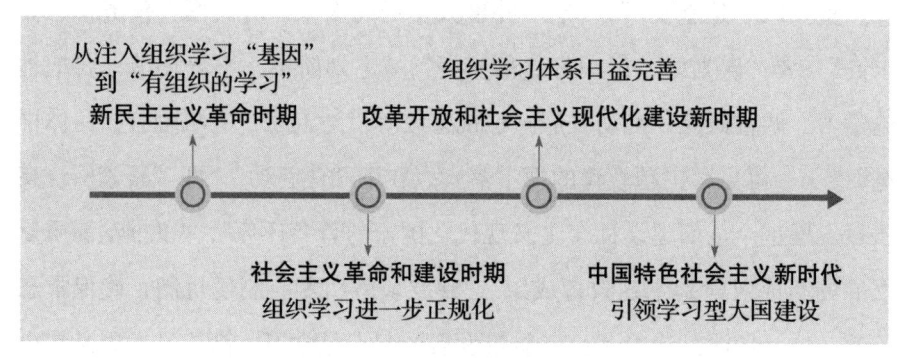

社会主义革命和建设时期
组织学习进一步正规化

组织学习体系日益完善
改革开放和社会主义现代化建设新时期

中国特色社会主义新时代
引领学习型大国建设

图1-1 中国共产党的组织学习历程

第二节　新民主主义革命时期：从注入组织学习"基因"到"有组织的学习"

新民主主义革命时期，中国共产党认真学习马克思主义科学理论和各种先进知识，深入研究中国具体国情，指明了中国社会发展的正确方向，从而在旧中国各种政治力量较量中脱颖而出并不断发展壮大，领导中国人民取得了新民主主义革命的胜利，建立了人民当家作主的中华人民共和国，实现了民族独立、人民解放，为实现中华民族伟大复兴创造了根本社会条件。这一时期，党的组织学习的最大特点是由"分散"走向"集中"，由自发性为主转向"有组织的学习"，由小规模组织学习演变为全党体系化的"大学习"。我们依据组织学习的关键要素、组织发展的规律，根据党的组织学习在各历史阶段不同的战略任务、主要工作内容及突出特点，对新民主主义革命时期党的组织学习主要从建党初期、土地革命战争时期、延安时期三个阶段加以分析。

一、建党初期：注入组织学习的"基因"

回顾中国共产党建党初期的历程，中国共产党是在学习中孕育诞生的，是在一批先进知识分子学习和传播马克思主义的过程中建立的。可以说，中国共产党从一开始就注入了组织学习的"基因"，一方面是确立了马克思主义为中国共产党的根本指导思想，马克思主义是我们党的灵魂和旗帜，另一方面是以知识分子为主体的组织结构，在建党初期就彰显了学习型政党的组织特性。

（一）马克思主义是初心和使命之源

1917年，十月革命一声炮响，给中国送来了马克思列宁主义。1919年爆发的五四运动促进了马克思主义在中国的传播。马克思主义改变了中国的历史进程，也深刻改变了中华民族的历史命运。

部分进步知识分子较早地接受马克思主义，并通过学校教育、社会调查等方式，成为马克思主义的传播者和践行者。他们的主要目的是正确认识社会发展的规律，认识资本主义制度的本质，为担负改造中国的历史使命而寻求和掌握革命的科学理论。因此，他们深入工厂、农村进行社会调查，了解民众的疾苦，并用通俗易懂的语言向工人宣传马克思主义，推动了马克思主义与中国工人运动的结合。这为中国共产党的创立打下了思想基础，为新的革命力量、革命文化、革命斗争登上历史舞台创造了条件。这批先进知识分子也成为中国共产党早期组织的主要成员。

1920年8月，陈独秀、李达、陈望道等在上海成立了中国第一个共产党组织，在随后的一年里，北京、武汉、长沙、济南等地相继成立共产党早期组织。因此，这一时期的组织学习相对来说比较"分散"，且以自发性学习为主。各地共产党早期组织成立以后，一是研究和宣传马克思主义，利用已有的或创办的报刊，宣传马克思主义。二是同反马克思主义思潮展开论战，与当时一些资产阶级、小资产阶级的政治主张进行论战，强调中国不可能独立地发展资本主义，中国的出路只能是实行社会主义，必须建立工人阶级政党来领导中国人民进行革命。三是在工人中进行宣传和组织工作，以相当大的力量直接投身到工人中去，从事比较深入的群众工作，创办了一批专门供工人阅读的刊物，创办了各种形式的工人学校。四是成立社会主义青年团组织。各地青年团组织团员学习马克思主义，参加实际斗争，为党造就了一批后备力量。[①]1921年，党的一大宣告中国共产党正式成立，并将马克思主义作为其指导思想。可以说，中国共产党自诞生之日起，就把马克思主义鲜明地写在自己的旗帜上。马克思主义在中国的早期传播引领半殖民地半封建中国迈向觉醒年代。马克思主义是中国共产党人初心和使命的理论来源。

(二) 知识分子凸显学习型组织特性

学习型组织有一个典型的特征，就是组织成员具有先进的学习理念和良好的学习习惯，领导成员在学习和工作中起着重要引领作用。中国共产党成立初期的组织结构以知识分子为主体。知识分子拥有先进的学习理念与方法，掌握着革命的科学理论与前瞻思想，通过学习掌握马克思主义理论来建党，并在中国共产党成立后积极推进学习，是推动组织学习和传播马克思主义的主力军。

1921年7月党的一大召开时，全国有50余名党员，绝大多数是知识分子。出席党的一大的代表共有13人，其中7人有着海外留学经历，4人

[①] 中共中央党史研究室. 中国共产党历史：第1卷（1921—1949）. 2版. 北京：中共党史出版社，2011：64-66.

与北京大学有缘，他们是全国各地共产党早期组织的创建者和组织者，充满救国理想和远大抱负。正是这批具有社会良知的先进分子在寻找救国真理的道路上逐步接受了马克思主义，找到了认识世界、把握规律、追求真理、改造世界的强大思想武器，并通过对马克思主义持续的学习、研究、宣传和实践，将马克思主义与中国工人运动相结合，促进了中国工人阶级和中华民族的觉醒，并锻造了一个具有强大组织学习力、依靠学习掌握历史前进的主动权的学习型政党。

二、土地革命战争时期：组织学习初步转向体系化

土地革命战争时期，由于斗争形势残酷，党的骨干力量遭受严重损失。同时，随着党的工作重心转向农村，加之党员构成的复杂，保持党的先进性面临重大考验，加强干部教育是当时党的思想建设最为迫切的要求，对军队的教育也刻不容缓。如何从思想上建党、建军、建政，如何对干部和群众进行差异化且有效的思想政治与文化教育，是这个阶段党组织学习面临的核心任务。为此，党聚焦"党内教育问题"，开展"差异化"组织学习，并初步形成了覆盖面广、门类较全、层次丰富的干部教育体系。

（一）聚焦"党内教育问题"

随着中央苏区的建立与发展，干部的数量、质量都难以满足需要，组织学习主体首先是担负革命和建设的各级干部。这一时期，党在组织学习的顶层设计层面高度重视干部教育问题。当时，中央在多个决议、指示等文件中强调加强干部教育，并对教育要求、教育内容、教育方法等做了具体规定。例如，1929年在《中国共产党红军第四军第九次代表大会决议案》（下称《古田会议决议》）的"党内教育问题"中，中国共产党认识到必须对党内干部教育予以重视，认为"红军党内最迫切的问题，要算是教育的问题"。

同时，党从组织学习内容角度，将思想政治教育贯穿干部教育的始终，这也为"着重从思想上建党"这一重要原则的确立提供了有力的支撑。这一时期，各级干部学校开设了马列主义基本原理、党的建设、苏维埃建设等课程，对广大党员干部进行党的性质、宗旨以及马克思主义的世界观、人生观、价值观的教育，注重对他们进行阶级教育和党性锻炼。教育过程中，不仅强调马克思主义理论教育，还注重对干部进行全心全意为人民服务的宗旨教育、时势政治任务教育、党风党纪教育等。此外，党内开展了积极的批评与自我批评，苏区干部形成了"十带头""四模范"的优良作风。

（二）"差异化"开展组织学习

当时苏区的组织学习主体状况是：党员构成复杂，思想基础、觉悟程度、文化水平参差不齐；无论是红军指战员，还是苏区的普通民众，普遍文化水平偏低，大多数人处于文盲或半文盲的状态。为此，党针对不同学习主体采取差异化教学方法。

第一，对干部进行差异化教学。为满足不同岗位、不同类型干部教育需求，苏区建立了师范、农业、戏剧等专业干部学校，大力传授业务知识，培养专业技术干部。例如，中央政府于1933年创办中央农业学校，就是为了提高农业生产效率，改善人民群众生活水平，解决农业技术和管理人才短缺问题。第二，提出"支部建在连上"的建党建军组织原则。1927年，毛泽东在三湾改编时，创造性地提出了"支部建在连上"的思想。"支部建在连上"使政治功能落到支部，通过强化思想教育、理论灌输，从政治上组织上保证了党对军队的绝对领导。因此，其本质上是通过组织学习来实现最终目标，也是党高效推进组织学习的一种重要手段。第三，分类实施干部教育培训。根据干部政治素质、文化程度、业务情况以及不同时期重点任务，提供有针对性的干部教育培训方式，包括分批对干部进行脱产培训的干部学校教育，就某些紧急政策和工作对干部进行专题培训的干部会议教育，对全体党员干部进行普遍思想政治教育的思想政治培训班，对文化水平较低的工农干部开展的理论文化知识培训，对承办具体技术性工作的人员开展的业务技能培训，要求广大干部结合自己工作岗位向领导、同事、群众和实践学习。① 第四，开展面向广大干部群众的"识字运动"。苏区陆续创办了夜校、半日制学校、业余补习班和识字班、识字组，甚至在村头路口、街头巷尾设立识字牌。时任中央教育人民委员部代部长的徐特立，还创造性地提出了"老公教老婆，儿子教父亲，秘书教主席，识字的教不识字的，识字多的教识字少的"这一整套"以民教民""互教互学"的群众识字教学法，成功开展了大规模的、全员性的识字运动，有效提高了广大干部群众的文化知识水平。

（三）初步形成干部教育体系

基于聚焦"党内教育问题"，"差异化"开展组织学习，党在学习组织、学习内容、学习形式、学习机制、师资力量等方面进行了有益探索，形成了干部教育体系的"雏形"，为培养大批的党、政、军、农、工、教、艺等各方面的干部，提供了强有力的支撑（见图1-2）。

图1-2 土地革命战争时期的干部教育体系特征

聚焦"党内教育问题"
01 学习组织体系初步建立
02 学习内容突出"服务大局"
03 学习形式丰富多样
04 学习机制具有长效性与约束性
05 师资力量具有较强引领性

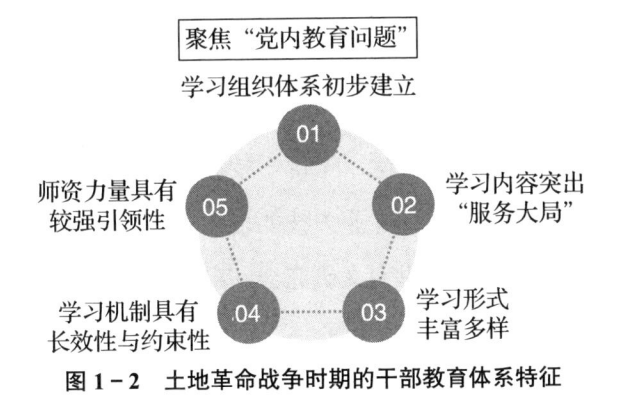

① 熊平安. 中央苏区如何开展干部教育. 学习时报，2022-04-08（2）.

一是学习组织体系初步建立。一方面，建立学习组织的领导体制。中华苏维埃共和国临时中央政府成立后，专门设立了中央教育人民委员部（瞿秋白任部长），各省、县设立了教育部，各区、乡设立教育委员会，层层管理，建立了比较规范的组织体系。另一方面，初步形成干部教育梯次格局。当时的干部教育培训机构分为中央和地方两个层次。在中央教育人民委员部的领导下，成立了以马克思共产主义学校、苏维埃大学、中国工农红军大学"三大名校"为代表的各类高等、中等干部学校。而干部培养对象主要分为党政干部、专业干部、教育干部三类，且建立了相应的差异化干部学校，初步形成了类型多样、系统有别、层次各异的干部教育梯次格局与培养体系。

二是学习内容突出"服务大局"。一方面，将思想政治教育贯穿干部教育的始终。比如马克思共产主义学校高级训练班的课程有马克思列宁主义基本原理、党的建设、苏维埃建设、工人运动等。另一方面，注重理论与实际相结合。"读书是学习，使用也是学习，而且是更重要的学习。"[1]干部在培训过程中被要求以服从和服务于革命战争与苏维埃国家政权建设为宗旨。各干部学校的课程设置、培训方式紧密结合革命斗争和根据地建设的实际。比如苏维埃大学课程包括苏维埃工作的理论、实际问题和实习等，经常组织学员到校外参加社会实践活动、调查研究、军事演习，研究和解决实际问题。

三是学习形式丰富多样。除了干部学校教育、干部会议教育、思想政治培训班、理论文化知识培训、业务技能培训等形式之外，中央苏区的组织学习方式还包括建立马克思主义研究会、出版发行党报党刊和书籍、成立政治研究组、建立夜校、组织讲演会、开展识字读报活动、举办读书班，以及各类文字宣传、口头宣传、形象宣传类学习活动，不仅有效进行了广

---

[1] 毛泽东. 毛泽东选集：第1卷. 2版. 北京：人民出版社，1991：181.

泛的思想政治教育和文化教育，还营造了全员学习的浓厚氛围。在学习方法上，强调学习与调查研究结合，要求"联系革命战争、联系生产劳动、联系群众"，这一干部教育原则为后来延安时期干部教育的发展和成熟奠定了基础。教学方法也灵活多样，且着眼于管用有效，如毛泽东提出的"十大教授法"，其中的启发式教授方法至今仍然十分重要，又如"支部建在连上"既是建党建军的基本原则，也是有效推进组织学习的重要手段。

四是学习机制具有长效性与约束性。首先是有一定的学习周期。例如，马克思共产主义学校分设的3个班都有相应的学习时间要求，苏区工作人员训练班的学习周期为1个月，党、团、苏维埃和工会工作人员训练班的学习周期为4个月，而高级训练班的学习周期为6个月。其次是制定学习制度（包括党支部学习制度），建立马克思主义研究会。例如，《古田会议决议》把马克思主义理论的研究和学习列为党内教育的重要内容，并规定了党内教育的10项内容、18种教育方法和士兵政治训练的19项内容、7种训练方法。[①]此外，学校等还通过组织党员考试、开展学习竞赛等方式，来检验学习效果、激发学习热情。

五是师资力量具有较强引领性。苏区为解决师资不足问题，开设教员训练班，开办高级列宁师范学校、初级列宁师范学校和短期列宁师范学校，组织教师讲习所、观摩教学评议会和教学经验交流会等，形成了多层次和多规格的师范教育体系，为革命事业培养了大批生力军。当时，各高等学校的领导几乎都由中央领导亲自担任，并兼任教学人员。例如，毛泽东创办了苏维埃大学并任校长。为了壮大和稳定师资队伍，苏区在工资待遇、帮助耕田、减纳土地税、不取医药费用、优秀给奖等方面出台了一系列激励措施，以解决教员的实际困难。

---

① 谢庐明. 党在中央苏区时期的学习. 学习时报，2021-11-24（5）.

三、延安时期：正式"有组织的学习"并"扩大化"

延安时期，中国共产党经历了抗日战争、大生产运动、整风运动、解放战争等一系列影响和改变了中国历史进程的重大事件，是中国共产党走向成熟的重要历史时期，也是党为了克服"本领恐慌"全面开展组织学习的重要时期。其间开展了党成立以来第一次大范围深入系统的马克思主义理论学习运动，覆盖范围之广、时间跨度之长、全党重视程度之高，前所未有。这还是历史上首次正式"有组织的学习"，表现出了强大的组织学习力，并创造性地提出将马克思主义基本原理同中国的具体实际相结合，确立了毛泽东思想为党的指导思想，确立了实事求是的思想路线，开启了理论创新之路，形成了符合中国革命实际的理论体系，极大提高了全党运用马克思主义理论解决实际问题的能力和水平，并培养了一大批德才兼备的干部，为夺取抗日战争和解放战争胜利奠定了思想政治基础和组织基础。

（一）一切为了克服"本领恐慌"

在陕北，党中央深刻认识到："我们所处的环境，比任何时候都要来得复杂；我们的任务，也特别来得繁重与艰难。我们的民族，正与敌人进行着决死的搏斗，要在这个空前的历史战争中，求得自己的生存，因之必须我们要努力地学习。领导工作的干部，要学习高深的革命理论，以便指导革命运动，在各种具体的环境下，能决定自己的工作方针，正确地观察问题解决问题。"[1]1939年5月20日，毛泽东在延安在职干部教育动员大会上发表讲话指出，"我们队伍里边有一种恐慌，不是经济恐慌，也不是政治恐慌，而是本领恐慌"[2]。

---

[1] 曲青山，王金春，樊莉莉，等. 延安时期干部学习教育对新时代持续深化全党大学习的经验启示. 学习时报，2020-07-31（5）.

[2] 毛泽东. 毛泽东文集：第2卷. 北京：人民出版社，1993：178.

为克服"本领恐慌",适应革命形势的变化,1940年8月13日发布的《中共中央宣传部关于加强干部策略教育的指示》要求在职干部必须学习党中央的宣言、决议、决定及其他关于策略的指示,党报上的重要文章要有助于提高干部策略思想,使干部真正掌握党的路线,学会在各种环境、各种情况中坚定灵活地贯彻党的路线,不迷失方向。1941年5月,毛泽东作《改造我们的学习》报告,主要任务是加强对干部的策略教育、理论教育、历史知识教育,引导干部研究中国革命实际问题,培养干部的阅读能力和独立思考能力。1942年2月,《中共中央关于在职干部教育的决定》提出在职干部应努力学习业务、学习政治、学习文化、学习理论,要加强时事与政策的学习。

(二)确立马克思主义与中国革命实际相结合的正确教育方针

1938年10月,毛泽东在党的扩大的六届六中全会上首次明确提出"马克思主义的中国化"的科学命题,旗帜鲜明地指出"空洞抽象的调头必须少唱,教条主义必须休息",同时强调"对于中国共产党来说,就是要学会把马克思列宁主义的理论应用于中国的具体的环境","使马克思主义在中国具体化",是"全党亟待了解并亟须解决的问题"。[①] 与此同时,随着学习运动的逐步深入开展,干部学习中理论与实际相脱节问题也日益凸显。而"马克思主义在中国的具体化"这一命题的提出,使中国共产党自此扫清了来自外部和内部的思想障碍,开始独立自主地思考适合我国革命发展的理论,使党内的教条主义、本本主义得到有效遏制,党的理论创新也由此开启了新的篇章。马克思主义与中国革命实际相结合的正确教育方针,在学习运动中继续被采用。

1941年5月,毛泽东所作的《改造我们的学习》报告,明确提出干部

---

① 毛泽东. 毛泽东选集:第2卷. 2版. 北京:人民出版社,1991:533-534.

学习"应确立以研究中国革命实际问题为中心,以马克思列宁主义基本原则为指导的方针,废除静止地孤立地研究马克思列宁主义的方法"①。1941年8月,党中央发布《中共中央关于调查研究的决定》,并设立了调查研究局,毛泽东亲自担任局长,号召全体党员和干部开展调查研究,坚持实事求是的原则。我们党将"调查研究"作为一项党内政治制度加以确立,正始于延安时期。1942年2月,毛泽东作《整顿党的作风》,号召全党普遍开展整风运动,主要任务是改革延安在职干部的学习,推动学习由"普遍地深入地研究马克思列宁主义的理论"向同时注重革命实践转变。1945年党的七大胜利召开,毛泽东思想被写进党章,马克思列宁主义在中国的创造性运用和发展,是被实践证明了的关于中国革命和建设的正确的理论原则和经验总结,是马克思主义中国化的第一次历史性飞跃。党的七大使全党在思想上政治上组织上达到空前的统一和团结。②

(三)有组织的学习:把全党变成一个大学校

1939年5月,毛泽东在延安在职干部教育动员大会上指出:"现在中央设了干部教育部,负责领导全党的学习。同志们不仅看看书就算了,而且要有组织地学习。全国各级党部,边区各级政府,各个民众团体,各类学校,都须设立这样的机关,建立这样的制度,来领导并进行学习。"③这是我们党首次正式提出"组织学习"概念,其根本目的是克服"本领恐慌",通过"有组织的学习","把全党变成一个大学校",让"大家都要学到底,都要进这个无期大学"。延安时期"有组织的学习",主要体现在以下五个方面(见图1-3)。

---

① 毛泽东.毛泽东选集:第3卷.2版.北京:人民出版社,1991:802.
② 中共中央关于党的百年奋斗重大成就和历史经验的决议.北京:人民出版社,2021:13,8.
③ 何磊.延安时期怎样进行党的干部教育.群众(决策资讯版),2019(6).

克服"本领恐慌"

健全组织学习领导机构
及管理体系

改造组织
学习文化

有组织的学习：
把全党变成
一个大学校

强调学习内容的
针对性与系统性

探索有效的
组织学习方法

完善自上而下的
组织学习机制

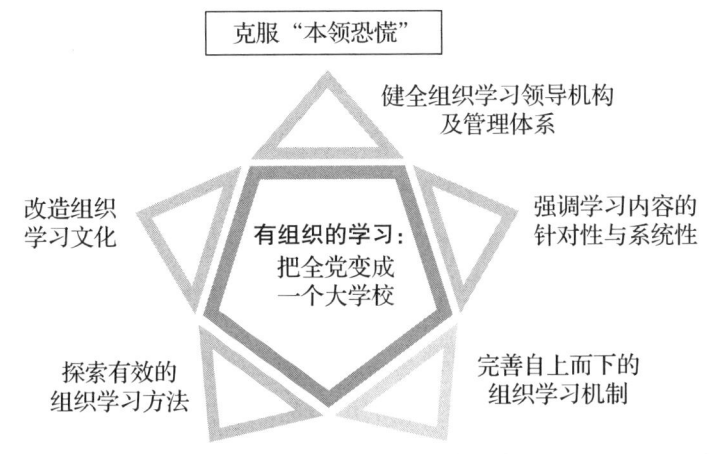

图 1-3 延安时期的组织学习特征

一是健全组织学习领导机构及管理体系。在 1938 年党的扩大的六届六中全会上，毛泽东向全党发出了"来一个全党的学习竞赛"的号召。为领导全党的"大学习"，中共中央于 1939 年 2 月专门设立了干部教育部，并于 3 月正式发布《延安在职干部教育暂行计划》，要求在职干部编班编组学习，并详细规定了学习内容与方法。1939 年 5 月，在延安在职干部教育动员大会上，毛泽东提出"要把全党变成一个大学校"，"全党的同志，研究学问，大家都要学到底，都要进这个无期大学"。[①]1939 年 6 月，毛泽东在延安党的高级干部会议上，对开展起来的学习运动作了九条指示。1940年，《中共中央书记处关于干部学习的指示》《中共中央书记处关于在职干部教育的指示》《中共中央宣传部关于提高延安在职干部教育质量的决定》接连发布，中共中央通过这些重要文件推动干部教育学习，并采取一系列举措抓好贯彻落实，包括建立学习制度、编审学习教材、进行检查和总结等。为培养抗日干部和各类人才，中国共产党还创办了中央党校（前身是1933 年创办的马克思共产主义学校）、中国人民抗日军事政治大学、陕北公学（中国人民大学前身）、马克思列宁学院（以下简称马列学院）、延安自

---

① 樊莉莉. 党在延安时期的学习. 学习时报，2021-12-01（5）.

然科学院等三十余所干部学校。

二是强调学习内容的针对性与系统性。1942年2月,《中共中央关于在职干部教育的决定》明确指出,在职干部教育主要围绕理论、政治、业务、文化等方面开展。这些学习内容都是应对"本领恐慌",根据"马克思主义与中国革命实际相结合"的教育方针而设置的。例如,党规定要把联共党史、马列主义、政治经济学、哲学等作为干部教育的主要内容,着力用马克思主义理论武装干部头脑,对干部进行系统科学的党性教育和理论提升。党还特别重视对马列著作的编辑和翻译工作,组织编译了"马克思恩格斯丛书"10卷本、《列宁选集》20卷本等书籍。这些书籍成为干部学习马克思主义理论的宝贵资源。

三是完善自上而下的组织学习机制。为确保组织学习与干部教育的常态化、持续性开展,中共中央从顶层设计到日常学习管理,建立了较完善的组织学习机制。首先是纲领性制度。1939—1942年,中共中央下发的关于学习教育的文件就多达13个。其次是学习管理制度。具体包括平均每日学习两小时制度、建立学习小组制度、轮训制度等。例如,建立学习小组制度,主要指中共中央统一设立高级学习组,下设若干学习小组。在延安,上至中央领导,下到机关干部,普遍参加了学习小组的学习。毛泽东还亲自组织了一个哲学小组,每周三晚上定期学习讨论。最后是学习检查制度。"全延安在职干部学习的总检查,每四个月一次,由中央干部教育部领导举行之。军事机关,边区机关和中央直属机关,每两个月检查一次,由各主管机关分别领导举行之。各支部干事会须每个月检查一次。"[1]

四是探索有效的组织学习方法。延安时期,党积极探索了学习小组、调查研究、分级分类人才培养等有效的组织学习方法。首先是创新提出以

---

[1] 曲青山,王全春,樊莉莉,等.延安时期干部学习教育对新时代持续深化全党大学习的经验启示.北京:学习时报,2020-07-31(5).

"学习小组"为主体的团队学习方式。延安时期成立了许多研究学习小组和研究会，不仅有中央统一建立的高级学习组，还有自发建立的各类学习小组，这些研究小组和研究会定期分专题进行学术讨论，并承担起培养教师和编写教材的任务。其次是大兴调查研究之风。中共中央设立调查研究局，各中央局、区委、省委或工委也成立相应的调查研究机构，指导广大干部开展调查研究。调查研究是我们党的基本领导方法和工作方法，也是一种有效的组织学习方法。最后是分级分类、因材施教，针对性实施干部人才培养。1940年3月，《中共中央书记处关于在职干部教育的指示》中，将在职干部分为四类："甲、有相当文化理论水准的老干部；乙、文化理论水准都较低的老干部；丙、有相当文化水准的新干部；丁、工农出身的新干部。"根据这四类在职干部，设置不同的教育课程，甚至分别指定教员、指导员帮助学习。

五是改造组织学习文化。延安时期，通过不断深化认同的学习理念、领导干部的示范引领、个人学习能力的提升，党成功改造了组织学习文化。学习理念主要指来源于重要的报告、文件精神中的"本领恐慌""使马克思主义在中国具体化""实事求是""要有组织的学习""要把全党变成一个大学校""将我们全党的学习方法和学习制度改造一下""'挤'与'钻'的精神"等理念与要求。领导干部的示范引领，是指领导干部在学习运动中带头学理论、读历史、作报告、搞调研，引领组织形成浓厚的学习氛围。例如毛泽东在学习运动伊始就提出，"中央委员和高级干部尤其应当加紧研究"[1]。个人学习能力的提升，主要指通过培养干部的阅读能力和独立思考能力，提高学习效果、促进组织知识转化，进而激发组织成员的学习动力。在学习文化的"熏陶"下，这一阶段组织学习和干部教育的质量与效率都有很大的提高，并形成了"认字就在背包上，写字就在大地上，

---

[1] 毛泽东. 毛泽东选集：第2卷. 2版. 北京：人民出版社，1991：533.

课堂就在大路上，桌子就在膝盖上"的生动学习场面与浓厚学习氛围。

第三节　社会主义革命和建设时期：组织学习进一步正规化

社会主义革命和建设时期，党面临的主要任务是实现从新民主主义到社会主义的转变，进行社会主义革命，推进社会主义建设，为实现中华民族伟大复兴奠定根本政治前提和制度基础。新中国成立后，中国共产党面临的形势任务和所处的历史方位发生了根本性变化，如何适应从局部执政到全国执政的新地位，如何面对工作重心从农村到城市的新形势，如何担负从新民主主义革命转变为完成社会主义革命和推进社会主义建设的新任务，是摆在中国共产党面前亟待解决的新的重大课题。为了"建设一个新世界"，更好地推进社会主义建设，中国共产党组织实施了以毛泽东思想为主线，聚焦社会主义建设理论、社会主义工业化经验与技术的全党"大学习"，这是新中国成立以后首次全国性"大学习"，其显著特征是学习组织迈向"正规化"、组织学习从顶层设计到学习内容与形式突出系统性，且较之前覆盖地区范围更广、受众群体更多，培养了大批经济文化建设等方面的骨干力量，扭转了新中国成立之初的经济困难局面，夯实了进行现代化建设的物质技术基础。

一、"建设一个新世界"的迫切需要

新中国成立之初，党的主要任务由领导武装斗争、夺取全国政权，转变为全面管理和领导建设新国家。1949年6月，毛泽东在《论人民民主专政》中指出，"严重的经济建设任务摆在我们面前"，"我们必须克服困难，我们必须学会自己不懂的东西"。[①] 毛泽东在党的七届二中全会上指出：

---

① 毛泽东. 毛泽东选集：第4卷. 2版. 北京：人民出版社，1991：1480-1481.

"我们不但善于破坏一个旧世界，我们还将善于建设一个新世界。"这一时期党的组织学习以尽快提高党员干部的理论和知识水平，增强治国理政本领为目标。一方面大规模系统学习马克思列宁主义、毛泽东思想，另一方面重点学习社会主义经济建设的实践经验，以全党学习引领全民学习，推动新中国建设。

第一，系统学习马克思列宁主义、毛泽东思想。为深入学习马克思列宁主义基本理论，新中国成立前夕毛泽东重新审定了"干部必读"书目[①]，作为新中国成立初期广大干部学习马克思主义理论的重要教材。1953年中共中央马克思恩格斯列宁斯大林著作编译局成立，加强对马列著作的翻译出版，促进广大干部群众对马克思主义理论的学习。在全党学习马克思列宁主义的同时，兴起了学习毛泽东思想的热潮，《毛泽东选集》系列著作相继出版并在全国范围内被广泛传播和学习，这也是当时领导干部学习飞跃的重要标志。

第二，重点学习社会主义经济建设实践经验。在恢复国民经济的任务完成后，党的主要任务转变为开展大规模的经济建设。1953年2月，毛泽东在人民政协第一届全国委员会第四次会议上提出，我们要在全国范围内掀起学习苏联的高潮，来建设我们的国家。党中央要求从1953年7月至1954年12月，全党干部理论学习的高级组和中级组都要学习《联共（布）党史》有关社会主义改造和建设的内容，学习列宁、斯大林论社会主义经济建设的著作。1953年，在"一五"计划开始时，周恩来明确指出："现在，我们国家最需要的是建设人才。"[②] 同年12月，中央宣传部印发《为动员一切力量把我国建设成为一个伟大的社会主义国家而斗争——关于党在过渡时期总路线的学习和宣传提纲》，号召全党学习经济建设的理论和政

---

① "干部必读"书目：《社会发展史》《政治经济学》《共产党宣言》《社会主义从空想到科学的发展》《帝国主义是资本主义的最高阶段》《国家与革命》《共产主义运动中的"左派"幼稚病》《论列宁主义基础》《联共（布）党史》《列宁斯大林论社会主义建设》《列宁斯大林论中国》《马恩列斯思想方法论》。

② 中共中央文献研究室. 周恩来经济文选. 北京：中央文献出版社，1993：160.

策，提高业务、文化水平。

第三，全民学习提升文化知识和道德水平。党的学习引发和带动了全民提高文化知识和道德水平的"大学习"。1950年12月，政务院提出在全国范围内有计划有步骤地举办工农速成中学和工农干部文化补习学校，通过学习来培养自己的教授、科学家、文学家、艺术家和理论家队伍。在1956年第二次全国干部文化教育工作会议上，党中央明确提出要在两三年内扫除机关干部中的文盲，5～7年内把区级以上机关干部全部提高到高小毕业水平，扫盲学习为新中国建设以及各项事业的发展壮大奠定了坚实的基础。1963年3月毛泽东号召全国人民"向雷锋同志学习"，掀起了群众学习的高潮，同时倡导向群众学习、向实践学习、向英雄学习，"工业学大庆、农业学大寨、全国学人民解放军、解放军学全国人民"，激发了人民建设社会主义的热情，推动了良好社会主义道德风尚的形成。

二、学习组织迈向正规化

新中国成立后，中国共产党为了"建设一个新世界"，掀起了大规模的学习热潮，这也是新中国第一场全国性"大学习"。其典型特征就是学习组织逐步迈向正规化。从1947年年初至1955年7月，中共中央先后下发关于干部教育的文件、讲话、指示30余个，对于组织学习与干部教育培训的规范化、正规化、制度化建设起到了积极的推动作用，其中最为突出的就是马列学院建设的正规化。

1948年7月和10月，中共中央先后发出《中共中央关于创办高级党校（马列学院）的决定》和《中共中央关于准备五万三千个干部的决议》。马列学院等的成功创办不仅为新中国的建设培养了大批优秀人才，还为新中国党校教育事业的发展奠定了基础。其正规化主要体现在办学体制与分类教育两个方面。

一是办学体制进一步正规化。学院建立初期，按照规定要求所招收学生必须参加实际工作五年以上，最短的学习时间为一年半，分三个学期分别学习。学习内容包括西方近代史、马克思主义三个组成部分、联共（布）党史、毛泽东思想、中共党史、中国历史等。1954年12月，《中共中央关于轮训全党高、中级干部和调整党校的计划》中将学院分为马列学院、中级党校、初级党校，开始对高、中级干部有计划地进行轮训。1955年7月，中共中央又作出《关于党的高级干部自修马克思列宁主义办法的规定》，对学习总结和学习成绩的考核作了规定。这些措施为形成全国统一的理论教育制度奠定了基础。

二是分类教育进一步正规化。中央针对不同系统干部的学习发出专文专件。如培养工农干部的《政务院关于举办工农速成中学和工农干部文化补习学校的指示》，培养军队干部的《军委关于在军队中实施文化教育的指示》，加强少数民族干部培养的《关于大量吸收和培养少数民族干部的指示》等。这些文件对各类干部学习的目标、内容、方法和考核等都作了详细规定，为干部分类教育正规化实施提供了制度保障。[1]

三、组织学习突出系统性

中国共产党在全国执政以后，面对恢复国民经济、全面建设社会主义、探索适合中国国情的社会主义建设道路的战略任务，亟须提升全体党员干部的政治理论水平、社会主义改造和社会主义工业化建设本领。基于迈向正规化的学习组织，这一阶段的组织学习尤其注重系统性，主要体现在顶层设计与相关机制、学习内容、学习方法与干部教育培养模式三个方面（见图1-4）。

---

[1] 梁齐勇. 新中国成立前后党的干部教育. 中国组织人事报，2016-10-11.

```
                    "建设一个新世界"
               系统性的组织学习顶层设计与相关机制
                          △
                         ╱ ╲
                        ╱   ╲
                       ╱ 组织学习 ╲
                      ╱ 突出系统性 ╲
  系统性的学习方法  ╱           ╲  系统性的学习内容
  与干部教育培养模式
```

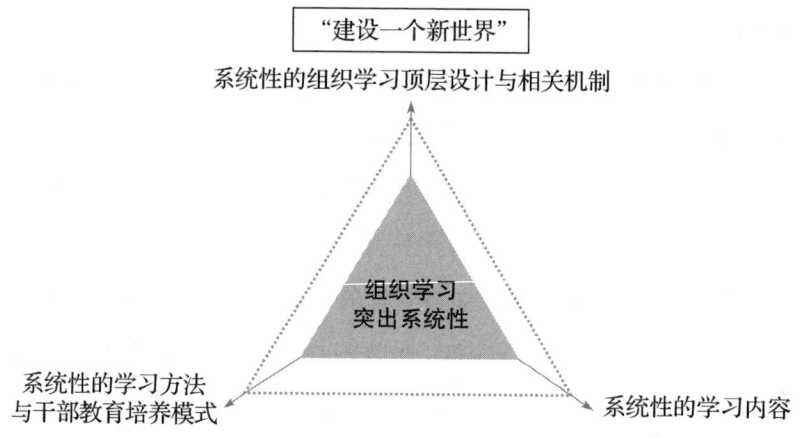

图1-4 社会主义革命和建设时期的组织学习特征

第一，系统性的组织学习顶层设计与相关机制。新中国成立以后，以往的组织学习难以满足现实发展需求，必须重新规划组织学习的顶层设计，从理念、组织、机制等层面统筹推进，为全党"大学习"提供方向指引与制度遵循。一是干部学习成为党治国理政的一项基本方针，而且要求以提高全党的马克思主义理论水平为学习重点。1953年，《中共中央关于加强干部文化教育工作的指示》开宗明义地提出："大量培养与提拔工农干部，和有计划地提高他们的政治、文化、业务水平，使他们成为各项建设事业中的骨干，乃是贯彻党在过渡时期总路线的一项重大的政治任务和组织任务。"1948年，《中共中央关于党校教学材料的规定》指出了八个方面的学习内容，首要就是学习马列主义基本理论。二是形成了逐步完备并趋向专业化、系统化的干部教育体制机制。在马列学院正规化建设的基础上，包括专门干部学校、普通高等学校、军事院校、少数民族干部院校以及各级党校在内的全国干部学习机构网形成。如党校方面，1955年全国已初步形成由高级党校、中级党校、初级党校、城市夜党校和新党员训练班构成的党校教育梯级网。相对系统的干部教育体制机制，基本上改变了新中国成立初期干部学习"无确定进度、无程度差别、无固定教员的混乱状态"。

第二，系统性的学习内容。1951年《中国共产党中央委员会关于加强理论教育的决定（草案）》指出："党正面临着建设新中国的复杂任务，全党有系统地学习理论，比较过去任何时候都有更好的条件，也更加迫切需要。"这一时期，系统性的学习内容体现为以毛泽东思想为主旋律，政治理论学习与文化业务学习并重。一是在全国掀起毛泽东思想学习热潮。1950年5月，中共中央决定成立《毛泽东选集》出版委员会，负责毛泽东著作的编选、注释和出版工作。在《毛泽东选集》第一卷出版发行的第一天，全国各地新华书店挤满了购书群众，各地党组织通过报社、电台等多种形式号召党员、积极分子学习和宣传毛泽东思想，在全国迅速掀起学习毛泽东著作的热潮。二是政治理论学习与文化业务学习并重。党的七届二中全会围绕经济工作、生产建设的学习重点，提出了包括政治、经济、文化、科学、技术、党务、外交等多领域多方面的学习内容。《中国共产党中央委员会关于加强理论教育的决定（草案）》中，把理论学习分为学习政治常识，学习理论常识，学习马克思、恩格斯、列宁、斯大林的理论著作和毛泽东的理论著作三级。

第三，系统性的学习方法与干部教育培养模式。主要体现为学习方式灵活多样，具有一定的创新性，同时强调实践教育，注重年轻干部的培养。学习模式方面，理论常识学习途径多样，可以在支部的学习小组中进行，可以在党校或城市夜党校中进行，也可以用自修的方法进行。这一时期的学习方式创新主要有中央领导组织读书小组开展读书活动和通过短期训练班开展轮训工作。实践教育方面，强调干部教育必须紧密围绕党的中心工作进行。1956年1月，党中央批转中央组织部《关于全国省市以上各专业部门在职干部轮训工作向中央的报告》，要求干部教育一定要与中国政治经济的实际情况相结合，坚持采取政治与业务相结合、理论与实际相联系的教学方针。中央一级干校的业务理论课与业务实际课大体上可占整个课程60%，省、市一级干校的业务理论课与业务实际课大体上可占整个课程70%。年轻干部培养方面，首次提出培养"接班人"。面对领导干部老龄化趋势，1964年，毛泽东提出培养无产阶级革命事业接班人。1964—1965年，各级组织部门从应届大学生中挑选了1 000多名优秀分子进行重点培养。1965年，全国提拔了400多名省、地以上的年轻领导干部进行培养。[①]

第四节　改革开放和社会主义现代化建设新时期：组织学习体系日益完善

改革开放和社会主义现代化建设新时期，党面临的主要任务是，继续探索中国建设社会主义的正确道路，解放和发展社会生产力，使人民摆脱贫困、尽快富裕起来，为实现中华民族伟大复兴提供充满新的活力的体制保证和快速发展的物质条件。这个阶段，党以与时俱进的态度加强学习建设，号召全党努力学习一切有利于我国发展的新思想、新知识、新经验，积极借鉴人类文明发展的一切有益成果。党的十一届三中全会后，全党的学习被作为一项事关全局的战略性、基础性工作摆到突出位置。我们党紧密联系不断发展的世情、国情、党情，组织开展一系列卓有成效的组织学习活动，并从组织学习规划、组织、内容、模式等方面不断丰富和完善，打造了一个完备高效的组织学习体系，为我们党团结带领人民创造改革开放和社会主义现代化建设的伟大成就，提供了强大的精神动力、组织保证和人才支持。

一、继续探索中国建设社会主义的正确道路

这一时期我们党组织的"大学习"，始于1978年5月全国范围内轰轰

[①] 程韦宇. 关于中国共产党年轻干部工作历史经验的思考. 中国文化报，2022 - 01 - 13.

烈烈开展的真理标准问题大讨论，这既是一场思想解放运动，也是一场思想教育运动，为重新确立马克思主义的思想路线、政治路线、组织路线奠定了坚实的理论基础，成为实现党和国家伟大的历史性转折的思想先导，拉开了中国改革开放的大幕。1978年12月13日，邓小平在中央工作会议闭幕会上发表题为《解放思想，实事求是，团结一致向前看》的重要讲话，号召全党同志一定要善于学习，善于重新学习。党的十四大后，党中央分四批举办省部级主要领导干部学习建设有中国特色社会主义理论研讨班；党的十五大后又连续举办两期新当选的中央委员和候补委员学习邓小平理论和十五大精神研讨班，带动全党掀起理论学习热潮。1997年12月，在全国组织工作会议上，江泽民强调："当今的时代是一个各种新事物、新知识、新经验层出不穷的时代，我们要学习的东西多得很。不论是谁，只要停顿下来，不学习新东西，肯定是要落伍的。"[①] 他积极开拓学习阵地。中共中央党校主办的《学习时报》，成为中国共产党推动党内学习、引领社会学习的一块重要阵地。

党的十六大以后，以胡锦涛同志为主要代表的中国共产党人形成了科学发展观，2004年党的十六届四中全会通过的《中共中央关于加强党的执政能力建设的决定》中，第一次提出要"努力建设学习型政党"。2007年召开的党的十七大，强调"要按照建设学习型政党的要求"，提高运用科学理论分析和解决实际问题的能力。2009年，党的十七届四中全会提出："中国特色社会主义实践在深入，不断学习、善于学习，努力掌握和运用一切科学的新思想、新知识、新经验，是党始终走在时代前列引领中国发展进步的决定性因素。必须按照科学理论武装、具有世界眼光、善于把握规律、富有创新精神的要求，把建设马克思主义学习型政党作为重大而紧迫的战略任务抓紧抓好。要推进马克思主义中国化、时代化、大众化，用

---

① 中共中央文献研究室. 十五大以来重要文献选编：上. 北京：人民出版社，2000：152.

中国特色社会主义理论体系武装全党，开展社会主义核心价值体系学习教育，建设学习型党组织。"①

二、组织学习体系完备高效

伴随着改革开放的浪潮，西方各种管理思潮陆续涌入中国。而20世纪90年代开始正式进入中国的西方组织学习理论、技术与工具，在学习理念、学习内容、学习方法等方面，助力中国的组织学习发展。这一时期，我们党以更加开放、包容的姿态，不断汲取先进的组织学习理念与方法，将其注入组织学习的规划、组织、内容、模式乃至整个体系当中，并依托经济快速发展所带来的更好"软""硬"件基础，结合自身优势不断丰富和完善，使组织学习体系更加完备高效（见图1-5）。

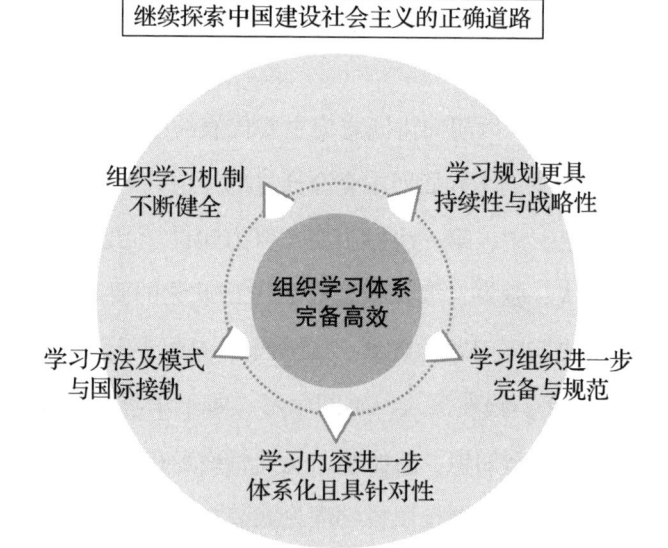

图1-5 改革开放和社会主义现代化建设新时期的组织学习特征

---

① 中国共产党第十七届中央委员会第四次全体会议公报.（2009-09-08）[2024-11-01].中国共产党新闻网.

一是学习规划更具持续性与战略性。持续性主要体现在改革开放发展的每一个阶段，党都根据经济和社会发展需要，制定相应的干部教育培训规划。1980年2月，中宣部、中组部联合发布的《关于加强干部教育工作的意见》强调，重新教育干部是一项关系全局的战略任务。1983年10月，中组部印发《干部培训规划要点》，提出要"有计划、大规模地培训干部"，以规划部署来引领干部教育培训事业发展。此后陆续制定了1991—1995年、1996—2000年、2001—2005年、2006—2010年全国干部教育培训规划。战略性主要体现在学习型党组织建设与学习型社会建设相统一。2002年，党的十六大提出，要构建终身教育体系，"形成全民学习、终身学习的学习型社会，促进人的全面发展"；2004年，中华全国总工会等九部委联合发出《关于开展全国"创建学习型组织，争做知识型职工"活动的实施意见》；2010年，中共中央办公厅印发了《关于推进学习型党组织建设的意见》的通知，要求各地区各部门结合实际认真贯彻执行，建设学习型党组织。

二是学习组织进一步完备与规范。从1983年5月，中共中央印发《关于实现党校教育正规化的决定》，到1988年筹建国家行政学院，在全国形成了包括干部教育主管机构、各级党校、各类干部管理院校和行政学院的更为完整的规范的干部教育组织体系。此后，2005年创建了中国浦东干部学院、中国井冈山干部学院、中国延安干部学院，2006年创办了中国大连高级经理学院，同中共中央党校、国家行政学院形成了干部教育"一校五院"的"国家队"。2000年出台《关于面向21世纪加强和改进党校工作的决定》，2008年颁布《中国共产党党校工作条例》，党校事业不断走向科学化制度化。

三是学习内容进一步体系化且具针对性。党在重点抓好理论学习的同时，紧密联系国际形势的新变化，丰富学习内容，并结合社会主义现代化建设的新进展和工作实际开展针对性的学习。首先，坚持把理论学习放在首位，强化理论武装。全面系统学习马克思主义理论，特别是中国特色社会主义理论体系，推动全党理论学习、理论武装不断深入发展。党的十六大后，先后在全党开展了以实践"三个代表"重要思想为主要内容的保持共产党员先进性教育活动、深入学习实践科学发展观活动、创先争优活动；大力实施马克思主义理论研究和建设工程，建设充分反映马克思主义中国化最新成果的学科体系和教材体系，推动中国特色社会主义理论体系进教材、进课堂、进头脑。其次，紧跟时代步伐，开展了以社会主义市场经济理论、法律知识和科技知识为主要内容的专题学习研究和培训。例如，1994—2001年，中央政治局先后举办12次法制讲座，带头集体学习法律知识。1999年初党中央举办省部级主要领导干部金融研究班，此后又举办财税、国际经济贸易、国际形势与WTO等专题研究班。最后，进行有针对性的学习。中央政治局建立集体学习制度，从党的十六大到党的十八大，10年间共组织77次集体学习，就经济、政治、法律、文化、科技、历史、国际问题、社会建设、军事、党建等方面的重大问题进行深入学习研究。[1]对党政领导人才，主要侧重强化政治、经济、文化、科技、历史、外语、法律等基本知识和市场经济、国际通行规则、新型工业化、信息化与电子政务等新兴知识的教育和培训，增强其科学决策能力、驾驭全局能力、开拓创新能力。对企业经营管理干部，侧重强化其WTO基本规则以及现代企业制度基本规范、现代企业管理等工商管理方面知识，加强对其创新精神、创业能力和高层次经营管理水平的培养。

四是学习方法及模式与国际接轨。各干部培训院校与机构积极吸收引进先进学习理念、技术与工具，与国际接轨，与世界同步。一方面，从

---

[1] 穆兆勇，吕春阳. 党在改革开放和社会主义现代化建设新时期的学习. 学习时报，2021-12-22.

学习理念层面进行更新升级，注重引入"国际""创新""市场化""现代管理"等元素。例如，在课程设计、学习项目设计过程中，侧重国际视野、科技创新、科学管理、社交礼仪、沟通艺术、领导力等方面能力的培养。另一方面，全方位开展对外交流与合作，充分吸纳国际一流教育资源，积极开拓联合培养、跨国培养等干部培养新模式，创新探索组织学习新方法。其过程中不断引入创新的学习技术与方法，如五项修炼模型、行动学习、结构化研讨、案例教学、柯氏四级培训评估模式等。另外，将结合现代信息技术应用的线上学习模式作为学习的新手段也是在这一时期兴起的。

五是组织学习机制不断健全。这主要体现在干部培养新标准进党章、坚持学习的规范化制度化两个方面。其一，干部培养新标准进党章，标志着我们党对组织成员的学习要求上升到一个新的历史高度。1980年，邓小平提出："要在坚持社会主义道路的前提下，使我们的干部队伍年轻化、知识化、专业化，并且要逐步制定完善的干部制度来加以保证。"[1] 1982年，党的十二大将"四化"标准写入党章，"四化"标准成为新时期干部队伍建设总的指导原则。而且，十二大党章第一次用专门一章对有关党的干部问题作出规定，从政治、思想、作风、文化水平和专业知识等方面对各级领导干部提出明确要求。其二，坚持学习的规范化制度化。不仅建立了以全国干部教育培训规划为主体的长远性学习机制，还完善了集体学习制度、党委（党组）理论学习中心组制度、党员领导干部脱产培训制度、在职自学制度、理论学习考核制度等各项学习制度。同时，规范了脱产学习、中心组学习、在职自学等多种形式，初步形成了以需求为导向，计划调训与自主参训相结合的干部教育运行体系。

---

[1] 邓小平. 邓小平文选：第二卷. 2版. 北京：人民出版社，1994：361.

第五节　中国特色社会主义新时代：引领学习型大国建设

党的十八大以来，中国特色社会主义进入新时代。党面临的主要任务是，实现第一个百年奋斗目标，开启实现第二个百年奋斗目标新征程，朝着实现中华民族伟大复兴的宏伟目标继续前进。然而，实现新的目标任务，要面对复杂严峻的国内外形势，面对艰巨繁重的改革发展稳定任务，统筹好"两个大局"，这对党的组织能力、每一位党员的本领都提出新的要求。如何进一步加强党的组织学习，提高学习本领，持续推动学习型政党建设，依靠学习把握历史前进的主动权，实现强国复兴，成为组织学习的使命与任务。新时代，我们党坚持弘扬"重视学习，善于学习"的优良传统，充分发挥组织学习历史经验优势，继续改造学习、深化学习、创新学习，构建了更具时代性且具有鲜明特色的组织学习体系，并以马克思主义学习型政党建设来引领学习型大国建设。

一、推进中华民族伟大复兴

2013年3月1日，习近平总书记在中央党校建校80周年庆祝大会暨2013年春季学期开学典礼上的讲话中指出："全党同志一定要善于学习，善于重新学习。同过去相比，我们今天学习的任务不是轻了，而是更重了。这是由我们面临的形势和任务决定的。"[①] 其中的形势和任务，就包括党的十八大明确提出的"两个一百年"的奋斗目标，以及之后提出的"实现中华民族伟大复兴的中国梦"的奋斗目标。党的十八大以来，我们党开展的一切组织学习与干部教育活动都是为了推进中华民族伟大复兴。

2013年中共中央印发的《2013—2017年全国干部教育培训规划》明

---

① 习近平. 在中央党校建校80周年庆祝大会暨2013年春季学期开学典礼上的讲话. 北京：人民出版社，2013：3.

确要求："持续推进大规模培训干部、大幅度提高干部素质的战略任务，全面深化干部教育培训改革，全面提升干部教育培训质量，努力培养信念坚定、为民服务、勤政务实、敢于担当、清正廉洁的好干部，为全面建成小康社会、夺取中国特色社会主义新胜利、实现中华民族伟大复兴的中国梦提供坚强保障。"2017 年，党的十九大报告明确提出"增强执政本领"的要求，共有八项，其中第一项就是学习本领，即增强学习本领，在全党营造善于学习、勇于实践的浓厚氛围，建设马克思主义学习型政党，推动建设学习大国。2021 年 2 月，中共中央发布的《关于在全党开展党史学习教育的通知》更是明确要求，紧紧围绕学懂弄通做实党的创新理论，做到学史明理、学史增信、学史崇德、学史力行，引导广大党员干部增强"四个意识"、坚定"四个自信"、做到"两个维护"，不断提高政治判断力、政治领悟力、政治执行力，为全面建设社会主义现代化国家、实现中华民族伟大复兴中国梦而不懈奋斗。

可见，无论是干部教育培训的目标及指导思想、重大组织学习活动的核心内容，还是对党组织成员学习本领的具体要求，都是为了一个共同的目的——推进中华民族伟大复兴。

二、组织学习体系更具时代性

从建党初期注入组织学习"基因"，到改革开放和社会主义现代化建设新时期组织学习体系日益完善，我们党积累了丰富的组织学习经验与成果。步入新时代，我们党基于经验优势，在组织学习的规划、内容、模式、体系等方面积极探索，并形成了更具时代性的组织学习体系，以具有强大学习力的马克思主义学习型政党推动学习型社会、学习型大国建设。其历史经验优势的发挥主要体现在以下"六个坚持"。

一是坚持"重视学习、善于学习"的优良传统。党始终把学习作为一项关系党的事业兴旺发达的战略任务来抓，党的二十大报告中明确提出"建设全民终身学习的学习型社会、学习型大国"。与此同时，强调坚持党对推进马克思主义学习型政党建设的全面领导，并继续发挥"重视领导干部带头学""调查研究""学习小组""集中性学习教育"等历史经验优势。

二是坚持把干部教育培训摆在突出位置。将干部教育培训作为建设高素质干部队伍的先导性、基础性、战略性工程，在高质量教育培训干部、高水平服务党和国家事业发展中展现新担当新作为，为强国建设、民族复兴提供思想政治保证和能力支撑。

三是坚持用马克思主义及其中国化创新理论武装全党。中国共产党的历史，是一部推进马克思主义中国化、不断丰富和发展马克思主义的历史，也是一部运用马克思主义理论认识和改造中国的历史。习近平新时代中国特色社会主义思想是当代中国马克思主义、二十一世纪马克思主义，是中华文化和中国精神的时代精华，实现了马克思主义中国化时代化新的飞跃。党近年来始终坚持把深入学习贯彻习近平新时代中国特色社会主义思想作为干部教育培训的首要任务、中心内容、主题主线。

四是坚持全面系统学习。习近平总书记强调："我们的学习应该是全面的、系统的、富有探索精神的，既要抓住学习重点，也要注意拓展学习领域；既要向书本学习，也要向实践学习；既要向人民群众学习，向专家学者学习，也要向国外有益经验学习。"[1]

五是坚持联系实际学习。理论联系实际，是党的优良作风和光荣传统。2023年4月，习近平总书记在学习贯彻习近平新时代中国特色社会主义思想主题教育工作会议上明确要求"不划阶段、不分环节，要把理论学习、调查研究、推动发展、检视整改等贯通起来，有机融合、一体推进"，"以新气

---

[1] 习近平. 在中央党校建校80周年庆祝大会暨2013年春季学期开学典礼上的讲话. 北京：人民出版社，2013：7.

象新作为推动高质量发展取得新成效"①。

六是坚持抓学风建设。学风问题是关系党的事业兴衰成败的一个重大政治问题。2023年10月，中共中央印发的《全国干部教育培训规划（2023—2027年）》中明确要求"大力弘扬理论联系实际的马克思主义学风，力戒形式主义，勤俭规范办学，努力营造学习之风、朴素之风、清朗之风"。

党的十八大以来，我们党的组织学习基于"六个坚持"，在学习规划、内容、模式等方面不断创新与丰富，逐步形成了具有中国特色的组织学习体系，且具有极强的时代性（见图1-6），具体体现在以下五个方面。

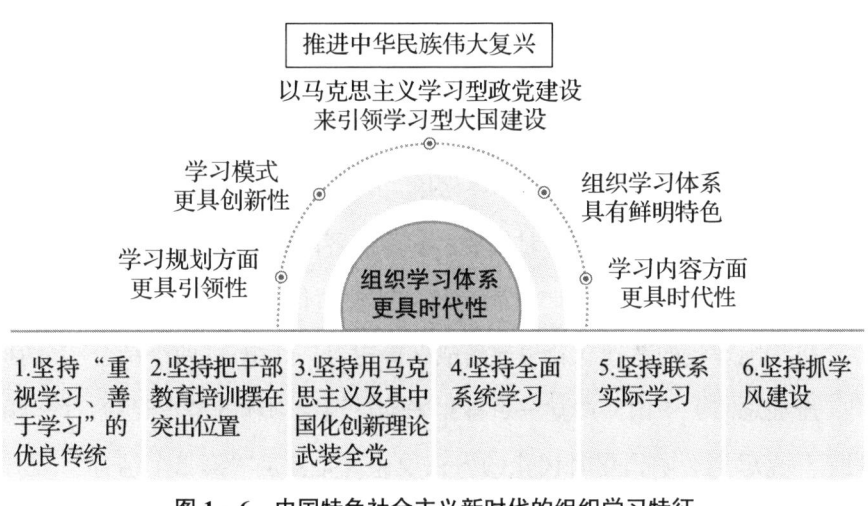

图1-6 中国特色社会主义新时代的组织学习特征

一是学习规划方面更具引领性。其主要体现为顶层设计的系统性、前瞻性、持续性以及思想引领性。例如，从2013年至今，连续制定了三个全国干部教育培训规划，而且每期规划在内容与要求方面，都结合时代背景与目标任务进行了更新与升级。其中，2023年中共中央印发的《全国干部教育培训规划（2023—2027年）》明确提出"增强教育培训的时代性、系统性、针对性、有效性"，从过去的"两个性"增加到"四个性"，尤其

---

① 习近平. 在学习贯彻习近平新时代中国特色社会主义思想主题教育工作会议上的讲话. 北京：人民出版社，2023：11.

强调了时代性和系统性。其中的系统性，突出强调党的创新理论武装要更加系统深入，以系统性保障深刻性，以体系化推动学理化，实现党的创新理论学深学透、入脑入心。为此，《全国干部教育培训规划（2023—2027年）》要求中央党校（国家行政学院）、中央组织部研究制定习近平新时代中国特色社会主义思想课程体系和教学大纲，市县党政正职每两至三年至少接受一次系统的党的创新理论教育和党性教育。[①] 又如，党的十八大以来，党中央直面新形势新任务新挑战，相继开展了党的群众路线教育实践活动、"三严三实"专题教育、"两学一做"学习教育、"不忘初心、牢记使命"主题教育、党史学习教育、学习贯彻习近平新时代中国特色社会主义思想主题教育等，坚持不懈用习近平新时代中国特色社会主义思想凝心铸魂，以思想教育打头，着力解决学习不深入、思想不统一、行动跟不上的问题，并推动党内集中教育环环相扣、次第展开。

二是学习内容方面更具时代性。学习内容的时代性，主要体现为教育培训内容突出强调聚焦新时代新征程党的使命任务，党的理论创新成果、党中央治国理政的新理念新思想新战略等内容。其中，"两个结合"[②] 的提出，全面总结了中国共产党一百多年来推进理论创新的基本经验，深刻阐明了马克思主义中国化时代化的内在规律。尤其是"第二个结合"，是党对马克思主义中国化时代化历史经验的深刻总结，是对中华文明发展规律的深刻把握，表明党对中国道路、理论、制度的认识达到了新高度，表明党的历史自信、文化自信达到了新高度，表明党在传承中华优秀传统文化中推进文化创新的自觉性达到了新高度。这一阶段，党强调把深入学习贯彻习近平新时代中国特色社会主义思想作为主题主线，持续深化党的创新理论武装，要求把这一重要思想作为党委（党组）理论学习中心组学习首

---

① 金晶. 凝心铸魂的行动指南. 学习时报, 2023-12-01（9）.
② "两个结合"指马克思主义基本原理同中国具体实际相结合、同中华优秀传统文化相结合。

要内容，作为各级党校（行政学院）、干部学院、社会主义学院主课必修课，作为干部学习的中心内容，推动党的创新理论学习教育走深走实走心。在领导干部履职能力方面，要求重点开展经济、政治、文化、社会、生态文明、党的建设、宪法和法律法规等知识学习培训，开展军事、国防、外交、统战、教育、科技、民族、宗教、财税、金融、统计、信访、保密、应急管理、城市建设、公共卫生、舆情应对、基层治理、反垄断、知识产权、身心健康等知识学习培训，引导干部及时填知识空白、补素质短板、强能力弱项。加强信息技术、人工智能、生物技术、新能源、新材料等新知识新技能学习培训，开阔干部视野。

三是学习模式更具创新性。学习模式的创新性主要体现在两个方面。一是以党校（行政学院）为主体的教育培训机构，积极创新探索学习方法、教学方法和干部教育培训体系。例如，近年来，众多党校（行政学院）都在持续探索行动学习、结构化研讨、案例教学、翻转课堂、沉浸式教学等创新学习方式，同时积极进行学科体系建设、培训体系建设。中央党校（国家行政学院）按照"一个中心、四个方面"的教学总体布局，构建了融课程体系、学员教育、学科建设、师资培训为一体的干部教育培训体系；国有企业党校中的北京石油管理干部学院构建了由"4321"[①]领导人员培训项目、"1+5+N"[②]培训课程、培训运营管理、培训资源四大子体系构成的培训体系。二是充分利用"互联网+"、大数据、人工智能等现代信息技术和新兴媒体，优化学习供给资源结构，搭建创新性、多样化学习平台，精准满足组织及个人学习需求。例如，中宣部建设的信息化学习平

[①] "4321"："4"是指四条培训线——领导本领提升线、专业业务发展线、职能管理发展线、重大专题培训线；"3"是指三大系列——强根铸魂系列、经营管理系列、预备队培养系列；"2"是指两种方式——线上及线下；"1"是指培养与世界一流企业相适应的人才队伍。

[②] "1+5+N"："1"是指习近平新时代中国特色社会主义思想；"5"是指政治能力、领导能力、专业能力、管理能力、创新能力；"N"是指以哲学、文化、艺术类以及围绕党和国家重要会议、重大决策、集团公司战略部署、业务转型和生产经营中的重点难点问题开发的特色类课程等为补充，提高解决实际问题的能力。

台——"学习强国",自上线以来,受到各级党组织重视,逐渐成为学习型党组织建设的抓手。党员干部网络学院、党员干部在线学习系统、公务员学习网、数字图书馆、数字出版物、AR沉浸式体验空间等网络学习平台、线上线下融合学习平台相继出现。

四是组织学习体系具有鲜明特色。历经百余年的实践探索,尤其是党的十八大以来的继承、创新和完善,党的组织学习体系变得更加成熟,已经呈现出鲜明的中国特色,主要体现在内容、方法、机制、文化四个方面。学习内容方面,形成了强调坚持用马克思主义及其中国化创新理论武装全党,以深入学习贯彻习近平新时代中国特色社会主义思想为主题主线,以"党的理论教育为根本、党性教育为核心、履职能力培训为关键、知识培训为基础"的学习内容体系;学习方法方面,形成了"支部建在连上"、调查研究、学习小组、读书班、"第一议题"、"三会一课"等独特的组织学习方法和行动学习、结构化研讨、案例教学等创新学习方法,还探索形成了集体学习、党委(党组)理论学习中心组学习、集中轮训、脱产培训、专题学习班、在职自学、网络培训、自主选学等干部教育培训模式;学习机制方面,形成了由干部教育培训规划、集体学习制度、党委(党组)理论学习中心组等颇具中国特色的学习制度构成的顶层设计机制,还建立了与干部选拔任用、干部绩效考核、组织及个人创新相关的学习激励机制,实现组织学习进一步科学化、规范化、制度化、体系化;学习文化方面,传承"重视学习、善于学习"的优良传统,发扬"理论联系实际"的优良学风,努力践行"学思用贯通,知信行统一""在干中学、学中干",同时大力倡导建设全民终身学习的学习型社会、学习型大国,建设一个"人人皆学、处处能学、时时可学"的学习型社会。

五是以马克思主义学习型政党建设来引领学习型大国建设。党的十八大报告提出建设学习型、服务型、创新型马克思主义执政党的任务。党的十九大报告中提出要增强学习本领,在全党营造善于学习、勇于实践的浓厚氛围,建设马克思主义学习型政党,推动建设学习大国。党的二十大报告中明确提出推进教育数字化,建设全民终身学习的学习型社会、学习型大国。"建设马克思主义学习型政党,就是要把学习科学理论和先进知识在全党形成制度、形成风气,就是要以有效的学习提升党的创新能力,增强党的生机活力。"[1] 党的十八大以来,以"推进中华民族伟大复兴"为使命,党基于"六个坚持",在学习规划、学习内容、学习模式、学习体系等各方面不断创新、升级和完善,形成了具有鲜明中国特色的组织学习体系,以强大的组织学习力,促进提升党组织的创造力、凝聚力与战斗力,不断提高党的执政能力和领导水平,更好地发挥党总揽全局、协调各方的领导核心作用,发挥"关键少数"的引领与示范作用,以全党学习带动全民学习,引领形成充满新时代气息的学习风气,进而引领和推动学习型社会、学习型大国建设。

党的二十大报告明确指出,"中国共产党的中心任务是团结带领全国各族人民全面建成社会主义现代化强国、实现第二个百年奋斗目标,以中国式现代化全面推进中华民族伟大复兴"。新时代,新征程,"我们的干部要上进,我们的党要上进,我们的国家要上进,我们的民族要上进,就必须大兴学习之风,坚持学习、学习、再学习,坚持实践、实践、再实践"[2]。

小　结

学习是一个人、一个组织获取知识、提高素质、增长本领的重要方式,是一个民族、一个国家传承文明、繁荣进步的重要途径。重视学习、

---

[1] 习近平. 关于建设马克思主义学习型政党的几点学习体会和认识. 学习时报,2009-11-16(3).

[2] 习近平. 在中央党校建校80周年庆祝大会暨2013年春季学期开学典礼上的讲话. 北京:人民出版社,2013:12.

善于学习是党战胜艰难、应对挑战、夺取胜利的重要法宝，是党永葆先进性和纯洁性、永葆生机活力和创造力、始终走在时代前列的重要保证，是推动党和国家事业发展的必由之路，更是党的鲜明品格、优良传统和宝贵历史经验。

回顾中国共产党的学习历史，从注入学习"基因"，到初步转向体系化、"有组织的学习"、进一步正规化、组织学习体系日益完善，再到组织学习体系更具时代性，党形成了先进的学习理念、高效的学习组织、完善的人才体系、系统的学习内容、创新的学习形式、严谨的学习机制、成熟的学习文化，在组织达成共识、提升能力、建强队伍、支撑建设、促进变革等方面成果显著，并构建了一个具有强大组织学习力、依靠学习掌握历史前进的主动权的学习型政党，进而推动学习型大国建设，为实现"中国梦"提供坚实的战略支撑。

回顾中国共产党的学习历史，这是一段通过强化组织学习、持续开展干部教育，实现加强党的领导、提高干部素质、推动社会变革的成功历程，这是一个通过"大学校"，开展"大学习"，推动"大创新"，实现"大发展"的艰辛过程。社会变革是干部学习的动因，党的领导是干部学习的核心，干部学习通过培养大量领导人才推动了社会的发展。正是因为持续的"大学习"，我们才能在重要历史关头、艰难险阻中，统一全员思想、意志和行动，掌握科学思想、知识与经验，学以致用、用以促学、学用相长，将学习成果转化为工作本领、思路举措，促进我们党不断洞察时代大势、顺应历史潮流，推动我们党不断穿越风雨、发展壮大。为适应新时代社会发展的需要，不断学习是推动党和国家事业发展的强大动力和必由之路。习近平总书记深刻指出："中国共产党人依靠学习走到今天，也必然要依靠学习走向未来。"[①]

---

① 习近平. 在"不忘初心、牢记使命"主题教育总结大会上的讲话. 北京：人民出版社，2020：14.

第二章

中国企业组织学习发展历程

组织学习随时随地都在酝酿和发生。任何组织都会在其外部环境变化与内部整合过程中有意或无意地学习，因此，只要有组织的地方，组织学习就必然存在。

中国企业具有组织学习的"基因"优势，即中华民族崇尚学习的优良传统和中国共产党组织学习过程中形成的宝贵历史经验。随着党发展壮大、国家日益兴盛，热爱学习的中国企业，乘着改革开放浪潮，不断学习国外先进的管理理念、技术、工具与模式，不断进行本土转化、自我革新，历经自主摸索、引进吸收、创新突破三个阶段（见图2-1），一方面始终保持着自己的底色，始终坚持用党的科学理论武装队伍思想，注重学习型组织建设，注重与中华优秀传统文化、企业具体实际相结合，另一方面在学习理念、学习组织、学习内容、学习形式、学习机制、学习文化等方面进行全方位的系统性变革与发展，并初步形成具有中国特色的组织学习模式与理论框架，为中国企业转型发展、全球竞争力提升提供源源不断的动力。

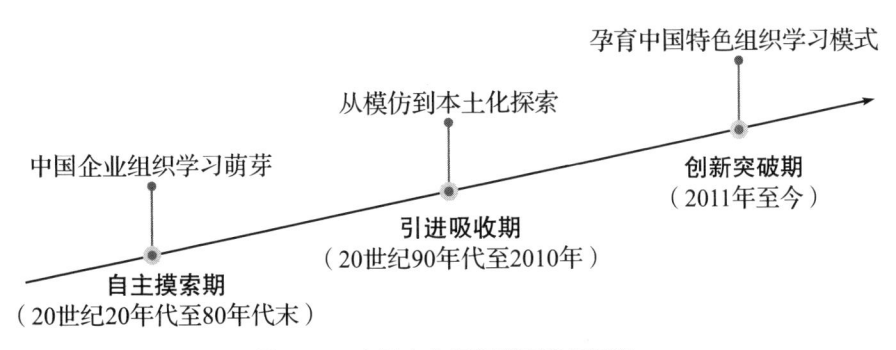

图2-1 中国企业组织学习发展历程

虽然从管理科学的角度而言，中国企业对现代企业管理的理论与实践探索起步较晚，但是中国企业的组织学习拥有独特的历史传统与特色"基因"优势，在实践方面不断创新并取得突破，且中国式组织学习理论日渐成熟。

第一节　自主摸索期：中国企业组织学习萌芽

中国企业组织学习发展历程的第一阶段是自主摸索期（20世纪20年代至80年代末）。从建党到新中国成立，再到改革开放之初，中国企业经历了从萌芽到现代企业雏形的发展过程，主要采用计划经济体制下的企业管理模式。1980年，美国麻省理工学院终身荣誉院士，上海交通大学、复旦大学、同济大学三所高校的兼职教授，曾任上海广新银行董事长的杨通谊先生，将学习型组织理论首次从美国引进中国，并积极进行推广，但毕竟当时的中国企业尚未全面市场化，管理理念也相对落后，故影响甚微。这个阶段中国企业组织学习的典型特征，是以党组织学习为主导，侧重于政治思想教育与职业技能培养，坚持用党的科学理论武装队伍思想，主要采取传统的集中授课、"师徒制"等学习形式，组织学习以党校、党委职能部门、职工文化学校为主，或是借助外部的职业技校、夜校来开展学习活动，其主要作用是统一思想、培育干部与人才、支撑建设、推动社会变革，对现代企业管理方面的探索相对较少。

一、中国企业组织学习的起源

中国共产党于1924年创办的第一所党校——安源党校（团校），便与企业紧密相关，可以说是源于安源路矿。安源是中国工人革命运动的策源地。安源路矿是江西萍乡的安源煤矿和由湖南株洲到萍乡安源的株萍铁路的合称。[1] 1921年，由毛泽东、刘少奇、李立三等老一辈无产阶级革命家领导的安源路矿工人运动开始兴起，这一运动从一开始就比较注重工人教育。党校成立之前，安源党组织就已经通过创办工人补习学校、工人子弟学校、工人师范班等，初步形成了一个比较完整的工人学校教育体系。正式成立党校，是围绕党早期组织领导工人运动的中心任务，主要对工友同志和中共党员、团员进行"政治的教育"，为党内教育培养指导人才。工友同志主要来自安源路矿工人俱乐部。当时安源地委的党员数占全国党员总数的1/5，是全国规模最大和产业工人最多的地方党组织，但大批党员未接受系统的"主义和政治上之训练"。安源党校开设在安源一个名叫"八十间"的房子里（后搬至张家湾安源工人子弟学校内）。安源党校注重从学员知识水平实际出发，针对学员的差异分层次进行"特别训练"，侧重于马克思主义理论教育、党的基本知识学习和培训，同时选派了刘少奇、萧劲光等革命信仰坚定、受过系统的马克思主义教育和训练、理论水平和实践能力皆强的优秀教员。这也成为后来创办党校坚守的成功经验。安源党校毕业的大部分学员为中国革命做出了杰出的贡献。

此时，中国企业内部成立的正式学习组织同样是党校，其主要任务是培育党员干部，支持国家建设。有的党校还是在政企分开之前成立的。铁道党校隶属中国国家铁路集团有限公司，始建于1955年，原为铁道部干部学校，1961年改为铁道部党委党校，1969年年底撤销，1975年复校重建。1995年与北京铁道管理干部学院合并，成为集党校和干校功能于一体的培训轮训铁路较高层次领导干部的基地，为国家"育铁路英才，献兴路良策"做出巨大贡献。第一汽车制造厂党校（简称一汽党校）是在1960年3月正式成立的，是全国大型企业中最早成立的党校之一，是一汽党委

---

[1] 安源路矿最初是德国、日本资本控制的汉冶萍公司的一部分，共有工人1.7万人。

在当时做出的一项重大决策。成立党校的目的是用毛泽东思想武装干部和党员，推动一汽事业发展。成立之年，一汽党委便举行了一汽党校第一期干部轮训班开学典礼与全厂干部学习毛主席著作动员大会，来自全厂各单位的84名科级以上干部开始了为期3个月的脱产学习。① 较早成立的还有1972年中国十九冶集团有限公司建立的党校，其探索过与十九冶技校合并，实行"两块牌子，一套班子"的办学方式，为出色完成党和国家交付的攀枝花钢铁基地三线建设的历史使命做出贡献。

二、从0到1的组织学习萌芽

进入20世纪80年代，处于改革开放初期的中国企业，要走向全新的市场化道路。一方面，必须及时补上"文化课""技术课"。1982年1月，全国职工教育管理委员会等五个部门发出《关于切实搞好青壮年职工文化、技术补课工作的联合通知》，多数企业都成立了教育处、科，负责"双补"工作开展，一些大中型企业甚至还成立了职工文化学校，配备专职教师或者聘请退休教师，有夜校学习、脱产培训等形式。另一方面，要从0到1开始学习国外先进的管理理念、管理理论与管理模式。伴随着引进MBA教育、远赴海外研究先进管理理论、借鉴管理经验、海外人才引进交流等探索性活动，中国企业向国外学习管理学知识的重点，从苏联转向日本、美国、德国等发达国家或地区，但是对组织学习理论的学习与应用依然很少。一批新成立的民营企业，如联想、万科、华为、四通等，相对活跃。

与此同时，一批规模较大的国有企业党校（或者党校前身）开始出现。1977年10月，中共中央作出《关于办好各级党校的决定》，处于"放权让

---

① 胡国良. 校史回眸｜一汽党校的几度变迁.（2022-07-25）[2024-11-01]. 长春汽车职业技术大学官方微信公众号.

利、政策调整"时期的国有企业，纷纷成立了自己的党校。1979年，攀钢集团成立了攀钢党校；1979—1985年，该党校办班17期，培训学员921人次，并同全国上百所党校、大专院校和理论研究单位建立了资料交换关系。1982年，随着中央国家机关机构改革和中国建筑工程总公司成立，中国建筑集团有限公司党校（中建管理学院）的前身中国建筑工程总公司培训中心应运而生，40余年一直肩负着服务企业战略、培养骨干人才的使命。1984年，北京石油管理干部学院成立，1991年开始规范化培训中高层干部，目前是中国石油天然气集团有限公司党校、管理干部学院、远程培训学院"三位一体"的唯一直属高级培训中心，是中国石油培训中高层管理干部队伍、经营管理人员和战略预备队的主力。1987年，石油化工管理干部学院正式成立；1998年，在其基础上，中国石化党组党校成立；2020年，中国石化网络学院成立。中国石化党组党校（石化管理干部学院）作为中国石油化工集团有限公司直属的教育培训单位，承担着集团公司高层管理人员培训、高层次人才培训、网络培训、党建和人力资源研究的重任。

第二节　引进吸收期：从模仿到本土化探索

中国企业组织学习发展历程的第二阶段为引进吸收期（20世纪90年代至2010年）。20世纪90年代初，在邓小平南方谈话和党的十四大精神推动下，我国新一轮改革开放的高潮兴起，中国进入完善社会主义市场经济体制的新时期。2001年，中国加入世界贸易组织（WTO），深度参与经济全球化，进一步推进全方位、多层次、宽领域对外开放。面对处于经济转轨、社会转型的关键阶段的时代背景，加上知识经济的兴起和经济全球化带来的挑战，中国企业渴求学习，不断引进和吸收西方现代企业管理理论、技术与工具，现代企业管理制度日益成熟，国有企业与民营企业皆处于高速发展期。从20世纪90年代中期开始，以彼得·圣吉（Peter Senge）的五项修炼模型为代表的西方组织学习理论大规模传入中国，商学院、相关领域学者开始深入研究探索各种先进的组织学习理念、学习技术、学习模式，中国企业快速吸收并广泛应用，掀起了中国企业创建学习型组织的一股热潮，呈现出新知识以粗放式全面引进西方管理学为主，学习方式以被动式选择为主，学习技术与工具纷繁复杂，专业的知识服务机构开始涌现，企业大学建设火热，学习型组织建设从模仿逐步转向本土化探索等特征（见图2-2），对促进企业变革、组织创新、高速发展、适应社会转型与经济全球化，起着重要的支撑作用。

1. 新知识以粗放式全面引进西方管理学为主
2. 学习方式以被动式选择为主
3. 学习技术与工具纷繁复杂
4. 专业的知识服务机构开始涌现
5. 企业大学建设火热
6. 学习型组织建设从模仿逐步转向本土化探索

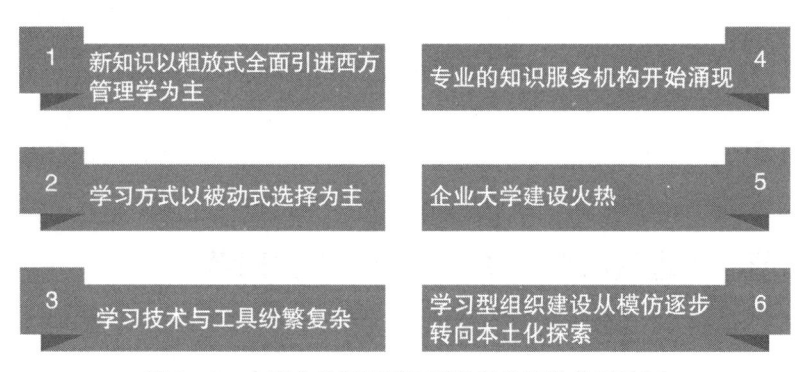

图2-2 中国企业组织学习引进吸收期的典型特征

一、新知识以粗放式全面引进西方管理学为主

20世纪90年代，我国国有企业处于"转换机制、制度创新"阶段，民营企业尚处于"创业浪潮"时期，中国企业十分缺乏现代企业管理学的理论学习与实践应用。因此，一些基础性的战略管理、财务管理、人力资

源管理、生产管理、营销管理、管理沟通、团队建设、员工激励、组织学习等理论知识，在国内商学院的学科建设中逐步得到加强和完善，企业则通过图书、光盘、论坛活动、主题课程等学习渠道，以理论学习、案例学习、引进模式等方式，"粗放式"吸收主要源自世界 500 强企业的各类先进的管理理念、管理常识、管理模式与管理工具。

二、学习方式以被动式选择为主

由于组织及个人的管理专业水平差，需要获取大量快速更新的知识，且数字技术尚不发达，加之商学院及专业的培训机构刚刚兴起，这个阶段的组织学习方式较少，个人自发学习行为较多，除了传统的集中教育培训、会议学习、师徒制等学习方式，主要有以下七种新的学习方式。

一是传统媒介类。当时光盘、图书、广播、电视是组织及个人学习的主要渠道，企业团队学习以读书会、集中线下视频学习、电视会议、广播学习等形式为主。

二是公开课类。公开课是企业获取新信息、新知识的重要渠道，也是企业开展学习交流的重要平台，因此，大型公开课、高峰论坛、主题会议等风靡一时，个人参课、企业组织参课非常积极，尤其是早期以"成功学"为主题的公开课数量甚至远远超过其他管理主题的课程数量。后期逐步回归理性，以宏观经济、政策解读、企业管理、沟通艺术、人际关系、高绩效团队打造等主题为主。

三是专业教育类。高校的商学院、经济学院、管理学院、继续教育学院等机构提供脱产式或在职的专业学历提升教育或者非学历教育，包括 MBA 学历教育、EMBA 课程班、EDP 课程班、各类总裁班等，所授管理类知识相对系统、全面。企业往往是为了培养高级管理人才，安排优秀人才接受此类教育，也有相当一部分学员自主选择该学习方式。

四是专题进修类。党校、高校继续教育类机构或专业的培训服务机构等，提供短期、针对性的专业提升教学，包括党建、战略、财务、人力资源、营销等各类主题学习班。学员以外派形式为主。课程内容大多数为相对固定的学习模块，以岗位胜任力与职业化能力培养为主。

五是引进学习类。引进学习分为两类：第一类是引进师资授课，即企业邀请授课教师进行专题讲座、专业授课，以职业化培训为主。第二类是引进咨询辅导，即企业邀请资深的专家到企业进行针对性的管理咨询与辅导。例如，为了摆脱企业对个人的依赖，提升产品开发效率，建立一个以客户为中心、市场驱动的流程性公司，以快速满足客户需求，获得持续发展，华为于1998年开始全面引进IBM的IPD（integrated product development，集成产品开发）模式，使其产品创新能力和企业竞争力大幅提升。

六是"走出去"学习类。该类学习方式主要指走进标杆企业或其他学习对象，针对性地开展学习交流活动。2001年中国加入WTO以后，大量中国企业组织学员走进世界500强企业，包括美国的摩托罗拉、IBM、惠普、通用电气、沃尔玛，德国的西门子，日本的丰田，韩国的三星等汲取经验，当然，随着中国企业的逐步成长，联想、海尔、万科、华为等企业也成为众多企业追逐的标杆。

七是对外合作交流类。该类学习方式主要借助与外部优秀企业开展战略合作或具体的项目合作，开展各类培训交流、人才培养活动。例如中石油自1993年以来，在"走出去"的同时坚持"引进来"，先后在国内六大含油气盆地与多家国际知名油气公司开展对外合作项目，充分利用对外合作业务平台在资金和技术方面的优势，采取国内基础培训与海外提高培训相结合的模式，开展各类技术和管理培训、交流与研讨活动，积累了先进技术和管理经验，培养了大批人才。

三、学习技术与工具纷繁复杂

同西方组织学习理论一同传入的，是各类先进的学习技术与工具。例如与学习型组织建设直接相关的五项修炼模型、学习型组织模型、双环学习法、知识转化模型等，与教学、学习方法相关的学习金字塔、费曼学习法、加涅九段教学法、布鲁姆教育目标分类法、柯氏四级评估法、案例教学法、情境教学法、标杆学习法、行动学习法等，与能力素质培养有关的冰山模型、素质洋葱模型、ASK 模型、KSAO 模型等。

国内较早启动学习型组织建设的企业有宝钢、莱钢、兖矿、海尔、联想等。宝钢在 2004 年发布的《打造一流员工队伍，实现宝钢发展宏图》中明确提到，创建学习型组织，提高学习力就是提高竞争力。这个理念被宝钢广大员工认可并付诸行动。

行动学习法自 20 世纪 90 年代引入我国，得到了政府部门较大力度的推广。中组部培训中心先后组织在甘肃、青海、四川、内蒙古和广西等省份就行动学习法进行实践摸索。在企业界，通过行动学习法引起强烈反响的当属华润集团。华润集团于 2000 年引入行动学习法，是中国最早运用行动学习法且比较成功的企业之一。行动学习法不仅成为华润集团基本的思想方法和工作方法，还有效推动了集团变革，并衍生出团队学习法。

四、专业的知识服务机构开始涌现

世纪之交，中国加入 WTO，中国企业渴求学习新知识与新理念，以具备适应全球化的知识结构、视野与能力，而与此同时，各类管理思想、模式与工具纷纷出现，这就要求企业做好知识管理、高效引进先进学习技术与工具，并尝试探索组织学习路径与模式，专业的知识服务机构便由此而生。

例如，商儒企业管理研究院在成立之初，便成功运营《北大商业评论》，举办百场全国巡回论坛、发行中国首部标杆案例视频课程，分享企业成长经验和先进理念，为中国企业提供成长的思想动力。同时，立足中国本土商业实践，整合全球资源，推出 EDP（executive development programs，高层管理培训项目）、职业化提升课堂、彩信微课堂、全球访学等高端知识服务，开启组织学习的探索之路，其间提出了基于胜任力的培训体系整体解决方案。

五、企业大学建设火热

1927 年，美国通用汽车公司成立的通用汽车设计与管理学院，对美国的"在职学习运动"做出了很大贡献。1956 年，美国通用电气公司将"培训与学习融入工作"的理念深入落地，建立了克劳顿管理学院，该学院成为企业高级管理者成长的摇篮，也标志着世界上第一所企业大学的诞生。自此，企业大学开始受到企业的高度重视。尤其是在 20 世纪 80—90 年代，企业大学迎来蓬勃发展期，世界 500 强企业中，80% 以上建立了自己的企业大学，如摩托罗拉大学、IBM 学习中心、惠普商学院、西门子管理学院、麦当劳大学等。在这一时期，企业大学的概念和运营模式经外资企业传入中国。例如，于 1993 年成立的摩托罗拉中国区大学是中国最早的企业大学，西门子管理学院、爱立信中国学院、惠普商学院等先后在国内成立。由此，中国企业大学建设的序幕正式拉开，越来越多的企业开始意识到企业大学的重要性，纷纷着手建立自己的大学和人才培养中心。

1997 年成立的春兰学院，标志着中国本土成规模的企业大学正式诞生。相继成立的本土企业大学有海信学院、海尔大学、北京吉利大学、中国移动学院、平安大学、中兴通讯全球学习发展中心（原中兴通讯学院）、阿里学院、华为大学、伊利商学院、腾讯学院、携程大学、联想学院、中国电信学院、国网技术学院、中粮集团忠良书院、长安汽车大学、真功夫米饭大学等等。这一时刻企业大学建设一片火热。截至 2010 年，中国企业大学已超过 300 所，步入高速发展期。

部分国有企业的企业大学在发展过程中，与党校融为一体，例如中国移动学院是中国移动通信集团有限公司直属的教育培训机构，其前身为成立于 1984 年 12 月的邮电部管理干部学院，始于 1969 年成立的邮电部五七干校，2000 年整建制划归中国移动集团公司，且于 2021 年更名为中国移动党校（中国移动人才发展中心）；有的企业大学属于技术技能型，例如国网技术学院；有的企业大学演变为由教育部批准的高校，例如北京吉利大学由吉利集团于 1999 年创建，于 2014 年转为本科高校，更名为北京吉利学院。

企业大学展示了企业完善的人才培养与知识服务体系，为企业战略发展、知识创造、文化传承、品牌传播等提供强有力的支撑，也是最有效的学习型组织实现手段，更是企业规模与实力的充分体现。

六、学习型组织建设从模仿逐步转向本土化探索

"学习型组织"源于系统动力学家杰伊·福里斯特（Jay Forrester）在 1965 年发表的《企业的新设计》一文。"组织学习"概念由克里斯·阿吉里斯（Chris Argyris）与唐纳德·舍恩（Donald Schon）在 1978 年出版的《组织学习：一种行动透视理论》一书中正式提出。对全球企业的学习型组织建设影响力最大的是杰伊·福里斯特的学生彼得·圣吉。他的《第五项修炼：学习型组织的艺术与实践》一书于 1990 年问世后，在全球掀起了一股学习型组织创建的热潮。壳牌石油、通用电气、福特汽车、摩托罗

拉等公司都极力推崇学习型组织。几年之后，该书及组织学习理论传入中国，受到中国企业的热捧。

最早启动学习型组织建设的中国企业，多数是以五项修炼模型为基础进行模仿式的学习型组织建设探索的。例如，莱钢于2001年在职工代表大会工作报告中就明确提出创建学习型组织的要求，于2004年提出以创建学习型企业为全集团管理创新的主线，并正式下发《全面推进学习型企业创建的意见》文件，明确树立了"全员学习型企业、绿色生态型企业、持续发展型企业"的共同愿景，并把"改善心智模式"作为创建学习型企业的关键要素及基点之一。

同时，我国政府从国家层面对"学习"给予了全面高度重视。2002年，党的十六大报告指出，要构建终身教育体系，"形成全民学习、终身学习的学习型社会，促进人的全面发展"；2004年，中华全国总工会等九部委联合发出《关于开展全国"创建学习型组织，争做知识型职工"活动的实施意见》；2009年，党的十七届四中全会中提出建设马克思主义学习型政党的重大战略任务，强调要把各级党组织建设成为学习型党组织；2010年，中共中央办公厅印发了《关于推进学习型党组织建设的意见》的通知，要求各地区各部门结合实际认真贯彻执行，建设学习型党组织。相关意见与要求提出以后，全国上下掀起学习热潮。各城市及地区纷纷开展关于学习型城市建设的研究与实践工作。其中，上海是最具影响力的先行先试者。2001年，上海市总工会就启动了"创建学习型组织"的活动，以全新的理念、内容、组织和方法推进职工"素质工程"，召开了"上海工会创建学习型企业、学习型班组现场会"，下发了"上海工会创建学习型企业、学习型班组五年推进计划"，开办了17期创建学习型组织的骨干培训班，编写了创建学习型组织的学习辅导书。在不到一年的时间里，有50%的区县局工会启动创建学习型组织。其中的企业先行者包括上海航天局、上海宝钢、上海电信、上海石化、上海电气等。①2003年，上海市总工会基于"争创"活动的实践探索，又下发了《关于进一步深化"争创学习型组织，争当知识型职工"活动，全面推进职工"素质工程"上新台阶的意见》，明确提出"大力倡导'以人为本，学习为先'的学习型组织模式，探索具有中国企业特色的创建学习型组织新途径"等重要思想与实施建议。②

大量中国企业在引进吸收西方组织学习理论的同时，积极探索本土化的组织学习模式，即与学习型党组织建设紧密结合。例如，莱钢在提出创建学习型企业的同时，于2003年将炼钢厂和焦化厂作为开展建设学习型党组织的试点，在认真总结试点经验的基础上，于2004年由公司党委下发了《关于开展创建学习型党组织活动的意见》，全面启动了学习型党组织建设活动。2010年，莱钢党委又下发了《关于深化学习型党组织建设的意见》，持续推进学习型党组织建设不断深入。莱钢坚持领导干部带头学习、领导班子带动学习，重点把握学习、反思、共享、创新、超越五个关键环节，将学习与党员素质提升结合起来，与加强和改进党的建设结合起来，与推动企业发展结合起来，形成了自己的特色做法。③

宝钢也是学习型组织建设本土化探索的典型企业。1984年，邓小平视察宝钢时题词："掌握新技术，要善于学习，更要善于创新。"在西方组织学习理论传入中国之前，宝钢就已具备"善于学习、善于创新"的组织文化基因。2003年，宝钢把"创建学习型组织，争做知识型职工"活动融入

---

① 班组建设. 工会年鉴——世纪回眸（2001上海工会年鉴）.（2018-07-12）[2024-11-01］. 上海市总工会官方网站.
② 上海市总工会. 上海市总工会关于进一步深化"争创学习型组织，争当知识型职工"活动，全面推进职工"素质工程"上新台阶的意见（2003年3月11日）.（2005-08-25）[2024-11-01］. 中国教育工会上海市委员会官方网站.
③ 李淑华. 深化认识 创新实践 提升学习型党组织建设科学化水平. 大众日报，2012-04-21（4）.

企业文化建设中，将五项修炼作为企业文化建设的重要抓手。同时，宝钢基于企业文化历史，在2004年正式提出了宝钢企业文化的主线，即"严格苛求的精神、学习创新的道路、争创一流的目标"。2010年，宝钢集团公司党委又下发了《关于宝钢推进学习型党组织和学习型企业建设的实施意见》，要求各级党政组织结合宝钢二次创业的实际，统筹兼顾，把推进学习型党组织和学习型企业建设与党的先进性建设结合起来，与巩固扩大学习实践科学发展观活动成果结合起来，与开展争创"四好"班子、"四强"党组织、争做"四优"共产党员等创先争优活动结合起来，明确目标任务，体现宝钢特色，把握深刻内涵，持续深入推进，推动公司由优秀走向卓越。[①]

总之，这个阶段中国企业的学习型组织建设从借鉴西方组织学习经验到与学习型党组织建设、学习型社会建设相结合，实现了组织学习实践与马克思主义基本原理的初步结合，开启了学习型组织建设的本土化探索，同时很好地传承了中华民族"重视学习、善于学习"这一优良传统。

第三节　创新突破期：孕育中国特色组织学习模式

中国企业组织学习发展历程的第三阶段为创新突破期（2011年至今）。2011年以来，中国经历了外部逆全球化、大国博弈、贸易摩擦、技术"脱钩"、地缘动荡、人口老龄化、气候变化、自然灾害等不确定性、不稳定性的复杂严峻形势，但是中国经济从"三期叠加""新常态""供给侧结构性改革"，到"新发展理念""高质量发展"，再到"中国式现代化"，由高速增长转为中高速增长，经济结构不断优化升级，从要素驱动、投资驱动

---

① 宝钢集团有限公司.宝钢推进学习型党组织和学习型企业建设.（2010－07－13）[2024－11－01].国务院国资委网站.

转向创新驱动，不断适应国内经济发展新阶段的新要求和外部环境新变化，中国经济发展平衡性、协调性、可持续性明显增强，中国经济迈上更高质量、更有效率、更加公平、更可持续、更为安全的发展之路。

这个阶段，从逐步"走出去"，到同台竞技，再到赶超一流，中国企业持续培育全球竞争力，由高速增长阶段转向高质量发展阶段，坚定做强做优做大。中国企业正以前所未有的姿态走向世界舞台。从2011年58家中国企业入围《财富》世界500强，到2024年133家上榜，中国企业在全球范围内实现了历史性的崛起，并充分彰显了中国速度、中国力量与中国品牌。中国企业在盈利能力、创新能力、核心竞争力等方面，与部分发达经济体企业相比仍存在一定差距。

显而易见，让组织学习力成为核心竞争力，是这个阶段中国企业要面对的核心命题。尤其是伴随着知识经济时代到来，知识正成为最重要的生产要素之一。因此，这个阶段的组织学习，不是简单的知识更新，也不是被动的引进吸收，而需要构建复杂的知识系统，需要变革学习模式，需要基于企业特性进行成果转化，需要以自我实践总结与新的理论成果来直面问题并指导新的实践，需要与公司战略发展、人才发展更加紧密结合，需要更多融入党的建设、国企改革、企业文化、创新发展等关键要素，不断提高组织学习力与核心竞争力，以应对新变化与新挑战。这个阶段中国企业组织学习在理论与实践方面皆处于关键的创新突破期，涉及组织学习定位、方向、组织、内容、模式、成效等方面，主要呈现立足战略聚焦组织新能力建设与人才梯队建设，学习组织更加规范专业并走向"生态"，知识结构复杂化系统化，学习模式不断创新且更具系统性、融合性、互动性、实践性，更加注重问题导向与学习成果转化，对标"世界一流"并不断突破自我，初步形成七大典型特征，为企业高质量发展提供政治保证、组织保障与智力支撑（见图2-3）。

- 3.知识结构复杂化、系统化
- 4.学习模式不断创新且更具系统性、融合性、互动性、实践性
- 2.学习组织更加规范、专业并走向"生态"
- 5.更加注重问题导向与学习成果转化
- 1.立足战略聚焦组织新能力建设与人才梯队建设
- 6.对标世界一流并不断突破自我
- 7.初步形成具有中国特色的组织学习模式与理论框架

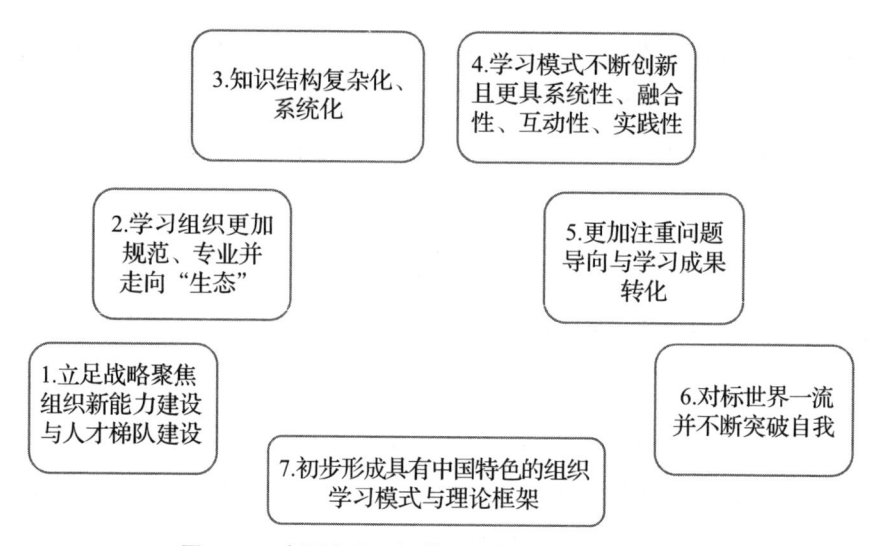

图 2-3　中国企业组织学习创新突破期的典型特征

一、立足战略聚焦组织新能力建设与人才梯队建设

在异常复杂的生存环境中，从高速增长阶段转向高质量发展阶段，并做强做优做大，对企业的组织新能力重塑与人才队伍建设皆是巨大的挑战。这必然要求企业不断提高组织成员对组织及其所处环境的认知水平，进而对其基本信念、态度和行为、结构和方式进行调整，从而获取一种面对各种问题持续改善的能力，具体体现在战略引领力、创新驱动力、人才发展力、资本运营力、财务管控力、管理变革力、组织健康力、文化内生力等方面，而这些能力组合就是组织的新能力，其唯一途径就是围绕信息、知识、技能、思维、价值观等持续开展组织学习。与此同时，还要求在此过程中，全面提升人才队伍的能力素质，不断完善人才队伍结构，形成体系健全、接续奋斗的人才梯队。总之，只有从战略层面，聚焦组织新能力建设与人才梯队建设，组织学习才能帮助企业解决发展问题、实现知识创新、促进组织变革、强化人才队伍，才能重塑组织新动能与新优势，

才能真正实现既"强人"又"强企"。

2011年以来，以党的建设、战略管理、创新思维、团队建设、财务管理、企业文化等为专题的培训越发成熟，不仅与企业自身战略及发展瓶颈问题紧密结合，还依据组织的领导力模型或不同层级管理者能力素质模型进行课程设计，同时强调训战结合，一切以组织新能力建设与人才梯队建设为根本目的。

习近平总书记在2013年全国组织工作会议上指出："干部成长是有规律的，年轻干部从参加工作到走向成熟，成长为党和国家的中高级领导干部，需要经过必要的台阶、递进式的历练和培养。"[①] 2023年10月，中共中央印发的《全国干部教育培训规划（2023—2027年）》明确提出"分层级分领域分专题开展履职能力培训"。国家层面，以战略人才为例，2021年，习近平总书记在中央人才工作会议上强调，"大力培养使用战略科学家""打造大批一流科技领军人才和创新团队""造就规模宏大的青年科技人才队伍""培养大批卓越工程师"[②]。党的二十大报告对加快建设国家战略人才力量进一步作出重要部署，提出"努力培养造就更多大师、战略科学家、一流科技领军人才和创新团队、青年科技人才、卓越工程师、大国工匠、高技能人才"。企业层面，最为突出的就是科技人才、年轻干部、青年人才、后备干部的递进式培养。例如，多年来，中国航天科技集团有限公司大力实施人才强企战略，形成了老一辈航天专家言传身教、新一代青年人才接续奋斗的人才培养链条，造就以孙家栋、叶培建、包为民、李东、孙泽洲等为代表的科技领军人才群体，打造以嫦娥、神舟、北斗和长征5号为代表的大批高水平创新团队。航天科技集团有计划坚持重大工程

---

① 习近平. 在全国组织工作会议上的讲话 // 中共中央文献研究室. 十八大以来重要文献选编（上）. 北京：中央文献出版社，2014：348.

② 习近平. 深入实施新时代人才强国战略加快建设世界重要人才中心和创新高地. 求是，2021（24）：4-15.

和重大研发项目每推进一个阶段，人才就跟进一批、储备一批，建立了由院士、国家级专家、集团及院所级专家构成的专家队伍，打造了由型号两总、主任师、副主任师和主管师构成的型号研制骨干队伍，形成了以领军人才为引领、科技骨干为支撑、青年后备为补充的"雁阵"人才梯队格局。[①] 又如，党的十八大以来，中储粮集团党组高度重视培养锻炼年轻干部，专门针对年轻干部制定了《中储粮总公司重点人才培养和培训体系建设五年规划纲要》，并从培训理念、培养模式、培养机制等方面大胆创新，探索出一套长周期、系统化、正规化的中青年后备干部培养模式。

二、学习组织更加规范、专业并走向"生态"

受企业发展战略、所处发展阶段、发展规模、组织机构设计的影响，不同企业的学习组织定位、职能、形式都存在一定差异。企业大学的功能日渐成熟，在支撑企业战略、建强人才队伍、促进知识转化、推动文化传播、树立品牌形象等方面，起着重要作用。尤其是国有企业党校在"为党育才"与"为党献策"两个方面贡献其"独特价值"。但是，近年来，一些企业内设培训机构、社会组织，未经批准冒用"大学""学院"名称，并对外开展宣传、招生等活动，造成社会公众误解，扰乱了教育秩序，产生了不良影响。为全面清理整顿"大学""学院"名称使用乱象，规范名称登记使用行为，牢牢坚守社会主义办学方向，教育部等八部门于2021年联合发布了《关于规范"大学""学院"名称登记使用的意见》，明确指出，除经批准设立的大学、学院以及由其设立的内部机构或由其发起并依法登记的组织机构外，其他组织机构不得在牌匾、广告等对外宣传以及其他各类活动中使用"大学""学院"字样。自此以后，企业的学习组织机构基本

[①] 航天科技集团. 大力实施人才强企战略 形成接续奋斗的人才梯队. (2021-10-06)[2024-11-01]. 央广网.

上就是培训中心（培训部）、人才（干部）学院、党校等，其功能也得到了进一步的规范。

专业性主要体现在运行体系的专业化和学习赋能的专业化两个方面。运行体系的专业化，主要指通过构建系统化、规范化的组织体系及服务体系，不断提升核心竞争力与科研能力。以北京石油管理干部学院为例。一方面，学院紧密结合集团公司发展战略和"三强"干部培养需要，积极构建适应集团公司发展要求、具有自身特色的国企领导人员和经营管理人员培训体系，"4321"领导人员培训项目、"1+5+N"培训课程、培训运营管理、培训资源四大子体系互相支持、深度融合、互相促进，形成学院的核心竞争力[①]，充分发挥"主阵地""大熔炉"功能，履行"服务人才强企战略举措、提供优质高效培训支撑"职责。另一方面，学院坚持把党的重大理论宣传研究与中国石油及所属企业发展深度融合，聚焦学科领域的科研能力建设，形成了一批有特色、有分量、有影响的研究成果，成为服务党组决策的有价值的智库。

全方位专业化的学习赋能，主要体现在服务专业化人才培养更精准、服务利益相关者更广泛、服务专业方向课题更深入、服务形式更开放和灵活。例如，建行研修中心（原建行大学）的一个重要角色就是传授实用知识技能的"赋能工场"，中银研修中心（原中银大学）明确提出"赋能员工、赋能集团、赋能客户、赋能社会"，美团大学明确提出"赋能生活服务业"。

随着学习组织对外整合资源需求和传播辐射能力同时增强，走向"生态"连接内外部资源、搭建"无界"学习平台、促进内外部互动学习已经成为学习组织发展的必然趋势，也是组织学习力提升的必然要求。建行研

---

① 何志丹，田解超. 高水平育才 高质量献策：北京石油管理干部学院提高核心竞争力增强核心功能实录. 中国石油报，2023-08-17（3）.

修中心坚持"服务战略、赋能员工、建言国家、造福社会"的使命追求，汇聚国内外智慧，整合行内外资源，不断深化产教融合、校企合作，已经成为全行产学研一体化的企业教育学习培训机构和智库研究机构。腾讯大学的线上平台整合了优秀的互联网知识和实践经验，下设微信学院、营销学院、开放平台学院和游戏学院四个子学院，服务腾讯合作伙伴及用户，面向互联网产业链，通过线上平台和线下活动传播腾讯经验，分享行业知识和优秀实践，推动开放共赢的互联网生态圈的建立。创客学院是海尔大学专门为加速培养创客而设立的，学院依托海尔平台，吸引内外部资源，通过公开课、训练营、导师辅导、互动社区等多种形式提升创客能力，搭建创业项目与投资人对接的平台，通过创客联盟搭建与高校对接的开放的创业加速平台，通过创客大赛吸引全球成熟创客进入海尔创客生态圈，共享创新创业资源。海尔大学还搭建了学习资源平台、课程平台、讲师平台、交互平台、测评平台、硬件平台等，形成了全方位的学习管理体系。

三、知识结构复杂化、系统化

随着云计算、大数据、人工智能、物联网、区块链等新一代数字技术的发展与应用，中国企业从"信息化"步入了全新的"数字化""智能化"时代，随着技术革新日益加快、产品生命周期不断缩短、客户及市场需求快速迭代、产业分工逐步细化、企业组织不断变革，学科交叉、知识融合、技术集成已成为常态，企业的业务活动与知识相互渗透程度日益提高。以传统方式对西方管理知识的引进吸收、简单的知识更新、突击式的知识获取、粗放式的知识储备与管理，已经无法适应新时代企业的变革与发展需求。单个企业很难掌握解决问题的所有知识。知识结构复杂化系统化、知识管理需要打破个体组织及内外部边界、知识生产率及生产转化率大幅度提升成为必然趋势。

从岗位胜任力提升以及人才培养角度来看，企业高度重视个人知识结构完善、能力素质提升以及复合型人才培养。多数企业都建立了覆盖各层级、各业务条线的岗位胜任力素质模型或通用的领导力模型，从而明确员工成长必备的知识体系，并以此为依据来设计课程体系、培训方案，帮助员工完善知识结构、提升能力素质。不过，随着技术、产品、经营管理活动等不断融合且日益复杂，单一专业能力已很难满足市场需求，而拥有多项跨学科的技能和知识的多元化、复合型人才，更能适应市场变化且更具竞争力。因此，大量企业从两个方面来采取应对策略。一是对已有的岗位胜任力素质模型进行升级，进一步完善人才成长所需、适应企业战略发展要求的知识结构。例如，针对国际化人才队伍，根据国际形势、行业动态及市场竞争格局变化，企业除了加强员工业务、语言、商务谈判等专业能力的培养，还注重员工政治能力、法律意识、国际视野、跨文化管理、数字化能力、风险防范等综合能力的提升。二是重点挖掘和培养一批高素质复合型人才队伍，将复合型的知识结构作为重点人才的必备能力，强调跨学科、跨行业、跨业务、跨文化、跨领域等，具体对象往往是高端管理人才、复合型高技能人才等，例如领军人才（企业家队伍）、创新型人才、党建人才、国际化人才等。中央企业的领军人才需要讲政治、懂经济、有战略、会经营、善管理、熟生产、晓法律、能创新等，并具备企业家精神。党建人才既要懂党建，又要懂业务，能够做到围绕企业中心工作，推动党的建设与生产经营深度融合。

从组织能力提升以及知识管理角度来看，企业越来越重视内部知识生产率和转化率。企业积极搜寻外部知识、充分整合内外部资源，以此来提高知识生产力，进而保持创新并提升竞争力。一方面，企业积极拓展知识获取渠道，以丰富自己的知识体系。例如，众多企业内部的在线学习平台，在梳理已有知识内容体系的同时，与外部图书馆、出版社、智库、学习平台、信息数据库、媒体资源库等建立知识共享平台，以弥补学习资源不足、知识更新慢等问题。另一方面，企业积极培育自我知识创造能力，并通过开放式创新提升知识转化能力和创新能力。多数企业都组建了成熟的内训师队伍，尤其重视内部案例开发、原创课程开发，同时积极引进外部师资、学术资源等，或者联合相关机构共同进行课题研究、项目实践创新探索，通过整合资源、共创共享的方式有效提升知识转化率。例如，开放式创新成就比较突出的华为，持续与政、产、学、研、用等各领域的产业组织和生态伙伴开放合作，在全球近 800 个学术、标准、联盟、开源等产业组织中担任超过 450 个关键职位，促进产业组织间深度协作、标准互认，切实解决产业难点、断点和堵点。

四、学习模式不断创新且更具系统性、融合性、互动性、实践性

基于不断引进吸收西方的组织学习理论、技术、方法与工具，这一阶段中国企业的学习模式，从过去的被动式选择学习方式、"应急式"学习形式居多、学习形式单一、模仿式开展学习型组织建设，转向主动创新、整合外部技术和学习资源，不断探索更具系统性、融合性、互动性、实践性的学习方式，并初步形成具有本土特色的学习型组织建设模式，以更好地满足组织的全员学习、终身学习、主动学习和高效学习的需求。

系统性，主要指基于公司战略与人才发展规划，统筹考虑国企改革、党的建设、企业文化等关键要素，系统规划和设计满足组织需求、岗位需求和干部需求的学习实施体系，可分为党委（党组）理论学习中心组学习、干部自主选学课堂、政企大讲堂、分级分类人才培养体系、专题课程班、跨界学习课堂、线上学习体系构建及微课程开发、案例与课题研究、教学

运营体系等学习项目，具体学习方式包括集中式理论授课、案例分析、对标学习、行动学习、课题融入式学习、结构化研讨、启发式学习、在线学习、翻转课堂、沉浸式或体验式学习（例如红色教育基地、沙盘模拟、情景模拟、拓展训练、游戏化学习等）、学习技术与方法研究、读书及知识竞赛活动、社会责任活动、企业内刊、内部课程开发及学习、业务技能竞赛、师徒制、轮岗学习、外派学习等。

融合性，主要指根据不同项目和不同学习对象特征，灵活组合相应的学习项目并匹配有效的学习方式方法。例如多数企业针对中高层干部，通常会同时安排干部自主选学课堂、内部大讲堂、专题课程班、案例与课题研究等学习项目，并提倡理论授课与实践学习相结合、"走出去"与"请进来"相结合、线上与线下学习相结合、集中培训与轮岗学习相结合等融合式学习方式。尤其是线上学习，更是近些年组织学习方面的重大突破，其融合了大数据分析、线下教学管理、知识管理等学习技术、功能与工具。例如，中国联通党校针对课程资源与学员学习需求精准匹配问题，提出网上学习平台学员画像和学习推荐方法。通过综合考虑学员岗位信息、访问偏好、触点偏好、课程偏好、活跃度和黏性、学习状态转移情况和活动参与偏好等信息，建立学习行为数据指标体系，构建多场景数据模型，并获得国家发明专利13项。

互动性，主要指强调学习主体的参与性与体验感，以研究式、团队式学习为突出特征。2023年中共中央印发的《全国干部教育培训规划（2023—2027年）》明确指出要"改进方式方法。鼓励加强干部教育培训方式方法创新。综合运用研讨式、案例式、模拟式、体验式、访谈式等方法，推行结构化研讨、行动学习等研究式学习，探索翻转课堂等方法，开展教学方法运用示范培训"。近些年，企业应用较多的是对标学习、课题融入式学习、结构化研讨、红色教育基地学习、沙盘模拟、游戏化学习、翻转课堂等互动性学习方式。关于对标学习，国务院国资委早在2010年就明确将"做强做优中央企业、培育具有国际竞争力的世界一流企业"[1]作为一项长期性、战略性的目标任务，2013年印发《中央企业做强做优、培育具有国际竞争力的世界一流企业对标指引》，对标世界一流的学习行动一直持续至今。国务院国资委近几年更是连续发文，大力加快建设世界一流企业，如2020年的《关于开展对标世界一流管理提升行动的通知》、2022年的《关于开展对标世界一流企业价值创造行动的通知》等。

实践性，主要指与工作实际需求相结合。近些年，越来越多的企业注重将工作实际问题作为课题融入培训项目设计并贯穿始终，同时倡导"走出去"针对性实践学习。例如，商儒企业管理研究院为某央企设计的"党建融入生产经营"专题学习项目，从基于调研分析明确党建融入生产经营工作难点并设立五个课题组分别进行课题研究，到围绕课题进行集中式理论学习、案例研讨、对标学习等，到带着课题任务付诸实践，再到总结提炼实践成果、提交课题研究报告、形成案例成果集，一切以解决工作焦点难题为根本出发点。此外，有针对性的专项课题研究已经成为企业开展实践性学习的重要形式之一。例如，北京石油管理干部学院近年来深入开展的"国有企业三项制度改革持续深化研究""逆全球化背景下建设世界一流企业的策略路径研究""集团公司实施人才强企战略举措研究"等专项课题，都是面向中国企业高质量发展瓶颈问题而实施的。

五、更加注重问题导向与学习成果转化

从简单的知识更新、传统的学习模式、粗放式地引进吸收西方管理知识，转向构建更加复杂且系统的知识结构、更具创新性与实践性的学习模

---

[1] 中央企业负责人会议在京召开．（2010-12-23）[2024-08-04]．国务院国资委网站．

式以及更高质量、更高效率的组织学习,其最大的特点就是更加注重问题导向与学习成果转化,且贯穿学习项目整体设计、学习内容安排、学习组织与学习机制、学习模式、学习效果评估等各个环节,表现为较高的知识生产率和知识转化率。

学习项目的整体设计,注重与公司战略、人才发展规划相结合,并深入开展需求调研与分析,一切以支撑公司战略、解决发展问题为根本出发点,同时注重学习文化建设,完善学习激励机制,不断提高全员学习的主动性、积极性与创造性,并在战略理解与执行、企业文化落地、学习理念等层面达成高度共识,这也是提高学习转化力的前提。

学习内容安排方面,依据公司战略目标及需求分析结论,突出课程的系统性、原创性、针对性与实效性,力求科学全面、精准匹配、务实管用。以专题课程班为例,相对过去而言,最大的变化就是更加注重原创课程开发,更加突出与业务相结合,更加强调跨学科系统性设计(以应对交叉性课题和复杂知识结构),开设了与发展难题、岗位职能有关的各类细分课题专项课程,包括国企改革、公司治理、资本运作、投融资、科技创新、"一带一路"建设、能源革命、产业链供应链、数字化转型、世界一流品牌建设、企业文化建设等。例如,中国联通党校长期以来突出"训战结合",自主开发精品课程、优秀案例,尤其是在专业知识和专业能力方面,立足自主研究,建立了围绕领导力和企业家精神、互联网化运营转型、5G和"云大物智"创新业务等公司战略方向的重点课程内容体系。

学习组织与机制方面,一是教学从传统的教学服务转向教学运营,即通过全方位、全流程、高标准的教学研究、教学设计、教学实施、教学评估和教学资源运营,来提高组织学习的速度、效率与质量,而不是仅仅以规范、标准的教学质量管理制度与流程来确保学习成效。二是学习组织的战略支撑、知识共享、文化传播、品牌输出等平台功能更加突出，有效提高组织学习的交互性与延伸性，并促进知识成果的转化及传播。三是内训师队伍日益成熟，学习官、学习教练、催化师等新角色发挥重要价值。尤其是催化师，作为行动学习过程设计者和研讨引导者，其核心任务是帮助团队在解决问题的过程中达成学习目标，决定着组织学习能否发生"物理变化"，进而发生"化学反应"。

学习模式方面，主要通过各种更具系统性、融合性、互动性、实践性的创新学习方式来提高组织的学习转化力。受欢迎的学习方式有案例分析、对标学习、行动学习、课题融入式学习、结构化研讨、线上学习等。例如，大量企业自建的在线学习平台，通过大数据、平台功能，快速汇集全员知识创造成果并充分调动员工的知识生产积极性，并通过数据筛选、优化等功能，遴选最具价值的知识成果，做到实时更新，与公司战略及业务发展紧密结合。又如，结构化研讨是"以学员需求为基础，以问题为中心，以学员为主体"的现代培训理念的落地实践，是我国探索干部教育培训新途径、新方式中的一项重要成果，具体方式为催化师按照一定的程序和规则，采用相关的团队学习工具，引导学员围绕某一主题多角度、分层次开展讨论，集思广益，群策群力，破解难题。2010年9月，国家行政学院在国有重要骨干企业领导人员提高跨国经营能力专题研讨班上组织了第一次结构化研讨，效果很好，颇受学员欢迎，不仅大大提高了学员的参与度与学习积极性，还传授了一种有效分析问题、研究问题的流程和方法。此后，结构化研讨开始在全院各班次中被应用，催化师也从单纯的培训管理者转入教师队伍。

学习效果评估方面，在评估指标、评估实施、评估机制、评估应用等环节，越来越重视学习成果的有效转化，尤其是组织层面的创新创效能力提升和价值创造。首先，强调结果导向型的评估指标，例如能力提升、问题解决、绩效改进、人才队伍发展、创新成果输出、效益增长、战略支撑等，包含个人与组织两个层面的评估；其次，评估实施往往与工作实践相结合，即在实践中检验学习效果，例如通过实践报告、案例总结、轮岗学习、技能比赛等来实施评估；再次，注重将评估与岗位胜任力评估、绩效考核、职业晋升、人才培养、创新激励等机制相结合，从而有效改进工作绩效，促进人才成长，激发创新活力；最后，注重评估应用，评估结果将作为个人与组织持续改进的基本依据，也是新的学习规划与人才发展规划制定的重要参考。

六、对标世界一流并不断突破自我

对标学习是寻找和学习最佳管理案例和运行方式的一种方法，产生于20世纪70年代末80年代初美国学习日本企业管理的行动，西方管理学界曾将对标管理与企业再造、战略联盟一起并称为20世纪90年代三大管理方法。因此，对标学习在引进吸收期甚至是更早的自主摸索期，就已经被大量企业应用了。对标世界一流是十几年来中国企业战略性、集中式开展的开创性学习行动，对标学习提升行动是以加快建设世界一流企业为核心目标，通过学习借鉴国内外先进企业的成功管理实践，打造一流管理，为建设世界一流企业提供坚强支撑，以精准对标为切入点，通过"立标、对标、达标、创标"，精准识别企业管理短板，快速实现能力赶超。其开创性主要体现在以下两个方面。

一是基于顶层设计的理论与方法论探索。自"十二五"时期开始，国家有关部门、机构、学者及企业实践者都对"世界一流"的含义给予了高度关注。但是世界一流并不是严格意义上的规范性学术概念，而是一个侧重于应用性的时代新课题，因此，科学回答世界一流的内涵、衡量标准、建设标准、对标方法等，都需要结合中国企业的具体实践。

2010年12月，国务院国资委明确将"做强做优中央企业、培育具有国际竞争力的世界一流企业"作为"十二五"时期中央企业改革发展的核心目标，将其确立为一项长期性、战略性的目标任务，并于2011年末下发了《推进中央企业做强做优、培育具有国际竞争力的世界一流企业总体工作思路的意见》，将"做强做优"的具体要求定为"四强四优"，"四强"就是自主创新能力强、资源配置能力强、风险管控能力强、人才队伍强，"四优"就是经营业绩优、公司治理优、布局结构优、社会形象优。还将世界一流企业界定为具有四个方面主要特征的企业：主业突出，公司治理良好；拥有自主知识产权的核心技术和国际知名品牌；具有较强的国际化经营能力和水平；在国际同行业中综合指标处于先进水平，形象良好，有一定的影响力。

2012年11月，党的十八大报告指出，"加快走出去步伐，增强企业国际化经营能力，培育一批世界水平的跨国公司"。2013年，国务院国资委先后印发了《中央企业做强做优、培育具有国际竞争力的世界一流企业要素指引》《中央企业做强做优、培育具有国际竞争力的世界一流企业对标指引》两个文件，重点明确了培育世界一流企业的十三项要素[①]及具体要求，同时从对标方法论角度就对标工作指导思想与原则、对标要素评价体系、对标类型及主要特征、对标工作基本流程、对标工作保障服务体系、对标有关主要技术方法和专业术语等内容进行了系统性阐述与指导说明，为当时中央企业建设世界一流企业提供了行动指南。

2017年10月，党的十九大报告中首次提出"培育具有全球竞争力的

---

① 十三项要素为公司治理、人才开发与企业文化、业务结构、自主研发、自主品牌、管理与商业模式、集团管控、风险管理、信息化、并购重组、国际化、社会责任、绩效衡量与管理。早在2011年，国务院国资委就提出世界一流企业应当具备的十三项要素。2013年提出的十三项要素是在此基础上进一步完善的。

世界一流企业"，"全球竞争力"是一个全新的概念。2019年1月，国务院国资委印发《关于中央企业创建世界一流示范企业有关事项的通知》，确定了10家中央企业为创建世界一流示范企业（2023年扩至28家），并将世界一流企业特征概括为"三个领军""三个领先""三个典范"[①]。2020年6月，国务院国资委印发《关于开展对标世界一流管理提升行动的通知》，对国有重点企业加强管理体系和管理能力建设作出部署安排，提出综合分析世界一流企业的优秀实践，统筹落实八项重点任务，全面提升管理能力和水平，具体包括战略管理、组织管理、运营管理、财务管理、科技管理、风险管理、人力资源管理、信息化管理等八个方面，其核心目的是向管理要质量、要效益、要增长，增强竞争力、创新力、控制力、影响力与抗风险能力。

2022年2月，中央全面深化改革委员会第二十四次会议审议通过《关于加快建设世界一流企业的指导意见》，将世界一流企业明确界定为"产品卓越、品牌卓著、创新领先、治理现代"的企业。这16个字既体现了世界一流企业的外在成果，又阐明了世界一流企业的内核特征，科学回答了中国式现代化背景下世界一流企业成功的内在逻辑及其背后原因。同年10月，党的二十大报告提出"完善中国特色现代企业制度，弘扬企业家精神，加快建设世界一流企业"，进一步强调了完善中国特色现代企业制度是我国企业改革发展的重要方向，也是加快建设世界一流企业的重要制度基础。同年11月，国务院国资委下发《关于开展中央企业品牌引领行动的通知》，组织实施中央企业品牌引领行动，将其作为推动中央企业加快建设世界一流企业的"四个行动"[②]之一。同年12月，国务院国资委印发

---

① "三个领军"是指在国际资源配置中占主导地位、引领全球行业技术发展、在全球产业发展中具有话语权和影响力的领军企业。"三个领先"是指在全要素生产率和劳动生产率等效率指标、净资产收益率和资本保值增值等效益指标、提供优质产品和服务等方面的领先企业。"三个典范"是指践行新发展理念、履行社会责任、拥有全球知名品牌形象的典范企业。

② "四个行动"是指创建示范行动、管理提升行动、价值创造行动和品牌引领行动。

《关于开展对标世界一流企业价值创造行动的通知》，将"管理提升"升级为"价值创造"。

2023年2月，国务院国资委发布《关于印发创建世界一流示范企业和专精特新示范企业名单的通知》，组织中央企业和地方国资委同步开展创建世界一流示范企业和专精特新示范企业"双示范"行动。2023年4月，国务院国资委召开国有企业创建世界一流示范企业推进会，要求示范企业带头加快提升核心竞争力、增强核心功能，紧紧围绕增强科技创新力、产业控制力和安全支撑力的目标，重点在提升科技创新能力、价值创造能力、公司治理能力、资源整合能力、品牌引领能力这五种能力上狠下功夫。2024年3月发布的《政府工作报告》中明确指出，"完善中国特色现代企业制度，打造更多世界一流企业。深入实施国有企业改革深化提升行动，做强做优主业，增强核心功能、提高核心竞争力。建立国有经济布局优化和结构调整指引制度"，对世界一流企业建设以及国有企业改革都提出了新的要求，加快建设世界一流企业与国企改革深化提升行动深度融合。

总之，对标世界一流作为重要的国家战略，是深化国资国企改革的重要内容，是做强做优做大国有资本和国有企业的内在要求。国家层面多次重申和强调加快建设世界一流企业，并对世界一流企业的内涵、特征、建设标准等进行界定，结合国家战略、国企改革、党的建设等要求，逐步深化、明晰并动态完善，为推动中国企业建设世界一流企业夯实了共识基础，明确了行动方向，并提供了基本遵循与实践指引。

二是实施路径创新及实践成效。基于顶层设计的理论与方法论探索，国家层面在对标世界一流的指导思想、工作原则、战略引领、基础理论、标准制定、指标设计、对标流程、操作方法、评估改进等方面，从总体战略部署到具体行动实施，为中央企业以及地方国有企业给予全方位的指导与支持，促进企业全面提升科技创新能力、价值创造能力、公司治理能力、资源整合能力、品牌引领能力（国际影响力）和全球竞争力。目前，一批企业尤其是示范企业的综合实力已达到全球同行业领先水平，主要效益和效率指标达到世界一流水平，90家国有企业进入2024年《财富》世界500强，其中中央企业44家，发电、航运、船舶等行业的中央企业主要效率指标达到世界一流水平。一批企业的自主创新能力显著增强，电网、通信等行业企业专利数量和质量位居全球同行业领先水平，航天、深海、能源、交通、国防军工等领域涌现出一批世界级原创性科技创新成果。中国企业的品牌影响力和国际化水平明显提升，进入全球品牌价值500强[①]的中央企业从2012年的13家增长到2023年的21家（进入全球品牌价值500强的国有企业共43家），打造了高铁、核电、特高压等一批具有自主知识产权的国家名片，培育了一批具有行业话语权和美誉度的企业品牌。

在国务院国资委的统一部署与要求下，中国企业坚持将对标世界一流与国企改革深化提升行动、日常经营管理相结合的原则，按照"研究部署、组织落实、深化评估"三阶段统筹推进实施，普遍形成了"行动规划引领、明确对标指标、构建对标样本库、完善评价体系、建立长效机制、持续动态改进（完善对标数据、改进管理指标）"的全流程闭环式对标学习行动路径与模式，并建立了覆盖各级次、各业务领域的较为成熟的对标管理体系。

中国中车集团把"打造一流的管理体系"纳入"十四五"发展战略重点目标，把深化对标提升行动作为"一把手"战略工程，建立了集团公司主要领导挂帅、全级次全穿透的领导和组织体系，于2020年研究确定了"1+10+N"文件体系作为三年对标管理提升的行动纲领，其中"1"是指《中国中车集团公司对标世界一流管理提升行动实施方案》，"10"是指10个专项提升行动实施方案，"N"是指各一级子公司对标提升行动实施方

[①] 2023年1月18日，英国品牌评估咨询公司Brand Finance发布"2023年全球品牌价值500强"榜单。

案。结合轨道交通装备行业的发展特点，以西门子、阿尔斯通、日立、庞巴迪、通用电气、川崎重工六家企业为对象，以一流企业外在表现、内在能力等为关注点，应用标杆管理、竞争战略等理论，从显性指标评估维度和全球性、卓越性、系统性、动态性等角度，开展对标研究，确立了3 342项具体措施和成果目标清单，并形成了《中车与世界一流企业对标研究综合报告》《中国中车管理提升行动对标提升工作指南》。为确保三年对标管理提升有序推进，中国中车集团按照"强基、赋能、攀高"递进式的提升思路，提出了"1—2—3—10"管理提升路径设计和安排："1"是以打造与世界一流企业匹配的管理软实力为核心目标，"2"是统筹集团总部和子公司两个层面系统提升，"3"是围绕精益强基、协同赋能、价值攀高三个维度打造快速提升管理水平的驱动引擎，"10"是推进十大领域在管理体系、管理能力上创新引领和全面提升。截至2022年3月，工作清单完成率达到90%以上；建立了"揭榜挂帅"工作机制，着力打造管理样板工程，遴选重点建设集团管理标杆企业17家、管理标杆项目64个；大力创建国务院国资委遴选出的3家标杆企业、1个标杆项目和1个标杆模式，围绕深化精益管理、强化科技创新、打造数字化企业等重点，在管理体系和管理能力现代化建设上重点突破。[1]

中国宝武集团2020年初将"全面对标找差，创建世界一流"作为未来3～5年管理主题，分层分类、建立健全对标体系，加速全面赶超。同时，突出重点、因企施策、精准对标，统筹部署推进"1套对标找差指标体系""10大专业族群对标提升任务""N家子公司对标提升行动"。其过程中，建立了集团和子公司"2个层面、7大类、28项"对标世界一流指标体系，形成了"立改废转"制度文件清单和内控合规清单，打造了子公司"一总

---

[1] 中国中车集团：深化对标提升行动 打造世界一流企业．（2022-03-10）[2024-11-01]．国资小新微信公众号．

部多基地"管理模式,并注重将对标提升行动与组织绩效评价相结合。

南方电网公司于 2020 年印发了《南方电网公司对标世界一流管理提升行动(2020—2022 年)实施方案》,重点从主责主业管理、战略管理、组织管理、运营管理、财务管理、科技管理、风险管理、人力资源管理、数字化(信息化)管理九大领域,对标世界一流企业、行业先进企业、细分领域冠军等,找差距、补短板、强弱项,将改革攻坚、制度建设贯穿其中,提出 9 个方面、35 项重点举措、127 项具体任务,并附有"对标提升工作清单",明确牵头部门。同时,对标提升行动总体按照研究部署、组织落实、评估深化三个阶段安排,并成立了南方电网公司对标提升行动领导小组,下设推进办公室,及时协调解决行动实施过程中的主要困难和突出问题。2020 年度集团对标报告显示,南方电网公司在 52 家样本企业、15 个指标的综合分析对标中,位列第六,跻身世界一流企业行列,公司 3 家企业、2 个项目获得"国务院国资委对标世界一流管理提升行动标杆"称号。2022 年,南方电网公司印发了《南方电网公司关于加快推进世界一流企业建设的实施方案》,聚焦一流企业"怎么干"、规划落地"怎么抓",进一步强化建设世界一流企业的导向性,提出以具备世界一流企业特征要素为"施工图",以改革创新为动力,以固根基、扬优势、补短板、强弱项为重点,以指标、品牌、品质、专利、标准等为抓手,强化一流对标,加强示范带动,推动全面提升,加快战略转型,到 2025 年如期实现建设世界一流企业第二阶段战略目标,基本建成具有全球竞争力的世界一流企业。[1]

对标世界一流学习提升行动,是中国企业这一阶段重要的组织学习方式之一,也是中国企业让组织学习力转化为核心竞争力的重要途径。对标学习行动与企业改革行动并驾齐驱,犹如鸟之两翼、车之两轮,贯穿企业

---

[1] 杨彬.《南方电网公司关于加快推进世界一流企业建设的实施方案》印发. 南方电网报,2022-04-08.

改革发展整个过程,并与企业经营管理融为一体,是快速推动企业做强做优做大的最佳路径。对标世界一流学习提升行动,面向全球与未来、立足中国与现状,从基于顶层设计的理论与方法论探索,到实施路径创新,以颇具开创性的组织学习模式,为中国企业不断突破自我、赶超一流、走向卓越提供了强劲动力,且形成了一系列理论与实践成果。

七、初步形成具有中国特色的组织学习模式与理论框架

在自主摸索期与引进吸收期两个阶段,中国企业从组织学习的萌芽,到学习借鉴西方组织学习理论、方法、技术与工具并广泛应用,构建了学习型组织建设与学习型社会建设的良好局面。但中国企业所处的文化土壤及组织的战略定位、结构、机制、行为方式等与西方企业存在较大差异,引进吸收过程中容易出现水土不服、空中楼阁等现象,这就必然要求中国企业进行实践创新,积极推进本土化探索,并不断总结经验与成果,寻求新的理论来指导新的实践,目前已经初步形成具有中国特色的组织学习模式与理论框架。

具有中国特色的组织学习模式,主要指中国企业在组织学习过程中在学习组织、学习对象、学习内容、学习方法、学习机制、学习文化等方面形成的具有中国特色、可供借鉴的典型经验和实践范式。

学习组织的特色主要体现在二元融合、使命驱动两点。二元融合指党校与培训中心或者人才(干部)学院两类组织融为一体。目前,大企业大集团基本上都已经建立了规范、专业并走向"生态"的学习组织,并在支撑企业战略、建强人才队伍、促进知识转化、推动文化传播、树立品牌形象等方面发挥着重要作用。使命驱动指各级党校始终不变的初心就是为党育才、为党献策。

学习对象的特色主要体现在"坚持党管干部、党管人才，培养高素质专业化企业领导人员队伍和人才队伍"，这也是国有企业党组织工作应当遵循的"五个坚持"原则之一。习近平总书记强调，国有企业领导人员是党在经济领域的执政骨干，是治国理政复合型人才的重要来源，肩负着经营管理国有资产、实现保值增值的重要责任。[①] 因此，在实践中，党员干部队伍建设与企业经营管理队伍建设往往是融为一体、"双向交流"的，这就大大促进了坚持党的领导与公司治理有机统一、党管干部党管人才与市场化选人用人有机统一、党组织设置与企业组织架构运行有机统一、党建责任与经营责任有机统一，也有利于推动党建工作与生产经营管理深度融合。例如，中石油于2021年大力推进人才强企工程，把坚持和加强党的全面领导贯彻到组织人事工作和人才强企工程各方面、全过程，强调健全工作体系，要求建立完善党委统一领导、组织人事部门统筹协调、其他各部门和所属单位上下联动、密切配合的工作格局，推动组织人事工作、人才强企工程与企业中心工作有机融合，并要求把加强组织人事工作、实施人才强企工程与落实"十四五"发展规划、推进国企改革三年行动和对标世界一流管理提升行动等工作有机结合起来。[②]

学习内容的特色主要体现在始终坚持用党的科学理论武装队伍思想，并强调中华优秀传统文化、革命文化和社会主义先进文化等内容的融入，包括先进的党建文化体系，即党建的指导思想、精神理念、组织行为、组织活动、组织形象等。党的基本理论、基本路线、基本方略等内容是企业日常学习的必修课。尤其是在使用领导力模型或通用能力素质模型时，各企业几乎都将政治能力、党性修养、家国情怀等作为必备的重要能力素质。例如，中国运载火箭技术研究院从企业核心胜任力、通用管理胜任力

---

① 习近平. 习近平谈治国理政：第二卷. 北京：外文出版社，2017：177.
② 坚持党管干部党管人才 大力推进人才强企工程.（2021-07-28）[2024-11-01]. 中国石油新闻中心.

和类别特有胜任力三个维度构建了四级四类领导人才胜任力模型，其中的企业核心胜任力，就是指党性修养与航天精神，分别对应的能力要素是"对党忠诚、信念坚定、清正廉洁、勇于担当"与"家国情怀、奋斗精神、优良作风、科学追求"。中国联通党校（学院）将习近平总书记关于国企领导人员"二十字"标准（对党忠诚、勇于创新、治企有方、兴企有为、清正廉洁）与公司"五新"联通建设（新基因、新治理、新运营、新功能、新生态）的战略要求相结合，建立了中国联通干部教育培训"四主线、一贯穿"的培训模型，即以内驱力、领导力、执行力、创新力为主线，将实践锻炼贯穿始终，其中的内驱力对应的能力要素是"对党忠诚、清正廉洁"。中国中化集团的领导力素质模型中，家国情怀是重要的能力要素之一。华为1998年正式审议通过的《华为基本法》在其开篇的第四条，就明确强调"爱祖国、爱人民、爱事业和爱生活是我们凝聚力的源泉"。

学习方法的特色主要体现在充分发挥我们党学习经验的优势和创新探索组织学习模式。我们党组织学习的经验方法主要指长周期的主题教育、顶层设计引领下的干部教育培训模式、党委（党组）理论学习中心组学习、"第一议题"制度[①]、"三会一课"[②]、主题党日、"两学一做"学习教育[③]、红色教育基地体验式学习等；创新探索组织学习模式主要指企业在推动组织学习过程中，引进西方的组织学习理念、技术与工具，包括结构化研讨、行动学习、学习型组织建设、对标世界一流等，并与中国企业组织特征、文化土壤特点相结合，形成了一些本土化的特色做法。例如，中国

---

① "第一议题"制度，指的是聚焦政治建设这个党的根本属性，各级党组织必须把学习习近平新时代中国特色社会主义思想和党的会议精神、习近平总书记重要讲话精神等内容，作为党委会、理论学习中心组、支部大会、支委会、党小组会及其他党内重要会议的"第一议题"，第一时间组织传达学习。

② "三会一课"是党的组织生活的基本形式。"三会"是指支部党员大会、党支部委员会、党小组会，"一课"是指党课。

③ "两学一做"学习教育，指的是"学党章党规、学系列讲话，做合格党员"学习教育。

中化集团持续推广和发展的团队学习法，就具有"中西合璧、知行合一"的特色。其团队学习法源于 20 世纪末引入的行动学习法，中国中化集团在掌握行动学习方法、运用各类先进学习技术与工具的同时，讲求"集众思以建真言、汇众智以谋良策"，即始终不忘将群众路线作为我们党的生命线和根本工作路线，本着"一切为了群众，一切依靠群众，从群众中来，到群众中去"的初心，通过团队列名法、鱼骨图分析法、5WHY 分析法、PESTEL 分析法、SWOT 分析法等进行深入研讨，倾听各级员工真实的心声，把员工的意见集中起来，化为系统的意见，再坚持执行，最终解决实际问题，提升企业的经营管理水平，实现企业与员工的共同发展。作为非常有效的工作方式之一，"团队学习法"深入公司战略制定、人才培养、领导力发展、创新变革等经营管理的方方面面，而且在提升员工的敬业度、认同度，增强凝聚力、向心力等方面发挥了重要作用，也为公司高质量发展贡献了巨大力量。

学习机制的特色主要体现在干部教育培训与选拔任用相结合，学习型组织建设与学习型党组织建设融为一体。党历来重视干部教育培训和选拔任用工作，并始终强调两者的有机结合，整体推进干部队伍建设。比如，中共中央于 2023 年 10 月印发的《干部教育培训工作条例》明确提出，干部教育培训主管部门和干部教育培训机构应当完善干部教育培训考核和激励机制，干部接受教育培训情况应当作为干部考核的内容和任职、晋升的重要依据。近年来，大量企业在聚焦"选育管用"全链条打造干部人才队伍方面已经形成了一些成熟经验。例如，中国铁路工程集团有限公司长期以来坚持制度化培育干部，围绕"德才兼备、以德为先"的标准，全面建立了领导干部中心组学习、民主生活会和选送培训、岗位交流、交叉任职、实践锻炼、年轻干部和后备干部管理等一系列制度，多途径、多渠道地加强领导干部理想信念、党性修养、能力才干等方面的培养锻炼，聚焦"选育管用"全链条加强人才梯队建设，真正做到制度化育人、体系化成才。

学习文化的特色主要体现在对中华优秀传统文化和党组织学习的优良历史传统的传承与发扬。中国企业始终坚持"重视学习、善于学习"，普遍形成了全员参与、内外互动、文化认同的学习环境。例如，中国航天科技集团有限公司提出了"让学习成为生活习惯，把学习作为终生需求"的学习理念，中国中化集团对员工提出"诚信、合作、善于学习"的要求，中国电信员工行为准则的第一条就是"持续学习，高效工作"。

具有中国特色的组织学习理论框架是指较为完善的具有中国特色的组织学习理论体系。例如，商儒企业管理研究院认真梳理了中国共产党组织学习历史、中国企业组织学习历史、西方组织学习理论，系统总结了全球标杆企业组织学习案例、数千个学习项目实践案例，基于历史的逻辑、理论的逻辑和实践的逻辑，提出了由高质量学习基本定义、关键要素与主要功能、总体特征、核心价值、学习力模型、学习力转化、战略路径图、实施路线图等构成的高质量学习理论体系，试图回答中国式组织学习理论的构成体系、内在逻辑与特色基因。该理论体系于2021年6月首次公开发布，并陆续以课题研究、主题会议、访谈交流、项目应用等方式，与300余家企业就理论体系持续进行互动式的研讨、交流与应用，并在实践过程中不断丰富和完善，所形成的成果日益成熟，也是本书探讨的核心内容（详见本书第五章）。

小　结

中国企业组织学习有一个从萌芽、变革发展到日益壮大的过程。从自主摸索期的"以党组织学习为主导，侧重于政治思想教育与职业技能培养，主要采取传统的集中授课、'师徒制'等学习形式，学习组织以党校、党委职能部门、职工文化学校为主"，到引进吸收期的"新知识以粗放式全面引进西方管理学为主，学习方式以被动式选择为主，学习技术与工具纷繁复杂，专业的知识服务机构开始涌现，企业大学建设火热，学习型组织建设从模仿逐步转向本土化探索"，再到创新突破期的"立足战略聚焦组织新能力建设与人才梯队建设，学习组织更加规范、专业并走向'生态'，知识结构复杂化、系统化，学习模式不断创新且更具系统性、融合性、互动性、实践性，更加注重问题导向与学习成果转化，对标'世界一流'并不断突破自我，初步形成具有中国特色的组织学习模式与理论框架"，中国企业组织学习一直保持着中国特色"基因"，始终坚持用党的科学理论武装队伍思想，与学习型党组织建设融为一体，注重与中华优秀传统文化、企业具体实际相结合，并在学习组织、学习内容、学习方式、学习机制、学习文化等实践中不断变革调整、推陈出新，其学习理念、学习理论也日渐成熟，不仅形成了与中华优秀传统文化、党的学习优良传统融为一体的先进学习理念，还形成了具有中国特色的组织学习模式，为中国企业转型发展、创新动力激发、核心竞争力提升提供了坚强后盾。

然而，变革永无止境。面对内外部环境的深刻变化，面对改革发展的艰巨性、复杂性、繁重性，面对日新月异的科技变革、商业模式变革与产业变革，已经步入高质量发展阶段的中国企业将迎来前所未有的挑战，必须要有新的共识、新的本领、新的优势，尤其是需要新的理论指导新的实践。

第二章
学习的变革

这是一个"难学习"的时代，这是一个"大学习"的时代。

今天我们正处于中华民族伟大复兴的战略全局和世界百年未有之大变局"两个大局"相互交织、相互激荡的伟大时代，又处于全面建设社会主义现代化国家开局起步的关键时期，我们面临的都是新问题、新环境与新挑战。国际形势之复杂、全球经济之低迷、技术变革之剧烈、自然灾害之突然和改革发展稳定任务之繁重，都是前所未有的。新时代面临的不确定性、不稳定性，强烈地冲击着我们传统的生活方式、管理方法、商业模式，深刻地影响着经济发展方式、社会治理模式、全球治理体系等。

这一切对我们的个人素质、组织能力、学习方式都提出了新的更高要求，对我们企业的发展模式更是提出巨大挑战，其迫切需要的就是高质量发展。党的二十大报告明确指出，高质量发展是全面建设社会主义现代化国家的首要任务。2023年中央经济工作会议明确提出，必须把坚持高质量发展作为新时代的硬道理。众所周知，高质量发展的根本动力是创新，而创新的来源就是学习，而且应该是"大学习"，也就是全员学习、终身学习、主动学习和高效学习。只有通过高质量的"大学习"，才能持续更新知识结构、强化组织认同、优化组织行为、调整组织结构与方式，构建适应性组织；也只有通过高质量的"大学习"，才能不断提升组织学习力，推动组织的新能力建设和高素质人才队伍建设，进而增强新本领，重塑新动能，打造新优势，应对新变化。

因此，我们正经历着一场前所未有的学习变革，正面临着一场前所未有的时代挑战。具体有哪些问题与挑战呢？商儒企业管理研究院自2020

年开始，持续深入 100 余家大企业大集团开展高质量学习主题交流和调研，就中国企业高质量发展环境、中国企业高质量发展瓶颈问题、中国企业组织学习面临的具体问题进行了系统梳理，这是我们有效开展高质量学习的必要思想准备。

第一节　大变局下的"危"与"机"

环境是组织生存的土壤，它既为组织活动提供条件，也对组织的活动起制约作用，组织的一切生存与发展，都要适应和服从外部环境，而且党和国家事业发展的需要是我们开展组织学习首要考虑的外部环境因素，这也是我们探讨组织学习的根本出发点和落脚点。我们主要运用 PESTEL[①]分析工具，重点结合党的建设、国企改革等相关要求，对中国企业当前面临的内外部环境进行了全方位盘点与分析，梳理出一系列对中国企业高质量发展具有较大影响和冲击的问题，具体来自国际环境、国内环境和国企改革发展要求三个方面（见图 3-1）。

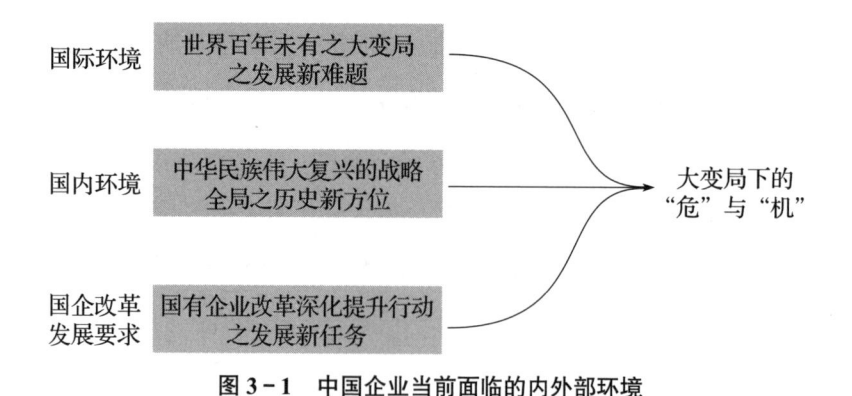

图 3-1　中国企业当前面临的内外部环境

---

① PESTEL 是政治（political）、经济（economic）、社会（social）、技术（technological）、环境（environmental）、法律（legal）的首字母缩略语。

一、世界百年未有之大变局之发展新难题

当今世界局势的多重因素复合叠加、加速突变，俄乌冲突、巴以冲突、"金砖"扩容、"全球南方"力量崛起等正在引发世界格局重新"洗牌"。与此同时，全球滞胀危机，产供链脱钩风险，能源、粮食、灾害、生态等安全风险陆续出现，世界经济下行甚至深度衰退的存量矛盾和增量矛盾同时存在，世界各地求和平、谋发展、促合作的行动面临较强不稳定性和不确定性。科学研判"时"与"势"，辩证把握"危"与"机"，有利于企业保持战略定力，增强发展主动性，高效统筹发展和安全，在危机挑战中创造发展先机，在外部变局中塑造发展新局，实现在不确定性中创造确定性的高质量发展。中国企业需要重点关注的国际环境问题主要有十个方面。

（1）世界经济增速放缓且面临多重风险。主要有三个方面的风险：一是外部因素冲击，包括地缘政治冲突加剧、科学技术如人工智能加速演变、气候变化及突发自然灾害、一些国家的重要选举活动带来的政治博弈，加剧了经济的不稳定性。二是经济结构自身存在的问题，包括全球主要经济体和新兴经济体长期债务问题凸显、发达经济体的增长放缓、许多发展中国家面临金融条件收紧和外部需求疲软的问题，同时，全球供应链重新调整带来了一定程度的风险。三是规则之"变"，即世界经济发展治理规则进一步分化，走向多边与区域并进，尤其是美国主导的"西方阵营"基于意识形态共识"建群"，目的在于改变或建立供应链"游戏规则"。这种分化会使各国对支撑经济发展规则的信心动摇，进而导致一些多边或双边的经贸协定处于被边缘化的状态。

（2）全球价值链重构进程加速。全球价值链重构是在禀赋变动、技术变革和制度重构三种力量协同作用下不断向横纵延伸的动态、复杂过程，

其本质是基于世界分工体系的全球资源配置能力的调整。在贸易摩擦、疫情冲击、地区冲突等多重因素的作用下，全球价值链的重构进程不断加速。中国企业在深度嵌入全球价值链的过程中，面临国内要素流动不畅、产业链断供风险增大、需求不确定性增强等挑战。

（3）中美关系与"两大陷阱"。中美关系仍是当今世界最重要的一对大国间的关系，是影响全球安全稳定的世界性关系。"修昔底德陷阱"[①] 与"金德尔伯格陷阱"[②] 不仅是国家层面需要直面的机遇与挑战，也会直接影响企业的发展。我们只有正确理解中美关系与"两大陷阱"，方能科学应对不确定的国际经济秩序和不断变化的国际市场，并积极参与全球治理体系建设、国际秩序重塑的进程。

（4）人民币国际化与中国企业汇率风险。党的二十大报告明确提出"有序推进人民币国际化"。人民币国际化是国际货币体系改革的产物，是我国应对世纪变局、掌握发展主动权、彰显大国担当的战略选择。以人民币国际化举措为代表的宏观制度能够在整体上改善企业面临的汇率风险，实现国际竞争力和企业经营水平的提升，带动企业在高水平的对外开放中实现更好发展。

（5）数字经济与全球产业变革。数字经济是新兴技术和先进生产力的代表，已成为重组全球要素资源、重塑全球产业结构、改变全球竞争格局的关键力量。《全球数字经济白皮书（2024年）》显示，2023年，美国、中国、德国、日本、韩国等5个世界主要国家的数字经济总量为33万亿美元，数字经济占GDP比重为60%。加快数字化转型，统筹推进数字产业化和产业数字化，加快数字经济与实体经济深度融合，是中国企业实现高

[①] "修昔底德陷阱"，指一个新兴大国必然要挑战守成大国，而守成大国也必然会回应这种威胁，这样战争变得不可避免。

[②] "金德尔伯格陷阱"，指在全球权力转移过程中，如果新兴大国不能承担领导责任，就会导致国际公共产品短缺，进而造成全球经济混乱和安全失序。

质量发展的必然要求。

（6）国家安全视角下的风险防范与化解。当前，世界进入新的动荡变革期，国际社会各种矛盾交织演变，人类社会正在发生深刻的历史性变革，传统安全威胁和非传统安全威胁相互交织，中国企业"走出去"面临政治风险、经济风险、营商风险、法律风险、安全风险等各类风险。这就要求中国企业牢固树立总体国家安全观，加强合规意识和风险意识，充分了解和遵守东道国法律法规、风俗习惯，健全企业风险防范体系，维持对外投资合作的稳定性和可持续性。

（7）国际化视野下的企业文化融合。随着共建"一带一路"走深走实，越来越多的中国企业"走出去"实现跨国经营，国际化发展既为企业带来了发展机遇，也对企业的文化融合提出了更高要求。跨越文化冲突和沟通障碍，深化跨文化交流与合作，打造适应不同国家和地区的多元文化，对于培育企业全球视野、把握全球市场机会至关重要。

（8）全球能源体系变革。能源攸关国计民生和国家安全，能源革命是技术革命与产业革命的基础与先导。从全球来看，能源结构低碳化转型加速推进、能源系统多元化迭代蓬勃演进、能源产业智能化升级进程加快、能源供需多极化格局深入演变，推进能源革命，建设清洁低碳、安全高效的能源体系是构建现代能源体系的方向和路径。这就要求中国企业在新一轮产业变革浪潮中，抓住能源变革的机遇，进而把握产业革命的机遇和主导权。

（9）ESG发展趋势与可持续发展。ESG[①]理念是近年来兴起的企业管理和金融投资的重要理念，与实现我国"双碳"目标以及高质量发展目标高度契合，也与中国式现代化的本质要求高度契合。中国企业必须将ESG理念纳入企业的战略决策与生产经营活动之中，从价值取向、发展战略、

---

① ESG是环境（environmental）、社会（social）和治理（governance）的英文首字母缩略语。

资源结构、管理方式、绩效评价和企业文化建设等方面，有序推进企业经营发展的系统变革。

（10）高质量共建"一带一路"与全球竞争力塑造。"一带一路"倡议不仅促进了共建国家经济社会发展，而且成为我国推进新一轮对外开放的战略抓手和积极参与全球经济治理的重要平台。中国企业需要持续以对外开放赢得发展的主动和国际竞争的主动，发挥全产业链一体化优势，加强与东道国及第三方市场合作，从战略、质量、技术、人才、资本、品牌、文化等维度全面提升全球竞争力，积极践行 ESG 理念，注重化解风险，推动我国规则、技术、标准走出去，不断为我国和共建国家创造经济效益、社会效益和环境效益。

二、中华民族伟大复兴的战略全局之历史新方位

尽管国际国内形势发生了深刻复杂变化，但我国经济稳中向好、长期向好的基本面没有变，我国经济潜力足、韧性大、活力强、回旋空间大、政策工具多的基本特点没有变，我国发展具有的多方面优势和条件没有变，而且高质量发展成为中国经济夯"稳"基础、增"进"动能的关键词，实现以"中国之治"应对"世界之乱"。但发展不平衡不充分问题仍然突出，在经济、政治、文化、社会、生态文明等方面存在诸多挑战。如何准确把握我国所处的历史方位，深刻理解我国经济发展的底气、优势和机遇，对于企业把握中华民族伟大复兴的战略全局和世界百年未有之大变局"两个大局"，与国家同频共振，以高质量发展推进中国式现代化具有重要意义。中国企业需要动态关注的国内环境影响因素主要有十个。

（1）以中国式现代化全面推进中华民族伟大复兴。中国式现代化是强国建设、民族复兴的唯一正确道路，是中国共产党领导的社会主义现代

化。强化建设中国式现代化使命，是中国企业在新征程中改革发展的逻辑基点。中国企业必须始终围绕着中国式现代化本质要求，牢牢把握高质量发展首要任务和构建新发展格局战略任务，持续深化改革，完善中国特色现代企业制度，弘扬企业家精神，打造具有全球竞争力的世界一流企业，并积极探索中国特色企业管理理论、路径与模式。

（2）马克思主义中国化时代化。马克思主义中国化时代化强调将马克思主义的基本原理与中国革命、建设、改革的具体实际相结合，是党取得辉煌成就和开创未来的制胜法宝。中国企业要坚持马克思主义指导地位，贯通运用党中央治国理政新理念新思想新战略，找准马克思主义基本原理与中国企业经营管理的结合点，推动马克思主义中国化时代化最新成果在企业落实落地。

（3）坚持高质量发展是新时代的硬道理。推动企业高质量发展是遵循经济发展规律的必然要求，对推进中国式现代化和强国建设、民族复兴伟业具有重要意义。中国企业必须以高质量党建引领高质量发展、以高质量学习推动高质量发展，坚持深化改革、创新驱动，着力发展新质生产力，持续提升核心竞争力、盈利能力和可持续发展能力，探寻更加符合世情、国情、企情和新时代新情境的高质量发展实践进路。

（4）"双循环"下的新发展格局。构建以国内大循环为主体、国内国际双循环相互促进的新发展格局，是中国经济从高速增长迈向高质量发展关键阶段的强国方略。中国企业需要深入研究和找准自身在国内大循环和国内国际双循环中的位置及比较优势，大力推进科技创新、积极发力新基建、实施补链强链扩链、持续深化改革，积极助力全国统一大市场建设，在构建"双循环"新发展格局中充分发挥顶梁柱的作用。

（5）科技创新与新质生产力。科技创新既是我国在新一轮国际竞争中赢得主动、占得先机的关键，也是建设现代化产业体系、实现经济高质量发展的核心。新质生产力是马克思主义生产力理论的创新和发展，是由技术革命性突破、生产要素创新性配置、产业深度转型升级而催生的当代先进生产力。面对当前我国在多个领域存在的"卡脖子"问题，中国企业要不断强化科技创新主体地位，深化创新资源和产业要素整合，努力实现高水平科技自立自强，大力发展战略性新兴产业，推进产业智能化、绿色化、融合化，加快形成新质生产力。

（6）"双碳"目标与企业绿色低碳发展。实现碳达峰、碳中和事关中华民族永续发展和构建人类命运共同体。中国企业应积极推进产业结构绿色低碳转型，加快实施能源结构调整，持续加强节能降碳增效，深入打好污染防治攻坚战，强化绿色低碳技术创新应用，扎实有序推进碳达峰、碳中和工作，努力实现"双碳"目标，推动绿色发展。

（7）扎实推进乡村振兴战略。乡村振兴是实现中华民族伟大复兴的一项重大任务。对于企业而言，积极参与乡村振兴工作，既是履行社会责任的体现，也是抓住历史机遇、实现可持续发展的重要途径。中国企业应组织实施好乡村发展、乡村建设、乡村治理等重点工作，努力探索企业助推乡村振兴的新路径新举措，推动乡村产业振兴、人才振兴、文化振兴、生态振兴、组织振兴。

（8）产业链供应链韧性与安全。党的二十大报告提出，"着力提升产业链供应链韧性和安全水平"。在全球产业链供应链循环不畅的冲击下，推动产业链补短板强弱项、保证供应链安全稳定乃当务之急。中国企业应加快建构产业链，找准产业链优势领域和薄弱环节，进一步明确自身产业链的功能定位，不断提升产业链的掌控力和风险管控力，打造自主可控、安全可靠、竞争力强的现代化产业体系。

（9）新时代国家安全形势与总体国家安全观。新一轮国企改革深化提升行动，首次将保障国家安全作为重点改革任务，要求国企增强核心功能、服务国家重大战略，站在维护国家安全的战略高度抓好改革，强化改革对于国家安全的保障作用、国民经济命脉行业和关键领域的支撑作用。中国企业应当贯彻总体国家安全观，保障能源、科技、产业、信息等重点领域安全，将国家安全贯穿工作各方面全过程，以高水平安全护航高质量发展。

（10）中国人口老龄化。《中华人民共和国国民经济和社会发展第十四个五年规划和2035年远景目标纲要》明确提出"实施积极应对人口老龄化国家战略"。目前，我国已经处于中度老龄化社会阶段，预计到2035年进入重度老龄化社会阶段，人口老龄化给我国经济社会带来诸多挑战的同时，也带来了银发经济发展的新机遇，尤其是在拉动内需、培育新的经济增长点方面发挥着重要作用。中国企业需要主动发掘"银发机遇"，统筹推动养老事业和养老产业协同高质量发展。

三、国有企业改革深化提升行动之发展新任务

实施国企改革三年行动是以习近平同志为核心的党中央作出的一项重大决策。2020年6月30日，中央深改委审议通过《国企改革三年行动方案（2020—2022年）》，正式拉开了国企改革三年行动的大幕。2023年6月，中办、国办联合印发《国有企业改革深化提升行动方案（2023—2025年）》，标志着继国企改革三年行动之后的新一轮改革正式启动。国有企业认真贯彻党中央、国务院决策部署，扎实推进各项改革任务落地，取得了一系列重大成果，积累了大量宝贵经验。但是，步入"深水区"的国有企业改革，正面对复杂的内外部环境，在管理体制、决策机制、监督机制、风险管理、决策效率等方面面临新的挑战，应当完成以下八项任务。

（1）全方位提升"五方面价值"。新一轮国有企业改革深化提升行动

的核心是"增强核心功能、提高核心竞争力",要更加注重增加值、功能价值、经济增加值、战略性新兴产业收入和增加值占比、品牌价值五个方面。因此,国有企业应该突出重点、把握关键,从提高央企对国民经济增长的贡献度、提高资本效率、遏制盲目投资、积极布局新赛道、发展新质生产力、对标世界一流、提升品牌价值等方面精准发力,加快建设世界一流企业。

(2) 推进国有企业治理体系和治理能力现代化。加强和完善国有企业公司治理是国家治理体系和治理能力现代化的重要组成部分,是培育世界一流企业的重要基础和保障。国有企业治理结构改革,要将党的领导融入公司治理各环节、党组织内嵌到公司治理结构之中,建立产权清晰、权责明确、政企分开、管理科学的现代企业制度,健全权责法定、权责透明、协调运转、有效制衡的公司治理机制,促使中国特色国有企业现代公司治理效能充分显现。

(3) 强化战略性重组与专业化整合。战略性重组和专业化整合,是国有经济布局优化和结构调整的有效途径,也是适应市场经济要求,增强核心功能的必然选择。战略性重组强调整合资源、优化结构,专业化整合着重于业务集中、提升核心竞争力。国有企业应当认真贯彻落实《关于新时代推进国有经济布局优化和结构调整的意见》,坚持问题导向,聚焦主责主业,调整存量结构,优化增量投向,将有限的资源和资本集中到最具竞争力的领域,以实现资源优化配置、效率提升和成本控制,提升企业的核心竞争力。

(4) 着力加快企业数字化转型。数字化转型是应对新一轮科技革命和产业革命的必然选择,是构建国有企业未来战略新优势的关键之举。国有企业应当坚持深化数字化改革,通过打造数字化研发体系、大力推进智能制造、积极培育新模式新业态、加快建设工业互联网、加快"卡脖子"技术协同攻关等措施，促进产品服务、生产方式、商业模式、产业链供应链、核心技术创新，不断加快推进生产经营数字化，着力培育数字新模式新业态，不断激发企业转型动力和活力。

（5）优化战略性新兴产业布局，加快形成新质生产力。战略性新兴产业和未来产业是形成新质生产力的主阵地。更大力度布局前瞻性战略性新兴产业，成为新一轮国企改革深化提升行动的重要任务。无论是从创新角度，还是从战略安全与产业控制角度，都要求国有企业在战略性新兴产业和未来产业领域加大投资布局力度，加快新一代信息技术、生物技术、新能源、新材料、高端装备等未来产业发展速度，尽快形成产业竞争优势，取得产业发展引领力。

（6）建设和完善国有企业合规管理与内部控制体系。合规管理是保障国有企业稳健发展的重要手段，也是提升企业核心竞争力和社会形象的有效途径。国有企业需要建立完善的合规管理体系，形成有效的组织协调和资源配置，强化实施依法治企，通过建立健全合规制度体系、加强合规环境控制、构建内控风险预警机制等措施，全面提升企业风险战略意识，持续优化内控管理体系，为企业高质量发展保驾护航。

（7）提高核心竞争力，增强核心功能。提高核心竞争力和增强核心功能，是国有企业实现高质量发展的两个重要途径。国有企业既要聚焦科技、效率、人才、品牌等方面，持续提高创新能力和价值创造能力，也要优化布局、调整结构，巩固国有经济在关系国家安全和国民经济命脉重要行业领域的控制地位，加大对创新能力体系建设和战略性新兴产业的布局，提升对公共服务体系的保障能力，更好地发挥国有经济主导作用和战略支撑作用。

（8）探索国有企业改革创新路径与模式。国企应当继续深化体制机制改革，着力破解长期发展障碍，大幅提升企业活力效率，在重要领域和关键环节实现系统性重塑、整体性重构，推动企业做强做优做大，实现均衡式发展、一体化改革，并积极探寻国企改革创新关键路径和方法，破解发展难题，不断提高核心竞争力，增强核心功能，打造适应中国式现代化要求的发展方式新、公司治理新、经营机制新、布局结构新的新国企。

第二节 中国企业高质量发展瓶颈问题及应对

高质量发展是全面建设社会主义现代化国家的首要任务。发展是党执政兴国的第一要务，是解决中国所有问题的关键。高质量发展是新时代对中国企业提出的新使命、新要求、新课题，这是一条毫无经验且充满荆棘的发展道路。特别是当今飞速发展的中国企业，在管理思想、商业模式方面，很多发展领域、部分行业已经完全进入了"无标可对"的时代，中国之大、发展之快、问题之复杂、经济之独特、任务之繁重，注定了中国企业高质量发展没有简单的模式可以复制，必然要创新探索中国特色企业发展模式，以新的理论与实践突破，实现中国企业高质量发展。为此，本书主要依据全球竞争力关键要素、组织韧性构成关键要素、世界一流企业建设标准等理论模型，对中国企业高质量发展瓶颈问题进行了梳理，将其分为党的建设、战略、组织、机制、创新、人才、文化七类（见图3-2）。限于篇幅，本书仅讲解各类瓶颈问题的主要应对方式。

一、党的建设

党政军民学，东西南北中，党是领导一切的。坚持党的领导、加强党的建设是我国国有企业的光荣传统和独特优势，是国有企业的"根"和

图 3-2　中国企业高质量发展瓶颈问题

"魂",是做强做优做大国有企业的根本保证和力量所在。党的建设工作与企业经营管理的融合,是工作难点,也是典型的中国特色。企业必须贯彻落实新时代党的建设总要求和新时代党的组织路线,坚持"两个一以贯之"[①],围绕中心任务与重点难点问题扎实推动企业党建工作创新开展,进一步加强党组织的能力建设和先进性建设,提升组织力和党员干部队伍的履职能力,持续强化独特优势、筑牢政治和组织保证,以高质量党建引领企业高质量发展。

（1）高质量党建体系构建。这是实现全面从严治党和提高党的建设质量的关键,需要将其作为系统工程,从政治建设、思想建设、组织建设、作风建设、纪律建设、制度建设、反腐败斗争等维度统筹考虑、协调推进,以提高党组织的执政能力和领导水平,确保党在深化国有企业改革中成为坚强领导核心,助力企业战略落地、企业文化建设和学习型组织建设。

（2）加强党的领导与完善公司治理相统一。中国特色现代企业制度强

[①] "两个一以贯之"即坚持党对国有企业的领导是重大政治原则,必须一以贯之;建立现代企业制度是国有企业改革方向,也必须一以贯之。

调加强党的领导，把党组织内嵌于企业法人治理之中，确保企业发展方向与国家大政方针相一致。企业要聚焦党的领导作用发挥、企业治理体系和治理结构、现代企业制度建设方面的问题及深层次影响因素，探索破解全球上市国有企业治理难题的中国方案。

（3）党建工作与生产经营深度融合。这是中国企业保持正确发展方向的关键，是企业党建工作的生命力之所在，也是加强党对国有企业全面领导的必然要求。企业应当把党的政治优势、组织优势转化为企业的竞争优势和发展动能，实现生产经营高质量可持续发展目标，为推进企业改革创新、促进企业高质量发展提供坚强有力的政治保障和动力支持。

（4）党建与企业文化融合。党建引领企业文化是中国企业文化建设的鲜明特色，二者彼此交融、相互促进。其融合，需要在精神内涵、制度建设、队伍建设、宣贯策略、形象塑造等方面深入研究和实践，尤其要继承与发扬中国共产党人精神谱系，加强党建案例总结与企业史研究，构建具有企业特色的党建品牌体系，既能实现党建管理工作突破，又能促进现代企业管理模式创新。

（5）党的基层组织建设创新。党的基层组织是党的全部工作和战斗力的基础。基层党组织的组织力是由党员与组织目标、组织制度、组织文化、组织环境等各要素之间良性互动、协同配合所形成的合力。企业应聚焦企业生产经营与改革发展，不断健全组织体系，以提升组织力为重点，增强党组织政治功能和组织功能，不断创新活动方式，以推动党的组织和党的工作全覆盖。

（6）学习型党组织建设。建设学习型党组织是建设马克思主义学习型政党的基础工程。企业应始终把握"提升组织学习力与加强党的组织体系建设"这根主线，推动党史学习教育常态化长效化，确立党组织全员学习、党员终身学习的理念，注重全面提升干部政治能力、专业能力和综合素养，建立健全管用有效的学习制度，以"大学习"促进"大创新"，进而提升核心竞争力和价值创造活力。

二、战略

企业战略是企业发展的指导原则和长远规划，是企业在复杂多变的竞争环境中保持领先的关键。当前，中国企业面对不确定性的外部环境和高质量发展要求，又处于新一轮改革开局起步的关键阶段，在战略规划与实施过程中面临诸多挑战。围绕"十五五"规划、市场竞争策略选择、产业链现代化、全球竞争力等主题深入开展理论研究与实践探索，有助于企业明确战略方向、把握战略重点、保持战略定力、抓住战略机遇、应对风险挑战，进而打造核心竞争力，实现高质量发展。

（1）"十五五"规划前期研究与编制。国家发展改革委已启动"十五五"规划前期研究。企业要系统梳理"十四五"规划落实情况，面向未来的"十五五"时期，从战略理论框架、行业发展趋势、自身资源评估、瓶颈问题分析和解决方案提出等方面，深入开展调查研究、系统谋划发展思路，推动形成新的共识，并重点探索新思路和新举措。

（2）市场竞争策略选择与新动能培育。市场在资源配置中起决定性作用，市场竞争策略是企业获取竞争优势的关键所在。在构建高水平社会主义市场经济体制过程中，企业需要全面分析内外部环境、资源条件、竞争对手、消费者需求、技术发展、政策法规等，掌握市场运行规律，制定和实施有效的竞争策略，培育和壮大新动能。

（3）产业链整合与价值链提升。加强产业链整合与价值链提升，加快推动产业链现代化，是建设现代化产业体系的必然要求，是塑造全球竞争优势的战略选择。企业需要精准把握产业链现代化的核心要义与实践要求，推动短板产业补链、优势产业延链、传统产业升链、新兴产业建链，巩固传统优势产业领先地位，优化资源配置能力，创造新的竞争优势，全面提升产业体系现代化水平。

（4）产融结合与投融资决策。产业资本和金融资本的融合，既有利于优化国家金融政策的调控效果，又有利于产业资本的快速流动，提高资本配置的效率，是中国企业做强做优做大的重要途径之一。企业需要建立"以产业为主、金融为辅"的产融结合格局，探索管理协同和资源协同的长效机制，实现产业和资本的高效对接，提高投融资能力与决策效率，通过以融助产不断提升产业盈利水平。

（5）对标世界一流企业。对标世界一流企业，是企业重塑全球竞争力的必然要求。中国企业要聚焦战略管理、组织管理、运营管理、财务管理、风险管理、科技管理、人力资源管理、信息化管理等领域，研究世界一流企业的特征和标准，分析差距并提出对标提升的路径和策略，同时要了解东道国的文化特征、市场环境、政策法规、竞争战略等，积极探索协同创新与合作模式，助力企业高质量"走出去"。

三、组织

战略决定组织，组织决定成败。组织的好坏，直接决定着企业的运作效率高低，并在一定程度上影响着企业战略的落地与实施。随着时代的发展和市场的竞争加剧，组织变革已经成为企业发展中不可避免的一个环节。中国企业在继续完善和发展中国特色现代企业制度，推进公司治理体系和治理能力现代化的同时，要重构组织与人的关系，优化组织结构，突破组织边界壁垒，构建具有强大学习力的适应性组织，保持组织绩效的持续增长，为企业的高质量发展提供组织保障。

（1）组织与人的关系重构。组织与人的关系重构是推动组织变革的关键要素，目的是激活组织新的价值创造力，打造新的组织生态优势。在世界百年未有之大变局中，企业需要重新厘清人与组织的关系，找到人与组织关系变化的真正驱动因素，预测组织和个体关系的未来演变方向，构建适应时代发展要求的组织体系，全面释放组织的潜力与创造力，构建组织的新能力。

（2）组织结构优化与竞争优势重塑。组织结构优化是企业实现内部高效运转的先决条件，决定了企业内各项资源的配置方式以及相互关系，对提高企业运营效率和经营成果具有重要作用。在构建新发展格局过程中，部分企业存在组织架构与市场变化不匹配问题。企业应顺应市场经济发展的趋势，灵活地优化组织结构，激发组织活力，重塑竞争优势。

（3）突破组织边界壁垒实现价值共创。企业的组织边界是组织自身与外部环境分隔并相互作用的界线，在抵挡外部动态环境的不利影响的同时，阻隔资源的自由流动，使组织对外业务难以开展，具有典型的"双刃剑"效应。为了消除"双刃剑"中的负面影响，企业需要跨越组织边界，在组织间构建协同模式，积极与外界展开跨界合作与价值共创，实现组织效率的最大化。

（4）构建具有强大学习力的适应性组织。适应性组织是指组织能够在不断变化的环境中迅速调整其战略、组织、机制与运营模式等，以应对外部挑战和机遇，实现组织的既定目标或使命。面对快速变化的复杂环境，企业需要围绕与战略相匹配的组织新能力建设，推动全员学习、终身学习、主动学习、高效学习，促进组织的知识更新、知识体系重构、学习生态再造，不断提升组织学习力与创新力，进而形成核心竞争力，最终成为具有强大学习力的适应性组织。

（5）组织绩效管理与组织绩效提升。组织绩效管理水平直接决定了企业经营的质量。企业需要通过科学的绩效目标管理、合理的绩效任务安排、顺畅的绩效辅导沟通和准确的绩效工作评价，来进行合理的资源分配和有效的员工激励，最终实现组织绩效持续增长，并在竞争激烈的市场环境中保持竞争优势。

四、机制

健全市场化经营机制，激发市场主体活力是深化国资国企改革的重要内容，也是国资国企改革的重难点。中国企业尤其是国有企业应当紧紧围绕激发活力、提高效率的发展主线，以高质量发展为目标靶向，锚定市场化改革方向，不断完善中国特色现代企业制度、公司治理机制、以三项制度改革为核心的市场化机制、以领导层任期制和契约化管理为重点的市场化经营机制、科技人才中长期激励机制等方面，有效解决企业发展难题，全面激发企业发展活力，实现持续健康发展。

（1）完善中国特色现代企业制度。建立现代企业制度是国有企业改革的重要方向，必须一以贯之。企业应当坚持问题导向，坚持党的全面领导、依法治企、权责对等原则，切实把加强党的领导和完善公司治理统一起来，明确和落实党组织在公司法人治理结构中把方向、管大局、保落实的法定地位，通过健全制度和规范管理形成完备的企业董事会制度体系和运行机制，持续将中国特色现代企业制度优势转化为治理效能。

（2）优化完善公司治理机制。加强和完善国有企业公司治理，是国家治理体系和治理能力现代化的重要组成部分。国有企业应当优化完善公司治理的结构体系、组织体系、运行体系、制度体系、监督体系、党建体系，有效构建权责法定、权责透明、协调运转、有效制衡的国有企业公司治理机制，建立有效的公司内部运行监督机制，优化完善国有企业公司治理体系，持续提升治理能力。

（3）深化以三项制度改革为核心的市场化机制。国有企业三项制度改革常态化运行机制涉及劳动、人事、分配，也就是"帽子""位子""票子"的改革，是激发人员活力的关键。国有企业应当牢牢抓住健全市场化经营机制这个基础，在薪酬分配、绩效管理、岗位聘任等方面持续发力，通过畅通"能上能下"队伍建设渠道、规范"能出能进"契约管理模式、优化"能增能减"激励考核措施等举措来不断激发人员活力、增强人员能力、提升人员效率。

（4）健全以领导层任期制和契约化管理为重点的市场化经营机制。这是激发国有企业内生动力的重要抓手。企业应当把握好市场化聘任、契约化管理、差异化薪酬和刚性约束退出四个关键点，着力突破岗位管理、权责管理、契约管理、绩效管理各个关键环节，推行领导层任期制和契约化管理，建立覆盖全体领导层成员、聚焦经营业绩、突出刚性奖惩的管理机制，不断激发领导层成员的履职能力和经营效能。

（5）建立科技人才中长期激励机制。建立科技人才中长期激励机制，对科技人才的成长与发展至关重要。企业应当充分利用中长期激励政策"工具箱"，建立"事业共建、价值共创、利益共享、风险共担"的中长期激励机制，建立以科技创新价值、能力、贡献为导向的科技人才分类评价体系，推行科研人员科技成果转化收益机制，大力推行股权激励、分红激励、员工持股、超额利润分享、虚拟股权、骨干员工跟投等中长期激励方式，充分发挥人才创新创效潜能。

五、创新

创新是第一动力，坚持创新在我国现代化建设全局中的核心地位。企业是创新驱动发展的关键力量，对服务国家重大战略、构建新发展格局有重大现实意义。中国企业需要不断推动技术创新、商业模式创新和管理创新，强化企业在创新链中的引领作用，加快创新链与产业链精准对接，进一步推动企业完善创新体系、增强创新能力、激发创新活力，不断提高核心竞争力，引领经济高质量发展不断取得新突破。

（1）加强企业研发和创新能力建设。科技创新是高质量发展的重要驱动力，提升企业技术创新能力是坚持走中国特色自主创新道路、实施创新驱动发展战略、建设世界科技强国的重要内容。企业应当以原创技术策源地建设为依托，不断在集聚创新要素、深化创新协同、促进成果转化、优化创新生态方面探索新思路、新方法，促进创新链条有机衔接、创新效率大幅提升，大力提升企业科技创新能力，将科技的力量转化为企业核心竞争优势。

（2）产业数字化推动新质生产力发展。新质生产力的新要素包括以数据要素为代表的数字化与智能化新生产要素。数据要素具有依附倍增性和集约替代性，是促进新质生产力发展的重要力量。企业需要加快数智化转型，实现实体经济与数字经济的深度融合，通过对产业链上下游全要素的数字化再造、转型，优化要素之间的组合结构和匹配效率，促进产业链各主体环节的知识溢出和共享，实现新型生产要素优化配置，为高质量发展提供全新动能。

（3）传承弘扬企业家精神，承担创新主体责任。企业家精神作为一种新型创新要素，是企业创新不容忽视的加速器和动力源泉，企业家作为一种稀缺资源，是决定企业发展的"关键少数"，是新时代发展创新型经济、实现高质量发展的中坚力量。中国式现代化视角下，企业迫切需要激发和弘扬优秀企业家精神，提升企业创新水平，造就新时代企业家精神。

（4）商业模式创新与产业价值链升级。商业模式的变革与创新是提升企业效益与核心竞争力的关键。经济全球化背景下，推动商业模式变革与创新，完成从产业价值链到全球价值网络的转型，显得格外重要。企业应该打破传统观念，以市场为导向，以运营为基础，以人的全面成长为核心，以战略与商业模式的完美结合为要点，从价值主张、盈利模式、核心能力、关键活动、价值网络等方面对传统商业模式进行价值重构与价值创新，并积极融入全球价值链。

（5）提高管理创新能力。管理创新作为各项创新的基础，是加快企业发展、提升效益的着力点和突破口，是推动企业全面创新的关键一环。企业需要通过强化组织领导与统筹协调，夯实企业基础管理能力，强化管理创新顶层设计，建强管理创新人才队伍，学习标杆企业管理经验，加强管理创新文化培育，激活企业各类创新要素，全面推进理念创新、战略创新、组织创新、制度创新、文化创新、模式创新等，充分发挥好管理创新在创新驱动中的独特作用。

六、人才

人才是企业发展壮大的第一资源和核心要素。中国企业在新发展阶段坚持"四个面向"[①]、深入实施人才强国战略中发挥了"主力军"作用。但是，现阶段部分企业人才队伍建设仍存在职能定位不清晰、人才培养体系不完善、绩效评估与激励机制不足、人才管理机制不健全等问题。因此，要准确把握人才队伍建设中存在的问题，探索具有创新性的人才培养模式与机制，进一步加强人才队伍建设，为企业实现高质量发展提供强有力的人才支撑。

---

① "四个方面"即面向世界科技前沿、面向经济主战场、面向国家重大需求、面向人民生命健康。

（1）基于企业战略的人才发展规划。习近平总书记多次就人才问题和人才工作作出重要指示批示，提出一系列新思想新论断新要求，包括明确加快建设人才强国的战略目标、牢固确立人才引领发展战略地位的战略布局、聚天下英才而用之的战略举措、深化人才发展体制机制改革的根本保证、坚持党管人才的重大原则等。企业应加快实施人才强企发展战略，科学制定人才发展规划，重点完善人才队伍建设、优化人才队伍结构、提升组织创新创效能力，为建成世界一流企业提供坚强的人才保障。

（2）基于对标世界一流企业的高素质人才培养。世界一流的企业，必然要有世界一流的人才队伍。企业在人才培养体系完善、人才发展机制建设、"高精尖缺"人才队伍培养等方面有待进一步加强。基于对标世界一流企业，研究探讨高素质人才培养的路径与模式，完善分级分类人才培养体系，对于推动企业落实人才强企战略、驱动管理升级具有重要意义。

（3）新时期创新型人才培养与发展。培养创新型人才，是国家、民族长远发展的大计。习近平总书记强调："要加快科技体制机制改革，加大科技创新支持和成果转化力度，加快创新型人才培养，激发创新活力。"[1]企业应从重点人才培养、创新能力素质模型建构、激励机制完善、创新文化建设等方面，不断完善创新型人才培养模式，培养一批具有创新能力和发展潜力的拔尖创新人才。

（4）国际化战略下的人力资源配置。合理的人力资源配置可以有效提高生产效率、降低成本、增强核心竞争力。随着企业国际化程度的加深，受多元化差异、跨区域劳动力调度、全球化竞争等因素影响，人力资源配置工作面临诸多困难。企业需要深入研究人力资源规模及结构的配置，优化体制机制，不断提高人力资源开发与管理水平，建设适应"走出去"战

---

[1] 习近平在青海考察：坚持以人民为中心深化改革开放 深入推进青藏高原生态保护和高质量发展．（2021-06-09）[2024-11-01]．中国政府网．

略需求的国际化人才队伍。

（5）领导干部能力素质模型构建。建立、优化和运用领导干部能力素质模型，对企业领导干部进行培养、选拔和考核，具有重要意义。企业应开展领导干部能力素质共性特征分析、对标分析，结合企业实际，构建具有自身特色的"递进式"领导干部能力素质模型，运用标准化和量化指标对特定岗位进行管理和控制，建立科学化、规范化、精细化的干部管理机制，促进个人及组织绩效提升。

（6）青年人才的培养与激励体系构建。青年人才是企业改革发展的接续力量与生力军。科学统筹谋划，构建行之有效的青年人才培养与激励体系，持续开展青年干部员工思想动态调研，有利于加速青年人才健康成长，激发青年人才活力与创新力，培养一支政治素质过硬、业务能力精湛、综合素养全面的复合型人才队伍，为企业高质量发展注入强劲动力，并提供充足的后备人才保障。

（7）大数据时代的人力资源管理信息化建设和管理创新。随着全球数字化浪潮的不断推进，传统的人力资源管理方式已无法满足当前企业的快速发展和变革需求。企业要充分应用大数据技术，提高信息获取、分析和利用的效率，切实推动人力资源管理信息化建设，在实践中让数据为管理赋能，促进管理创新，不断提升人力资源管理水平。

（8）新生代员工的管理与激励。随着时代发展，新生代员工逐渐成为职场上的主力军。因为时代背景、思维模式、工作观念等差异，新生代员工对传统的管理理念和实践提出了前所未有的挑战。企业需要根据新生代员工的思想特性和企业自身发展状况，从政治站位、思想共识、组织模式、绩效考核、成长激励等方面，探索适应新生代员工特点的人才管理模式。

七、文化

企业文化是企业成功的关键要素，是企业发展的原动力。企业文化以其强大的引导力、凝聚力、激励力、协调力、辐射力，在支撑公司战略、达成组织共识、推动组织变革、提升管理水平、提高企业效益等方面具有无法替代的作用。在复杂国际形势与不确定环境下，中国企业迫切需要构建具有中国特色的企业文化建设体系，提升文化软实力，树立企业文化自信，提升品牌国际竞争力，以文化创新推动观念创新、制度创新、管理创新和技术创新，促进企业管理提升和转型升级，为加快建设世界一流企业提供强有力的文化支撑。

（1）中国式企业文化建设。中国企业在历史传统、文化背景、社会结构、组织机制等方面同西方企业存在较大差异。企业需要融合西方先进管理理念与中华优秀传统文化，统筹考虑党的建设与经营管理各关键要素，重点结合员工满意度调查、干部员工思想动态调研分析，以具有中国特色的企业文化理论体系与实践工具予以指导，夯实企业文化专业基础，提升企业文化建设能力，探索中国式企业文化建设路径与模式。

（2）企业文化建设规划。企业文化建设规划是一切企业文化工作的"统领"。企业应基于科学、系统、全面的企业文化调研诊断分析，制定以"目标体系、保障体系、识别体系、培训体系、传播体系、激励体系、融入体系、评估体系"八大子体系为主体的企业文化建设规划，包括企业文化战略、企业文化建设实施纲要、分阶段的目标及实施规划等内容。

（3）母子文化融合。随着企业组织规模不断扩张，尤其是兼并重组日益活跃，母子文化融合越发重要。企业需要妥善协调二者关系，在保持母文化严肃性和统一性的前提下，充分发展子文化的独特性和创造性，即坚持共性化基础上的个性化，从而实现母子文化之间的良性互动。这种融合不仅是形式上的简单归并，更是"内化于心、外化于行"的真正融合。

（4）班组文化建设。班组是企业管理工作的"最小细胞"，班组文化是班组的灵魂，是班组活力的源泉。班组文化建设是企业文化融入日常工作、实现企业文化与经营管理融合的有效途径，有利于增强基层职工对企业的认同感，提高组织凝聚力。企业要从班组理念、制度、行为、形象、学习等层面，抓好班组文化建设，充分激发班组的执行力、创新力、战斗力、凝聚力。

（5）企业社会责任体系构建。企业积极履行社会责任，既是深入贯彻落实党的二十大精神，深化国有企业改革的重要举措，也是适应经济社会可持续发展要求，提升企业核心竞争力的必然选择。企业应积极构建企业社会责任体系，积极践行ESG理念，主动适应、引领国际规则标准制定，促进企业不断优化管理，提升管理水平，更好地推动可持续发展。

（6）国际传播能力提升与形象管理。随着经济全球化和世界经济一体化，中国企业总体被关注度不断提高，但并未获得与其经济实力相匹配的国际话语权。企业需要进一步加强企业文化案例总结与提炼，强化国际传播能力，提高跨文化融合能力，建构良好的企业品牌、声誉和形象，讲好中国企业故事，创新国际传播，促进文化交流和文明对话。

第三节 迎接"难学习"与"大学习"的挑战

世界百年未有之大变局之发展新难题、中华民族伟大复兴的战略全局之历史新方位、国有企业改革深化提升行动之发展新任务以及中国企业高质量发展瓶颈问题，赋予了新时代中国企业组织学习新的历史使命——以高质量学习推动企业高质量发展，以中国式现代化全面推进中华民族伟大复兴。无论是内外部环境的严峻性、复杂性与不确定性，艰巨繁重的改革发展稳定任务，还是高质量发展进程中不断涌现的新课题，其带来的变革程度之激烈、变革影响之深远、变革周期之漫长，皆是前所未有的，都对企业的组织结构、治理体系、管理方法、商业模式、企业文化等带来巨大冲击，对个人素质与组织能力提出更高要求。与此同时，伴随着科学技术日新月异、信息数量急剧增长，知识动态更新周期大大缩短，各种新知识、新情况、新事物层出不穷。"难学习"与"大学习"时代的到来，给中国企业的组织学习带来巨大挑战，因为组织学习从根本上要做的就是应对"本领恐慌"、建强人才队伍、推动组织变革、解决发展问题、适应环境变化、激发创新活力，从而实现企业高质量发展。

我们要客观清楚地认知到，过去的外部环境相对稳定，企业的组织学习侧重于岗位胜任力、团队职业化能力和任职资格能力的提升，组织学习力的提升跟不上公司战略调整与高质量发展的步伐，普遍呈现出学习缺乏系统性规划、学习理念落后、学习共识度不够、应急式学习偏多、重复低质学习内容较多、学习主观能动性不够、投入产出比偏低、传统学习模式脱离现实等问题，具体可以总结为三对主要矛盾与八大关键问题。

一、当前企业组织学习面临的三对主要矛盾

中国特色社会主义进入新时代，我国社会主要矛盾已经转化为人民日益增长的美好生活需要和不平衡不充分的发展之间的矛盾。社会主要矛盾的变化导致市场和客户同步迈进个性化时代。矛盾的主体更加复杂，矛盾主体的对立越发尖锐。企业开展组织学习过程中，同样面临着复杂且尖锐的矛盾，例如个人学习与组织学习的矛盾、工作与学习的矛盾、供给与需求的矛盾、个性需求与共性需求的矛盾、培训教育与岗位需求的矛盾、任

职资格教育与学历教育的矛盾、学习投入与实际产出的矛盾、创新与成本的矛盾、定制与复制的矛盾等,其中个人学习与组织学习的矛盾、工作与学习的矛盾、供给与需求的矛盾是三对主要矛盾(见图3-3)。

图 3-3 组织学习面临的三对主要矛盾

(1)个人学习与组织学习的矛盾。个人学习与组织学习的矛盾,从其过程与结果来看,本质上是"强人"与"强企"之间的矛盾。"强人"指的是关注个人的学习与成长,不断提升个人的职业化能力、岗位胜任力与综合素质,促进个人的职业发展与持续成长;"强企"指的是立足于组织新能力建设与人才梯队建设,不断提升组织学习力以及组织整体的创新与创效能力,进而提升核心竞争力,实现企业做强做优做大。理论上,"强人"与"强企"应该高度统一,个人学习是组织学习重要的前提和基础。但是,实际情况是"强人"但并不"强企",即个人的学历、能力整体水平较高,但是企业组织创新创效能力相对较弱。主要原因有两点:一是客观上,过去组织受到外部环境的冲击相对较小,对组织层面的能力重塑和人才梯队建设的需求没有今天这么急迫,企业只需要重点强化个人的岗位胜任力、职业化能力、领导力、执行力等,就能够实现效率和效益最大化,但是在不确定环境背景下,单纯的"强人"已经无法满足组织的能力需求和企业发展要求。二是主观上,学习组织者对组织学习"强企"的认知相对较浅,容易忽略学习规划、学习文化、学习机制等重要的影响"强企"的学习要素,甚至把培训等同于学习,把个人学习的简单叠加等同于组织学习。这就直接导致组织学习缺乏系统的规划、科学的引导和正确的实施，其组织学习的质量与效率自然偏低。个人的学习成长与组织的发展壮大未能形成有机统一，难以达到"强企"的预期目标。

（2）工作与学习的矛盾。工作与学习的矛盾是组织学习过程中最为常见、不可避免的矛盾，常常出现"学习时间'让道'工作时间""应急式或完成任务式培训居多""与其学习还不如多干点工作""系统性培训实施难度大""凭借学习难以解决当前工作问题"等现象，尤其是面对大规模、集中式、周期长的一些学习任务与要求时，组织学习开展工作中的"工学矛盾"更为突出。其原因主要有三点：第一，工作与学习性质的差异直接决定了二者之间必然存在冲突，因为个人工作的主要目的是直接完成岗位职责，并获取物质回报，以维持生活和满足物质需求，而个人学习是通过获取知识、技能，改变态度，提升能力与素质，间接解决工作问题，并追求实现自我价值。二者在短期内难以同时兼顾，容易导致学习主体出现认知偏差，缺乏学习主动性，给组织学习的开展，尤其是学习文化的建设，造成一定障碍。但是，我们也要清楚地认知到，无论是个人学习，还是组织学习，都是为了提升自我和组织能力，最终都是为了解决工作难题、应对环境变化。第二，客观上，由于学习带来的临时性岗位调整，会造成工作安排或工作任务完成等方面的困难，尤其是部分岗位的特殊性质更是让"工学矛盾"难以避免，如身兼数职且工作任务繁重的企业管理高层人员，很难抽出时间参加培训活动或脱产学习，一些专业性极强的技术类人员，其工作岗位可替代性很小，几乎无法"脱身"去参加集中式的学习活动。第三，组织学习实施过程中，部分企业存在学用结合不紧的问题，加剧了"工学矛盾"的产生，主要表现是学习内容与工作实际需求结合度不高，理论性内容、常规性内容、重复低质性内容居多，针对性与实效性不够，难以指导工作或解决问题，从而影响个人对学习的兴趣与信心，导致其逃避学习。

（3）供给与需求的矛盾。供需矛盾一直是组织学习当中极其重要的一对矛盾。2023年，中共中央政治局审议通过的《干部教育培训工作条例》《全国干部教育培训规划（2023—2027年）》，就特别强调要推动干部教育培训供给与需求精准匹配。而且，干部教育培训的供给能否精准匹配组织需求、岗位需求、干部需求，是决定干部教育培训质量高低的关键因素。企业的组织学习供需矛盾，主要指内外部的学习服务和资源供给不能精准匹配组织学习与个人学习需求，具体又表现为学习供给与个性化需求匹配问题、学习内容与工作实际需求匹配问题、学习方式与学习群体特征匹配问题、人才培养与岗位需求匹配问题等。该矛盾主要产生于需求侧与供给侧两端。从需求侧来看，由于复杂环境变化、技术与知识的深度融合、新生代员工个性突出、不同层级、不同业务条线学习主体需求差异较大等原因，对学习供给的及时性、针对性、实效性、创新性、差异化等要求越来越高。例如，时代变革、技术变革不仅对组织学习的知识的系统性、碎片化、趣味性、更新速度、呈现方式等提出更高要求，还对学习模式的创新性、有效性提出更高标准。从供给侧来看，学习供给能力、供给水平跟不上个人及组织学习需求变化，难以满足个性化需求，也难以实现需求的精准匹配。例如，一些共性的、缺乏定制化研究与设计的课程内容，难以满足不同层级、不同业务条线员工的差异化需求，一些传统且缺乏实践性的学习方式，难以满足员工解决工作中实际问题的需要。无论是社会层面的供需矛盾，还是企业组织学习的供需矛盾，其矛盾的主要方面都在供给侧。

二、当前企业组织学习存在的八大关键问题

"哪里有没有解决的矛盾，哪里就有问题。"[①] 个人学习与组织学习的

[①] 毛泽东. 毛泽东选集：第3卷. 2版. 北京：人民出版社，1991：839.

矛盾、工作与学习的矛盾、供给与需求的矛盾，必然衍生出大量的组织学习问题，涉及学习规划、学习理念、学习内容、学习形式、学习机制等方面。本书基于大量的调研数据与统计分析，依据问题的重要性及其影响程度，梳理出了企业组织学习推进过程中普遍存在的八大关键问题，这些问题是影响企业高质量学习的关键要素，也是制约"强人""强企"并举的重要因素（见图3-4）。

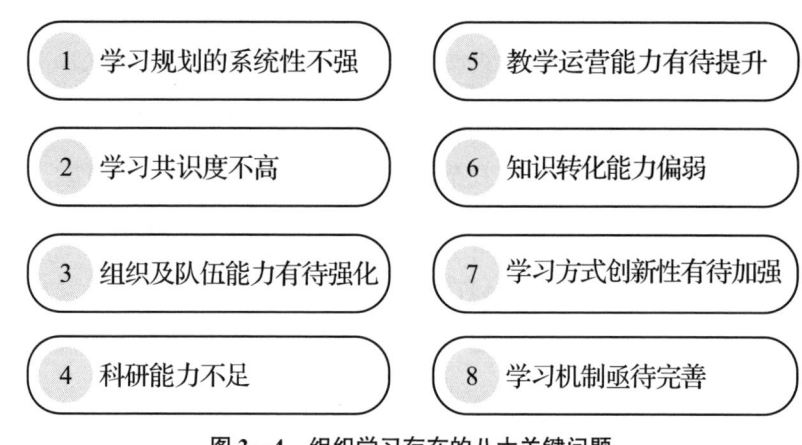

1 学习规划的系统性不强	5 教学运营能力有待提升
2 学习共识度不高	6 知识转化能力偏弱
3 组织及队伍能力有待强化	7 学习方式创新性有待加强
4 科研能力不足	8 学习机制亟待完善

图3-4 组织学习存在的八大关键问题

（1）学习规划的系统性不强。学习规划是以"组织学习力提升"为主线，支撑公司战略发展、人才队伍建设的长周期、系统性学习规划，是企业全面推动高质量学习的顶层设计。目前，大量企业缺乏战略性的学习规划，即便有规划，也是以年度培训计划为主，对企业发展的战略支撑略显不足。具体表现为与公司战略规划、人才发展规划结合度不高，与党的建设、经营管理等关键要素的融合度不高，各关键部门协同参与度不高，缺乏科学的组织学习力评价，缺乏可持续的长效激励机制与管理机制，未能统筹考虑组织学习各关键要素。主要原因有两点：一是学习组织层面对学习规划重要性的认知不到位，在组织机构设置、学习计划制订等方面，都没有从战略层面进行思考与筹划。二是客观上缺乏科学系统的学习规划编制指导和成熟的实践经验。即便有一些可供借鉴的学习体系构建经验，但由于各企业所处战略发展阶段、所处行业背景、所拥有的人才队伍等差异较大，仍然需要专业评价、深度分析，制定符合实际的学习规划，探索具有自身特色的高质量学习体系构建路径。

（2）学习共识度不高。学习共识度是指企业各部门及全体员工对公司战略、企业文化、学习理念、学习目标、学习方法、学习路径等方面的认同度。高度的学习共识是一个企业高质量开展组织学习的重要前提，也是企业建立共同愿景、形成强大凝聚力与良好学习文化的基本要求。在学习共识度方面，目前企业主要存在两个突出问题：一是对学习理念的认同度还有待提高，具体表现为对学习的重要性、学习愿景、学习价值观等方面的认知未能达成高度一致，这些问题直接导致学习的主观能动性差，而且无法形成基于共同愿景的学习文化。二是对组织学习的计划与实施路径尚未达成共识，具体表现为企业没有统一的长周期学习规划或各部门未能有效执行公司的学习计划，而且大家对内部组织学习采取的技术、方法与工具等，未能同步吸收和转化，学习能力参差不齐，导致各部门在组织学习过程中无法协调一致，更不能高效进行团队学习，实现知识在组织内部的有效获取、传递、吸收与转化。这些问题背后的根本原因，是组织层面围绕组织学习的核心价值、组织学习规划、组织学习方法论等内容的宣贯和学习相对落后或效果较差。

（3）组织及队伍能力有待强化。学习组织主要包括企业开展组织学习的组织机构、组织成员、服务队伍等，是企业开展高质量学习的组织保障与人才支撑。当前企业学习组织主要面临两个方面的问题：一是战略支撑性有待强化。虽然说目前多数企业的学习组织，已经具备比较规范、专业并走向"生态"的特征，但是其战略作用发挥和学习的引领性略有不足。例如有的培训中心在企业组织当中的战略地位并不高，直接影响其战略支撑功能，有的由于核心能力不突出、品牌影响力不够大，又没有战略性的学习规划，学习效果未能达到预期，导致学习组织的整体功能作用无法充分发挥。二是队伍建设有待加强。目前，多数企业的培训中心或学习组织机构，基本上都有完善的管理队伍、师资队伍、科研队伍、教学服务队伍等，但是在管理的精细化、科研的创新性、服务的专业化水平等方面有待提高，组织体系以及符合自身特色的学科体系建设有待进一步完善，同时缺乏一批高素质专业化人才，尤其缺乏具有较强自主研发能力的科研人员、优秀的内训师（包括学习教练、催化师）、专业化的教学运营人员以及懂研究、教学、党建、公司业务、内部管理的复合型人才。

（4）科研能力不足。科研能力主要指从需求调研到内容开发，再到学习项目实施、评估反馈的整个组织学习过程中应具备的科研能力，是学习供给能力的核心要素。目前，企业组织学习科研能力不足主要体现在以下三个方面：一是学习需求研究方面。关于学习需求，有的企业依据能力素质模型、岗位需求来开展调研工作，有些企业则是设计简单的课程需求清单进行调研。无论哪种方式的调研，其主要分析对象还是学习个体本身，并没有从组织角度深层次、系统性评价组织学习现状。二是学习内容设计方面。缺乏科学的调研与需求分析，容易导致学习内容与实际需求相去甚远；缺乏专业的案例研究及课题研究能力，自主创新类的课程相对较少；缺乏集成式的系统性研发能力，即没有按照学科建设标准、企业实际应用需求，形成体系化的课程内容、知识结构，与组织需求、岗位需求、个人需求匹配度不高。三是学习方法论探索方面。缺乏实践性强的学习技术与工具，缺乏对组织学习路径与模式的自我总结与提炼。例如，面对西方组织学习理论"水土不服"等问题，我们亟须加强中国特色组织学习路径与模式的实践探索与理论研究，涉及需求调研、内容设计、项目实施等各个方面。科研能力不足的根本原因往往是创新意识跟不上组织学习趋势变化，科研团队专业化能力滞后于组织学习力提升的需求。

（5）教学运营能力有待提升。教学运营并非传统意义上的教学服务，还包括教学研究、教学实施、教学质量管理、教学资源运营等工作内容，是组织学习实施的关键环节与质量的根本保障。目前，企业教学运营的能力短板主要有三个。一是教学研究能力跟不上需求变化。由于受环境影响冲击较大，学习需求端对知识更新的速度、知识的复杂性与系统性、知识的应用性提出较高要求，部分企业在学习需求研究、学习内容开发、学习方案制定等方面明显力不从心，与此同时，在教学技术、方法等方面的研究力量较为薄弱。二是教学效果评估科学性有待提高。目前多数企业的教学效果评估以教学过程评估和课后学员反馈评估为主，从组织层面、学习应用结果层面进行的评估相对较少，然而这对于教学质量保障至关重要。其中，教学效果评价指标体系的构建一直都是一个难点，需要强有力的研究支撑。三是教学资源运营能力尚有提升空间。传统的教学工作更关注"服务"二字，较少从教学体系这个角度思考整体教学资源的配置与运营工作。内外部师资、教学人才、课程库、知识库、研学资源、教学服务供应商、技术等资源的整合、盘活与利用，对于节约成本、提高学习质量与效率都是极其重要的。由此可见，影响教学运营能力的主要因素是企业缺少强有力的学术力量和开放性的市场思维。

（6）知识转化能力偏弱。知识转化强调显性知识和隐性知识间的社会化、外部化、组合化和内部化过程[1]，其转化能力主要体现为两个层面，一

---

[1] 日本学者野中郁次郎和竹内弘高提出了知识转化模型（SECI model），指出知识在社会化（socialization，S）、外部化（externalization，E）、组合化（combination，C）和内部化（internalization，I）四个阶段螺旋上升，以及隐性知识和显性知识相互转化，存在知识传播、共享和创造过程。显性知识，即能够以书面文字、图表、数字和公式等形式加以表述的知识；隐性知识，即难以用言语或其他形式表述的非信息知识，往往是存储在个体头脑中的记忆、经验、技术、感受等。此二者相互作用、相互转化。隐性知识向显性知识的动态转化是核心，也是知识生产最直接和最有效的途径。

是把知识应用于实际工作实践中，二是把知识资源转化成知识资本与市场竞争力。知识转化能力是企业知识管理的重要能力要素之一，也是检验组织学习力强弱的重要指标之一。它不仅对企业知识管理效率和有效性产生直接促进作用，也有利于企业充分挖掘知识资源的潜在价值，为企业生产经营和创新活动提供知识基础和智力支撑，尤其是在推动组织创新、提升核心竞争力、促进绩效改善方面具有不可替代的价值。目前企业组织在知识转化方面普遍存在的问题是知识管理体系支撑性不强、知识成果转化率偏低。知识管理体系方面，主要问题是对复杂知识与信息的加工处理，如学术编码、学科分类、应用分类、案例总结等的处理能力较弱，尤其是对内部积累的经验成果、与外部交互形成的知识信息的梳理、总结、提炼明显能力偏弱，因此原创的课程体系、"拿来即用"的知识体系相对较少；知识成果转化率偏低，主要表现为知识与实践应用结合度不高、自主创新成果产出率不高、学习投入产出比较低，通过知识转化形成的能广泛应用到实践中的原创成果或知识产权偏少。

（7）学习方式创新性有待加强。学习方式是指企业教育培训活动采取的各种线上与线下学习形式，以及与学习型组织建设直接相关的团队学习法、行动学习法、结构化研讨等学习方法或学习技术。近些年，随着企业组织学习模式的不断探索与创新，初步体现出系统性、融合性、互动性与实践性的特征，但是，企业仍然需要在三个方面实现新的突破。一是线上与线下融合学习模式。这是近几年企业重点关注的学习方式之一。技术与学习内容、形式、机制的融合并非易事，实际学习效果也不太理想，教学管理更是极具挑战性，成为学习组织者的一大困扰。二是实践性学习方式。这是最受欢迎的学习方式之一，最具代表性的有内外部标杆案例学习、课题融入式学习等。由于此类学习方式对组织者、学习主体都有较高的专业性要求，包括掌握相应学科专业基础理论、案例研究方法论、课题研究分析工具等，给实践性学习模式的正常应用及实际效果产出都带来较大的影响。三是学习型组织建设相关的原创学习技术与方法。中国企业的茁壮成长，具有中国特色的组织学习环境、文化土壤、组织结构与机制等，党的组织学习历史经验和企业自身实践经验，决定了中国企业必然要探索原创的组织学习理论、技术与方法。

（8）学习机制亟待完善。学习机制包括教学管理机制、学习创新激励机制、学习与员工职业发展、绩效考核、薪酬等结合的机制，其主要作用是保障教学质量、激励组织创新、促进员工成长，是企业组织学习常态化开展的基本保障，本质上体现了整个组织学习体系的内在联系、功能和运行原理。目前多数企业在学习机制方面，主要存在以下三个方面的问题。一是教学管理体系不够完善。其具体表现为基本上拥有较完善的基础性教学管理制度，但是关于学习需求调研的机制、学习内容的研发机制、学习资源的运营机制、组织学习整体效果的评估机制相对较少，尤其是缺乏科学完善的教学质量评估指标体系、科研标准与流程、教学实施标准与流程、评估反馈结果应用机制等。二是学习创新激励效果略显不足。目前，多数企业在教育培训和人才培养方面给予了充足的投入，企业干部人才队伍越发强大且能力素质大大提升，但是组织的创新创效能力同世界一流企业仍有差距，学习激励机制不完善和激励效果不佳是重要原因。三是与党组织学习机制的结合有待加强。一方面，这与组织机构设置或部门分工有关，例如有的企业中，党建工作条线与组织人事条线是平行设置的，这就容易造成党组织学习与组织学习的工作存在不统一、资源重复或浪费等现象。另一方面，与党组织学习相关制度及要求的融合度不够，例如组织学习与干部教育培训规划、党史学习教育要求、主题教育要求等的结合有待加强。

三、当前企业组织学习应重点关注的十个课题方向

如何从纷繁复杂的问题中抓住主要矛盾，并把握好矛盾的主要方面，乃当务之急。本书基于高质量学习理论体系、部分企业的组织学习力评价结果、部分企业的组织学习现状调研结果、组织学习理论及实践发展趋势，梳理出当前企业组织学习应重点关注的十个课题方向。

一是高质量学习规划编制，制定具有战略支撑价值的长周期、系统性学习规划，为高质量学习体系构建做好顶层设计；二是构建分级分类人才培养体系，以"组织学习力提升和人才梯队建设"为重点，提出分级分类的针对性解决方案，系统提升组织的创新创效能力和人才的价值创造活力，实现既"强人"又"强企"；三是学习组织体系建设与完善，进一步明确组织角色定位，持续完善组织结构与功能、健全组织机制、优化组织流程、建设专业队伍，实现运营体系的专业化与全方位专业化学习赋能；四是打造动态完善的知识管理体系，重点围绕课程、基础理论、标杆案例、管理工具、内部资料、外部学习资源等内容，构建具有企业自身特色的动态更新的知识管理体系；五是创新探索高质量、高效率的学习模式，通过探索科学技术与组织学习的深度融合、提高学习本领、总结中国特色组织学习模式，实现组织学习范式的创新与突破；六是学习文化塑造与学习品牌建设，从组织学习理念、制度、行为、形象等维度加强学习文化建设，结合学习型党组织建设，营造全员参与、内外互动、文化认同的组织学习环境；七是培训效果评价体系构建，注重个人与组织相结合、过程与结果相结合、财务指标与非财务指标相结合，建立科学完善的培训效果评价体系；八是结合大模型的组织学习创新与变革，运用大模型技术重构企业内部各生产要素的组织逻辑，探索解决组织学习领域的关键问题，促进组织学习模式创新和组织学习系统性变革；九是高质量学习生态圈建

设,以"走出去"连接内外部资源、搭建"无界"学习平台、进行内外部互动学习,共同构建基于"共识、共建、共创、共享、共生"的高质量学习生态圈;十是基于高质量学习的方法论研究与应用,全面推进高质量学习,注重案例梳理、经验总结、理论提炼,持续探索中国式组织学习路径与模式。

小　结

适应环境变化与内部变革调整是组织学习的重要价值,因此深入透彻分析内外部环境,理性认识组织学习面临的时代挑战,是我们进行组织学习理论与实践探索的重要前提。

从中国企业高质量发展面临的外部大环境来看,我们正面对世界经济增速放缓、全球价值链重构、数字经济加速演进等世界百年未有之大变局之发展新难题,正处于中国式现代化、高质量发展等中华民族伟大复兴的战略全局之历史新方位,正承担提高核心竞争力、增强核心功能、治理体系和治理能力现代化等国有企业改革深化提升行动之发展新任务;从中国企业高质量发展面临的内部环境来看,我们在党的建设、战略、组织、机制、创新、人才、文化等方面,有诸多工作要点;从中国企业组织学习的发展现状来看,我们正面临个人学习与组织学习、工作与学习、供给与需求三对主要矛盾,存在着学习规划系统性不强、知识转化能力偏弱等关键问题,需要在高质量学习规划编制、构建分级分类人才培养体系、打造动态完善的知识管理体系等课题方向寻求新的突破。

从国际到国内、从战略到学习、从组织到个人、从供给到需求,来自各层面、各领域深刻且复杂的变化,给我们今天的组织学习带来全新的问题与挑战，我们正经历着一场前所未有的学习变革。未来组织学习该如何有效化解这些矛盾与问题，实现学习高质量与高效率？组织学习又该如何更好地支撑企业推动高质量发展，实现战略目标并融入"两个大局"？如何以高质量学习推动企业高质量发展，成为当前组织学习面临的核心命题。

问题是时代的声音，回答问题并指导解决问题是理论的根本任务。因此，当务之急是重新审视组织学习理论，并从历史实践中挖掘理论成果，结合现实需要探讨组织学习理论发展的新方向、新内涵与新要求。

第四章

重新认知组织学习

从历史和现实来看，组织学习是支撑企业走向未来的重要因素和重要行动，组织学习力是企业面向未来重塑竞争优势的重要能力，更是推动企业高质量发展的动力引擎。然而，面对纷繁复杂的内外部环境、日益剧烈的科技革命与产业变革、艰巨繁重的改革发展稳定任务，中国企业正经历着一场前所未有的学习变革，我们所面临的矛盾、问题的多样性与复杂程度都是前所未有的。例如，个体学习与组织学习的矛盾、工作与学习的矛盾、供给与需求的矛盾尤为突出，学习系统性与战略性不强、知识转化能力偏弱，西方组织学习理论存在"水土不服"现象，大量企业组织学习实践已经处于"无标可对"状态，历史成功经验很多但尚未形成成熟的普适性理论……而要科学回答这些实践中的困惑与问题，需要我们重新思考组织学习理论，回归组织学习的理论特质、实践路径与发展方向，丰富和发展现有的理论，甚至探索出新的理论，以更好地指导新的实践。这也正是理论的生命力所在，即及时回答和解决实践中的困惑与问题。

首先，我们要了解组织学习相关基础理论的演进脉络、常用的组织学习方法与工具，尤其要深刻理解组织学习、组织学习力、学习型组织等关键词汇的内涵及本质特征，也需要重点关注这些基础理论得到了哪些丰富和发展，被赋予了哪些新内涵。

其次，我们要厘清组织学习力与创新力、核心竞争力之间的逻辑关系，并探索组织学习力转化为核心竞争力的路径，以及未来组织学习力能力再造的重点方向。这是我们重新思考组织学习理论的落脚点。

最后，我们要理性思考当前中国组织学习理论的发展现状、典型特征、创新突破、逻辑机理与价值意蕴，试图从根本上回答组织学习实践中的理论指导缺失与发展方向的困惑与问题。

第一节　组织学习理论常识

组织学习理论研究始于克里斯·阿吉里斯和唐纳德·舍恩。学者们通过不断深入研究，对组织学习的基本定义、基本模型、基本特征进行了深刻阐释，组织学习相关基础理论框架不断趋于完善。与此同时，组织学习理论相关技术、方法、工具也层出不穷。从整体性和发展性的视角，概述组织学习理论，把握组织学习理论的核心要义，熟悉常用的组织学习方法与工具，并进一步思考组织学习的新定义与新内涵，是我们重新认知组织学习的第一步。

一、组织学习理论概述

组织学习不仅包含各种交互行为和相互作用，还包含组织内外部环境的影响和组织文化的构建。组织学习过程并非个体学习的简单叠加，而是个体学习、团体学习和组织学习三个学习层面的结合。国内外学者从组织学习的基本定义、基本模型、基本特征三个方面对组织学习理论进行了深入探讨。

（一）如何定义组织学习

"组织学习"是由美国哈佛大学的克里斯·阿吉里斯于 1977 年在《哈佛商业评论》上发表的《组织中的双环学习》中最早提出的，他与唐纳德·舍恩合著的于 1978 年出版的《组织学习：一种行动透视理论》一书中，详细并正式界定了"组织学习"概念。他们认为组织学习是为了促进长期效能和生存发展，而在回应环境变化的实践过程之中，对其根本信念、态度行为、结构安排所作的各个调整活动；这些调整活动借由正式和非正式的人际互动来实现。

彼得·圣吉认为学习型组织是这么一种组织——在其中，大家得以不断突破自己的能力上限，创造真心向往的结果，培养全新、前瞻而开阔的思考方式，全力实现共同的抱负，以及不断一起探索如何共同学习。他认为面临变化剧烈的外在环境，组织应力求精简、扁平化、弹性因应、不断自我再造，以维持竞争力。

迈克·佩德勒（Mike Pedler）认为学习型组织是能够推动其所有成员学习，并能够不断促使自身变革的组织。

迈克尔·麦吉尔（Michael McGill）将学习型组织定义为能够通过改变信息处理和评估的规划、方式来适应新的信息要求的一个团队。

马克·道奇森（Mark Dodgson）指出，所谓学习型组织就是那些为了提高和最大化组织学习，而有目的地进行学习框架构建和战略设计的组织。

大卫·加文（David Garvin）认为学习型组织是指善于创造、获取和转移知识，并以新知识、新见解为指导，勇于修正自己行为的一种组织。

迈克尔·马奎特（Michael Marquardt）指出，学习型组织是能够有力地进行集体学习，不断改善自身收集、管理与运用知识的能力，以获得成功的一种组织。

周德孚认为，学习型组织是有机的，通过培养弥漫于整体的学习气氛，充分发挥成员创造性思维能力而建立起来的一种高度柔性的、扁平化的、符合人性的、持续发展的组织。

陈国权认为学习型组织是指能够有意识、系统和持续地通过不断创造、积累和利用知识资源，努力改变或重新设计自身以适应不断变化的内外环境，从而保持可持续竞争优势的组织。

冯奎提到学习型组织要充分发挥每个成员的创造性，并试着营造出一种弥漫于团队和组织中的学习氛围，以体现个人价值，提高组织绩效。

张声雄提到学习型组织是能够让成员在组织中持续地开展学习，找到个体生命的意义，实现人生价值，能够通过学习创造自我，扩展创造未来能量的组织。

邱昭良提出组织学习是一个系统化的、持续的集体学习过程，是组织里的个体通过各种途径和方式，不断地获取知识、在组织内传递知识并创造出新知识，以增强组织自身能力，带来行为或绩效的改善的过程。

纵观国内外专家学者对组织学习、学习型组织的概念界定，国外学者主要从学习变革、知识管理技能和文化赋能三个角度来展开研究的，强调学习型组织能持续实现自我变革的优越性，并且重点探讨了学习型组织的构建，国内学者主要基于彼得·圣吉的概念，根据国内学习型组织的具体实践来解读学习型组织的概念。总体来看，对学习型组织的界定都涉及个体或组织的学习过程、组织学习能力的改变和组织目标的实现这三个方面。而组织学习通常被定义为：组织为了适应环境变化、实现发展目标和提升核心竞争力而采取的行动，这些行动围绕着信息和知识技能展开，旨在不断改变或重新设计组织自身，以适应环境的持续变化。

本书结合管理二十余年的组织学习与人才发展服务实践，以高质量学习推动企业高质量发展这一时代命题为切入点，立足于组织的成长与发展、效率与稳定、质量与效益，强调组织新能力建设和人才梯队建设，进一步阐释了组织学习的基本定义：组织学习是组织在适应外部环境变化与内部变革的过程中，围绕知识、信息、数据、技能、思维、理念等，通过组织内外部的持续共同学习，提高组织成员对组织及环境的认知水平，进而对其基本信念和价值观、态度和行为、结构和方式进行调整，从而使其持续提升能力，达到解决发展问题、增强组织韧性、促进创新创效、提高核心竞争力的目的，最终实现组织的价值增长与可持续发展。中国共产党领导中国企业一步步建立现代企业制度，并走上光明的道路，而且党的组织学习实践也对中国企业组织学习产生了深远影响，因此，中国企业组织学习是与学习型党组织建设融为一体的。

纷繁复杂的内外部环境以及新一轮科技革命与产业变革所带来的创造力革命，赋予了新时代组织学习全新的内涵。内部变革（含战略变革、组织变革）、知识、数据、组织文化、创新创效等是关键要素，知识创新、组织新能力建设与人才梯队建设成为组织学习的核心命题。组织学习的根本目的是解决发展问题、增强组织韧性、促进创新创效、提高核心竞争力，基本途径是提升组织学习力、建设组织新能力（组织能力和个人能力），基本特征是组织成员与组织之间的交互行为、组织与外部环境相互作用和组织文化的构建。

（二）组织学习的基本模型

基于组织学习、学习型组织的基本概念，国内外学者根据自己的理论研究、案例总结、服务实践等，分别提出了一些组织学习的基本模型，其中以学习型组织模型为主。

克里斯·阿吉里斯和唐纳德·舍恩的四阶段模型强调组织要作为一个整体进行学习，必须依次完成发现、发明、实施和推广四个阶段。

约翰·瑞定（John Redding）的第四种模型认为组织应以持续准备、不断计划、即兴推行、行动学习四个要素为基本点，完成一次又一次螺旋式上升的发展、变革，同时又为更深刻的变革和可持续发展做好准备。

彼得·圣吉的五项修炼模型提出建立一个学习型组织需要系统地获得自我超越、改善心智模式、建立共同愿景、团队学习和系统思考这五项核心技术。

迈克尔·马奎特的系统化学习型组织模型将学习型组织的特性归纳为学习、组织、人员、知识和技术这五个紧密联结的子系统,这五个子系统彼此相互支持。

陈国权的6P-1B模型由"发现""发明""选择""执行""推广""反馈"这六个阶段(6 processes,6P)和1个"知识库"(1 knowledge base,1B)组成,且模型中组织与其外界环境之间还存在知识的相互交流关系。

于海波等的组织学习整合理论模型中组织学习包括个体、团队、组织层和组织间这四个层次,以及两个信息或知识的流动过程——前馈学习(从个体和团队向组织层次流动)和反馈学习(从组织层向团队和个体层次流动),体现了组织学习是一个动态循环上升的过程。[①]

邱昭良的组织学习鱼模型认为构建学习型组织是一项系统工程。该模型由观念("鱼头")、组织学习机制("鱼身")、组织学习促进与保障机制("鱼鳍"和"鱼鳞")、行动("鱼尾")四部分组成,而企业的外部环境是"鱼"赖以生存的"水"。

综上,国内外学者主要从组织学习的基本理念、循环过程和结构特征三个维度构建组织学习的基本模型。组织学习是共有思维模式下的个体行为的结果。组织学习模型强调个体间的互动过程、个体与社会的互动过程、个体与组织间的系统协同性。组织学习的循环过程大体包括发现、发明、实施、推广、反馈五个阶段。组织学习模型都呈现出系统化、网络化、扁平化、柔性化、无边界化和动态性的结构特征。

(三) 组织学习的基本特征

理论上,组织学习的基本特征是组织成员与组织之间的交互行为、组

[①] 于海波,方俐洛,凌文辁. 组织学习整合理论模型. 心理科学进展,2004(2):246-255.

织与外部环境相互作用、组织文化的构建。实践中,组织学习有哪些基本特征呢?从组织学习的基本定义、基本模型来看,在组织学习理论中占据主流地位的是学习型组织理论及相关模型,而其中对全球的组织学习实践影响最深且最为广泛应用的当属彼得·圣吉的五项修炼模型。因此,我们以五项修炼为基础,提出学习型组织的基本特征(见图4-1)。

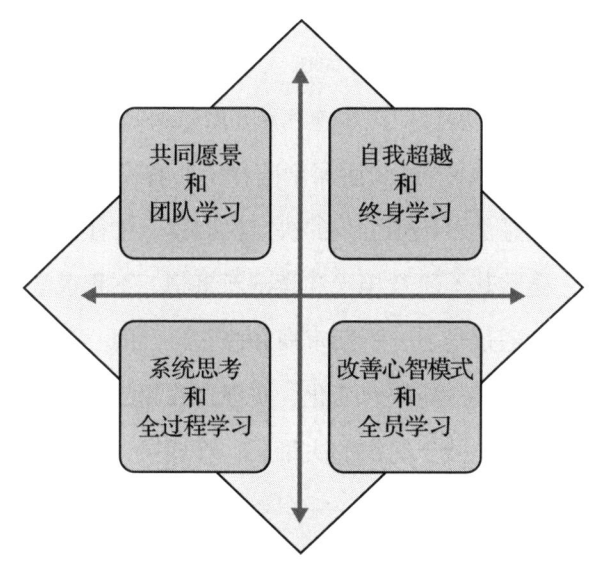

图4-1 学习型组织的基本特征

(1)强调自我超越和终身学习。终身学习是一种内驱力的思维,在学习型组织内,组织内成员都认同学习的重要性、迫切性和实用性,不断完成自我超越,运用终身学习理念,更新思维方式和改善知识结构,创造性地去"打磨"自己的生命,不断了解所面对的现实如何,自身需求是什么,发展目标又是什么。当把愿景和现实放在一起,就产生了所谓的"创造性张力"[1],辅助建立一种有机的、高度柔性的、扁平的、符合人性

---

[1] 彼得·圣吉把"创造性张力"定义为源于个体或组织所处现实与其愿景之间存在的差距,这种差距会形成一种力量,将个体或组织向愿景推动。

的、能持续发展的组织，并为组织带来高度凝聚力、强大适应力与旺盛生命力。

（2）强调改善心智模式和全员学习。心智模式是一个人行为定式、思维定式和潜意识的综合体现，它是个体在成长过程中，基于自身的经验、知识、信念和态度等，形成的一种相对稳定的心理结构和认知框架。因此，心智模式根深蒂固，影响每个人如何观察和思考这个世界以及如何采取行动，不仅影响个体的日常行为、人生走向，还会影响组织的运行状态、组织绩效和未来发展。罗杰·施瓦茨（Roger Schwarz）说过："心智决定行为，行为决定绩效。"这句话深刻阐释了心智模式对组织绩效的决定性作用。心智模式是员工认知上限的决定性因素，往往还会限制其思维创新与积极行为，导致其不愿意接受和尝试新事物，不积极塑造新能力，不主动适应新变化。通过学习，不断审视和修正自己的心智模式，接受新的观念、事物和变革，是适应快速变化、实现自我超越、取得持续成功的关键。在学习型组织内，处于组织的决策层、管理层、执行层、操作层等的每一名成员，都应全心全力学习。组织要根据职务层级和岗位职能，精准地实施教育培训，有针对性地提升全员的综合素质和能力，促进全员改善心智模式，从而增强组织的创新变革与持续发展能力。

（3）强调系统思考和全过程学习。系统思考是指将组织看作一个具有整体性、动态性和时空连续性的系统，这就要求组织和成员要有整体思考、动态思考和本质思考的能力，把组织看作一个有机整体，打破部门间的藩篱，让知识在组织内部自由流动，让原本分散的信息发挥出整体的效果。组织学习都要先识别、获取知识和信息，经过提炼、加工、整理、存储，再通过传递、内化，最后应用、创新。在学习型组织内，学习是贯穿整个组织系统运行过程的重要特征，应将学习融入工作的思考、谋划、执行、评估、总结等阶段。组织系统内部各个部门间协调配合，相互学习，在推进工作的过程中学习，在学习的过程中推进工作，这与我们党组织学习中强调的"坚持在干中学、学中干"是高度一致的。

（4）强调共同愿景和团队学习。愿景是企业为之奋斗的蓝图，是组织成员发自内心的对组织未来的一种远期追求。共同愿景是一个组织或团体中所有成员普遍接受并认同的目标和理想，它是由个人愿景汇聚而成的，高于个人愿景。在学习型组织内，团队是最基本的学习单位，团队学习可以发展出两种共识：一种是向下聚焦共识，通过调动全体成员的积极性，推动大家共同思考讨论，获得比个人独自思考更周全、更合理、更正确的结论；另一种是向上发展共识，这是一种建立在战略规划、人才培养、机制创新、文化赋能、品牌建设基础上的一种高层次共识。基于这两种共识，团队学习能够更好地推动组织所有目标和计划的实现，实现综合效益最大化，提升组织的整体竞争力。

二、常见的组织学习方法与工具

伴随着组织学习理论研究的深入，与组织学习理论直接相关的组织学习方法和在组织学习实践中应用较多、对组织学习及组织变革发展产生较大影响的管理工具大量出现，并在实践中不断创新和发展。其中，与组织学习直接相关的最为典型的是组织学习方法和人才测评模型。

（一）组织学习方法

组织学习方法主要指企业推进学习型组织建设过程中，组织层面所采用的包括组织学习基本模型在内的学习方法、策略和途径，同时涵盖了组织在识别、获取、存储、加工、传递、应用和创造知识的过程中所使用的各种技巧和方式。它们一般是对组织学习理论的具体应用，对提高组织学习力、改善学习质量与效果、促进组织创新与变革起直接作用。下面介绍最具代表性的单环学习法、双环学习法、标杆学习法、行动学习法、团队学习法、结构化研讨等组织学习方法。

单环学习法与双环学习法是由克里斯·阿吉里斯在1991年提出的。单环学习是指发现并立即纠正组织的错误，使得组织能够保持当前的策略，去实现既定的目标。从本质上来说，单环学习可以保证学习行为的进行，但不能保证取得优异的效果。它是一种企业日常技术、生产和经营活动中的基本学习类型，是一种改良性学习、维持性学习，只适用于改善日常工作和学习，属于较低层次的学习。双环学习是创新型学习和认知性学习，它能扩展组织的能力，注重系统性解决问题，适合于组织的变革和创新。双环学习可以提高组织学习效率，以问题反思为切入点，通过对组织准则、目标、战略和价值观的质疑与讨论，发现问题和解决问题，最终改变固有的心智模式，谋求组织行为的根本性改善。我国学者金光熙在双环学习的基础上又提出了三环学习模式，特别强调个人学习如何融入组织学习以及知识管理的价值，即将个人与组织的学习成果补充、提炼、创新，形成新的知识经验，通过组织成员不断地交流与传播，最终实现内外知识的共享，形成第三个学习循环"计划—行动—评价—理解—总结反思—提炼生成—交流传播—计划"，这个过程也是知识的生成、创新、传播与内化的知识管理过程。[①]

标杆学习法，也称对标管理、标杆管理、标杆瞄准或基准管理，起源于20世纪70年代末80年代初美国学习日本企业管理的行动中。最早使用该方法的是美国施乐公司。这是寻找和学习最佳管理案例和运行方式的一种方法，是追赶或超越标杆企业的一种良性循环的管理方法，其实质是模仿、学习和创新的持续改进过程。西方管理学界曾将它与企业再

---

① 李小明. 基于三环组织学习模式的人力资源管理研究. 中小企业管理与科技（上旬刊），2015（3）：57-59.

造、战略联盟并称为 20 世纪 90 年代三大管理方法。该方法具体是指企业将自己的产品、生产、服务等与同行业内和行业外的典范企业、领袖企业作比较,找出差距,借鉴他人的先进经验以弥补自身不足,从而提高竞争力。标杆学习根据类型划分为内部标杆学习、竞争型标杆学习和功能型标杆学习。其途径有标杆案例学习(授课)、案例研究、课题研究、"走出去"学习等。其中应用较为广泛的是"走出去"跨界学习模式,即通过学习标杆企业的工作环境、管理现场、文化等,使学员与标杆企业的管理者思想交叉碰撞,再通过现场讨论、行动学习、课堂学习等多种方法让学员从文化、管理、环境等多维度将自身所在企业与标杆企业进行对比,开阔视野,激发创新,弥补短板,全面提升经营管理能力。中国企业自 2010 年以来开展的对标"世界一流"学习提升行动,也是标杆学习法的典型应用。

行动学习法,又称"干中学",就是通过行动来学习,即通过让受训者参与一些实际工作项目,或解决一些实际问题,来提升其能力与素质,从而协助组织对变化做出更有效的反应。行动学习的理论与方法,最早由英国管理学家雷格·瑞文斯(Reg Revans)于 1971 年在《发展高效管理者》一书中正式提出。行动学习的著名公式为 $L = P + Q$,即学习(L)由结构化知识(programmed knowledge,P)和质疑性见解(questions,Q)组成。目前,行动学习的公式已经被修正和扩展为 $AL = P + Q + R + I$,即行动学习(action learning,AL)由结构化知识(P)、质疑性见解(Q)、反思(reflection,R)和执行(implementation,I)组成。行动学习建立在反思与行动相互联系的基础上,是一个计划、实施、总结、反思,进而制订下一步行动计划的循环学习过程,是一种综合的学习模式,是学习知识、分享经验、创造性研究解决问题和实际行动四位一体的方法。专家们普遍认为这种方法是可以与案例教学方法并列的,是一种理论与实践密切结合的学习发展工具。行动学习法于 20 世纪 90 年代进入中国，起初由中组部培训中心率先发起，先后在部分省份进行实践，此后企业才逐渐开始应用。其中，华润集团是中国最早运用行动学习法的企业之一，其将行动学习法作为企业基本的思想方法和工作方法，并衍生出团队学习法，有效促进了组织的变革与发展。

团队学习法，是具有中国特色的学习型组织建设和发展的方法论，是由中国中化集团原董事长宁高宁历经二十余年，在华润集团、中粮集团、中国中化集团、中国化工集团等企业实践探索得出的。团队学习法通过采用特定的催化流程和技术，营造平等开放的研讨氛围，激发团队智慧，集思广益解决工作问题，达成团队共识并形成问题解决方案。其精髓是一个真实的跨职能/跨层级团队，围绕自身所面对的、企业中真实存在的问题或挑战，应用结构化的流程方法工具，共同研讨，质疑反思，提出方案并付诸行动，之后持续跟进，确保得到成果，并从这一过程中获得能力的提升和团队的融合。当企业经营管理过程中遇到关于领导力建设、组建团队、文化建设、战略制定、流程再造、重塑管理体系、创新转型等方面的问题而进行专项设计时，就可以使用团队学习法。在团队学习中，有四类重要角色，分别是发起者、参与者、催化师和组织者。其核心要素是真实的问题或挑战、有工作关联性的工作团队、程序化研讨流程、开放平等的氛围、发起者全程参与和支持、明确的结果和产出。

结构化研讨，起源于西方国家的成人教育培训，自 2010 年开始在当时的国家行政学院正式应用，并逐步推广开来，且广受欢迎。结构化研讨是我国探索干部教育培训新途径、新方式中的一项重要成果，是指由催化师按照一定的程序和规则，采用相关的团队学习工具，引导学员围绕某一主题多角度、分层次开展讨论，实现集思广益、群策群力、破解难题的一种学习方法。结构化研讨作为一种由行动学习法演化的培训研讨模式，具有目标明确、实践指导性强的特点。行动学习是"学习知识、分享经验、创造性集体研究解决问题、实际行动"四位一体的方法，创造性集体研究解决问题是其中的一个关键环节，而这一环节的重要实现载体就是开展结构化研讨。结构化研讨是"以学员需求为基础，以问题为中心，以学员为主体"的现代培训理念的落地实践，能够很好地贯彻学学相长原则。这一方法既能激发个体的创造性智慧，又能促进参与者形成集体共识。常用的结构化讨论方法有头脑风暴法、团体列名法、鱼骨图分析法、金鱼缸法、六顶帽子法、四副眼镜法等。

（二）人才测评模型

学习型组织的主体内容是提高员工能力和素质，不断增强组织的活力。因此，如何有效提高员工能力和素质、如何有效激励员工，在学习型组织建设中显得尤为重要。人才测评模型可以帮助企业重新定义人才、人才评价维度和人才评价原则，基于科学的人才评价结果，企业人才的识别、选拔、培养与发展才能更加系统高效、有的放矢，企业才能建立核心组织能力，充分发挥人才效能。具有代表性的人才测评模型有马斯洛需求层次理论、胜任力模型、素质洋葱模型等。

1943年亚伯拉罕·马斯洛（Abraham Maslow）提出马斯洛需求层次理论，将人类需求像阶梯一样从低到高按层次分为五种，分别是生理需求、安全需求、社交需求、尊重需求和自我实现需求。在不同组织形态中以及组织发展所处的不同阶段，要针对组织内部员工的差异化需求进行调研评估，从而真正弄清员工未得到满足的需要是什么，然后有针对性地进行激励。

1973年戴维·麦克利兰（David McClelland）提出了胜任力模型，即冰山模型，将人员个体素质划分为冰山以上部分和冰山以下部分。冰山以上部分是个人的外在的基本知识和基本技能，冰山以下部分是个人内在的社会角色、自我形象、特质和动机。冰山模型是一种通过胜任力来评估个人能力的模型，其最大特点是能够深入探析人才的潜力和隐藏的实力，为企业人力资源实践提供了全新的视角和有力的工具，在人才评估、职业发展、组织管理和领导力培养等方面得到广泛应用。

1982年美国学者理查德·博亚特兹（Richard Boyatzis）基于对麦克利兰的冰山模型的深入研究，提出了素质洋葱模型，展示了素质的核心构成要素，并说明了各构成要素可被观察和衡量的特点。该模型把素质描述为层层包裹的结构，最核心的是动机，向外依次为个性、自我形象与价值观、社会角色、态度、知识、技能。越外层的素质，越易于培养和评价；越内层的素质，越难以评价和习得。

（三）其他管理工具与方法

除了上述具有代表性的组织学习方法、人才测评模型之外，与组织学习密切相关的还有知识创新与管理工具、教学技术与方法。知识创新与管理工具，主要有知识转化模型、知识图谱、知识萃取模型或工具（包括案例萃取）、创新思维模型等，其中的创新思维模型包括德尔菲法、思维导图法、SCAMPER法（奔驰法）、世界咖啡法等；教学技术与方法主要有学习金字塔、费曼学习法、加涅九段教学法、布鲁姆教育目标分类法、柯氏四级评估法、案例教学法、情境教学法、翻转课堂、发现式教学法等。

另外，与组织学习相关的管理工具，还包括组织诊断、组织变革、战略分析、人才激励等领域相关的工具与方法。其中，组织诊断类工具中最具代表性的有马文·韦斯伯德（Marvin Weisbord）提出的六盒模型、汤姆·彼得斯（Tom Peters）和罗伯特·沃特曼（Robert Waterman）提出的麦肯锡7S模型；组织变革类工具中较有影响力的有库尔特·卢因（Kurt Lewin）的力场分析法、杰伊·加尔布雷斯（Jay Galbraith）的组织设计五星模型、杨国安的组织能力"杨三角"模型；战略分析工具中使用较多的有肯尼斯·安德鲁斯（Kenneth Andrews）提出的 SWOT 分析法、弗朗西斯·阿吉拉尔（Francis Aguilar）提出的 PEST 分析法（后来衍生为 PESTEL 分析法）、迈克尔·波特（Michael Porter）提出的五力分析模型；人才激励类工具中常用的有克雷顿·奥尔德弗（Clayton Alderfer）的 ERG 理论、戴维·麦克利兰的成就需要理论、弗雷德里克·赫茨伯格（Frederick Herzberg）的双因素理论、维克托·弗鲁姆（Victor Vroom）的期望理论和斯塔西·亚当斯（Stacey Adams）的公平理论。

第二节 从组织学习力到核心竞争力

组织学习的根本目的是提高核心竞争力，实现组织的价值增长与可持续发展，其基本途径是提升组织学习力、获取组织新能力。组织新能力包括组织的战略引领力、创新驱动力、人才发展力、资本运营力、财务管控力、管理变革力、组织健康力、文化内生力等，归根结底是组织的创新创效能力，这是组织学习过程中知识创新的本质要求，也是组织核心竞争力的关键。可见，组织学习力是动力原点，组织创新力是通向核心竞争力的关键通道，而核心竞争力是终点。那么，该如何理解组织学习力、组织创新力与核心竞争力的基本概念，以及三者之间的逻辑关系呢？新时代的组织学习力又有哪些新的内涵呢？

一、组织学习力的新内涵

关于组织学习力，从现有的文献资料来看，从战略角度进行的系统性论述很少，要么是对组织能力有关概念的延伸，要么是从学习技术角度进行相关探讨，甚至是从个人学习力角度拓展，而且关于组织学习力的定义及内涵也没有统一的说法。然而，组织学习力并非仅靠部分学习技术及工具来支撑，也不等同于个人学习力，更不是个人学习力的简单叠加。基于对组织学习、学习型组织等概念的重新思考，结合组织学习力提升相关课题研究和项目实践，本书认为组织学习力是组织在长期整合个人学习能力基础上形成的，精于知识发现、获取、传递、吸收、运用和创造，且能根据新知识、使命愿景与环境变化进行组织战略、思想、行为与结构自我调整的一种本领，具体表现为学习共识力、学习组织力、学习行动力、学习转化力与学习优化力。我们可以从以下三个方面进一步理解其内涵及特征。

（1）组织学习力是基于个人学习力整合而又超越自我的组织能力表现。从定义来看，组织学习力是组织在长期整合个人学习能力基础上形成的，其结果是能够进行组织战略、思想、行为与结构自我调整的一种组织层面的新能力。这种新能力形成的前提条件是全员参与、内外互动、文化认同，这也充分体现了组织学习的基本特征，即组织成员和组织之间的交互行为、组织与外部环境相互作用、组织文化的构建。

（2）组织学习力是基于知识创新的组织能力重塑而形成的一种新本领。从定义来看，组织学习力基于知识发现、获取、传递、吸收、运用和创造，能够根据新知识、使命愿景与环境变化，重构复杂的知识系统，尤其是加快对知识与技能的整合、重构、吸收和转化，且能够融入战略、文化，以不断的知识创新、灵活的组织变革，适应环境的新变化。其中的知识既包括组织外在的结构、制度、组织成员的技能等，也包括组织的文化、组织成员的态度、价值观、思维等非物质的、软性的资源，而且后者更为重要，它们正是与"改善心智模式"直接相关的知识内容。

（3）组织学习力是五种能力的组合，即学习共识力、学习组织力、学习行动力、学习转化力与学习优化力，最终表现为组织的核心竞争力。学习共识力是组织学习力提升的根本前提，是组织上下基于战略、文化、学习目标、学习理念的一致性所形成的系统思考与团队共识能力；学习组织力是组织学习力提升的重要保障，是确保组织学习活动高效开展的组织保障与整体运营能力；学习行动力是组织学习力提升的基础能力，是个人及组织的学习自我驱动能力和组织内部的知识获取与传递能力；学习转化力是组织学习力提升的核心动力，是组织的知识集成能力、成果转化能力和学习应用能力；学习优化力是组织学习力提升的集中体现，是基于学习共识力、学习组织力、学习行动力、学习转化力所形成的合力，产生的组织自我完善能力和推动组织变革与发展的能力，也是企业核心竞争力的重要表现。

二、组织学习力转化为核心竞争力

从组织学习力的新内涵来看，知识创新、能力重塑、核心竞争力等是其中的关键词，也是我们需要重点探讨的内容，即组织学习力与组织创新力、核心竞争力之间的逻辑关系，以及组织学习力转化为核心竞争力的路径。因此，先了解创新、组织创新力、核心竞争力等基本概念，有助于我们更好地理解其背后的本质特征及内在逻辑。

（一）创新、组织创新力与核心竞争力

现代创新理论的提出者约瑟夫·熊彼特（Jospeh Shumpeter）认为，创新就是建立一种新的生产函数，也就是说把生产要素和生产条件的新组合引入生产体系，进而形成新的生产能力，最终获得潜在利润。"现代管理学之父"彼得·德鲁克（Peter Drucker）认为，目标明确的创新源于周密的分析、严密的系统和辛勤的工作。他还指出，基于知识的创新是一种最重要的创新，这种创新是企业家精神中的"超级明星"，其中知识的创新

不仅基于某一种知识,而是几种不同知识的融合,而且这些知识不全是科学知识或技术知识。在《为未来而竞争》一书中,加里·哈默尔(Gary Hamel)提出的创新不仅指开发新产品和采用新技术,还指产生新观念。他认为观念创新在经营管理中更重要更有效,它要优先于开发新产品和采用新技术。可见,任何企业的创新都需要在一个系统组织中进行,并在组织内部形成功能互补、良性互动、开放共享的创新格局,而且都是基于生产要素与生产条件的新组合而形成的革命性创新,并带来新的价值,其中的知识要素尤为重要。

组织创新力,是指组织通过调整优化组织结构、运营流程、技术方法、管理理念、资源配置等,在内部成员协同下产生创造性思想、创造性活动和创造性成果,以主动适应动态变化环境的能力,其创新能力体现在技术创新、组织创新、管理创新、商业模式创新等方面。组织创新力应该包括感知洞察能力、资源整合能力、创新变革能力与新价值创造能力。感知洞察能力是组织对宏观政策、科技革命、产业变革、行业格局、消费趋势、需求变化等外部环境的敏锐感知力、洞察力和灵活应对能力;资源整合能力是组织根据动态变化的环境对现有资源、技术与能力进行合理调整和配置的能力,其本质上是生产要素与技术条件重组的能力,既包括内外部资源的整合与重构,也涵盖知识创新的能力再造;创新变革能力主要指组织通过识别环境及市场需求变化,整合内外部资源,进而促成组织战略、组织结构和商业模式的突破性创新,不断为组织变革与发展注入活力;新价值创造能力主要指组织创新变革所形成的创造性思想、创造性活动、创造性成果,能够为顾客带来新价值,这是组织创新的根本价值所在,也是企业存在的唯一理由,正如彼得·德鲁克所说:"企业的终极目的,也是经济活动的终极目的,即创造客户。"

核心竞争力,由加里·哈默尔与C.K.普拉哈拉德(C.K.Prahalad)在

《公司的核心竞争力》一文中首次提出，标志着企业核心竞争力理论的正式提出。他们认为，核心竞争力是企业所特有的、难以被竞争对手复制和模仿的技术或能力，它们能够经受住时间的考验，具有延展性，能够为企业带来长期的竞争优势。该理论进一步强调了核心竞争力的四个标准，即价值性、稀缺性、不可替代性和难以模仿性。该理论有一个重要的突破，就是较以往相关理论更好地解释了成功企业竞争优势长期存在的原因，其核心观点是：竞争优势并非源于产业链和价值链中企业之间的关系，而是对难以模仿的知识、技能、资源与核心能力的占有。核心竞争力是在组织内部经过整合的知识和技能，它是企业持续竞争优势的源泉。该理论也很好地回答了组织学习与核心能力、竞争优势之间的关系。可持续的竞争优势需要组织至少占有一种核心能力，且比竞争对手更加持久地创造出核心竞争能力，唯有如此，组织才能适应迅速变化的市场和环境。核心能力创建通常有两条途径，一是开发和学习新的能力，二是强化现存的能力。这两种途径都必须通过组织学习来完成，因为核心竞争力本质上就是一个以知识、创新为基本内核的关键资源或关键能力的组合，是能够使组织在一定时期内保持持续竞争优势、获得稳定超额利润的动态平衡系统。

（二）企业竞争优势真正的本源

从创新、组织创新力、核心竞争力的基本概念、内涵、特征来看，其来源的共性特征都是知识的整合与创新，而且这种力量来自系统性的组织。显然，组织学习是促进组织创新、提高核心竞争力的唯一途径，因此，可以说组织学习力是生成组织创新力和核心竞争力的核心动力。

但是，从组织学习力到组织创新力，再到核心竞争力，是一个动态而又复杂的过程，并非一条直达的路径。组织学习力转化为核心竞争力，是怎样一个过程？又该如何理解这一过程及三者之间的逻辑关系呢？

回归组织学习力的本质，组织学习力是基于知识创新的组织能力重塑而形成的一种新本领。其核心在于具备一个整合的、动态的知识系统，其形成过程就是知识的获取加工、存储积累、传播共享与应用创新的过程，为组织创新力的催生提供知识基础。从组织学习的本质要求来看，一方面要把握组织成员和组织之间的交互行为、组织与外部环境相互作用和组织文化的构建这三个基本特征，来开展全员参与、内外互动、文化认同的组织学习；另一方面要把握组织学习解决发展问题、增强组织韧性、促进创新创效、提高核心竞争力的根本目的，要不断获取知识，在组织内传递知识并创造出新知识，不断改善组织收集、管理与运用知识的能力，突破组织的能力上限，拓展组织思维方式，培育组织新能力，再造组织发展的新动能和新优势，并获取一种面对各种问题持续改善的能力，这实质上就是系统性的组织创新。也就是说，组织学习的整个过程也是组织创新力形成的过程，组织创新力是组织学习力通过自然过程形成的必然结果。组织创新力是一个组织核心竞争力最直接的体现，也是核心竞争力的根本动力，其过程强调识别环境与市场需求变化，整合与重构内外部资源，不断开展创新活动，形成组织结构、技术、产品和服务、业务流程和商业模式的创新，成为核心竞争力的主要来源。可以说，组织创新力是组织学习力转化为核心竞争力的核心枢纽（见图4-2）。

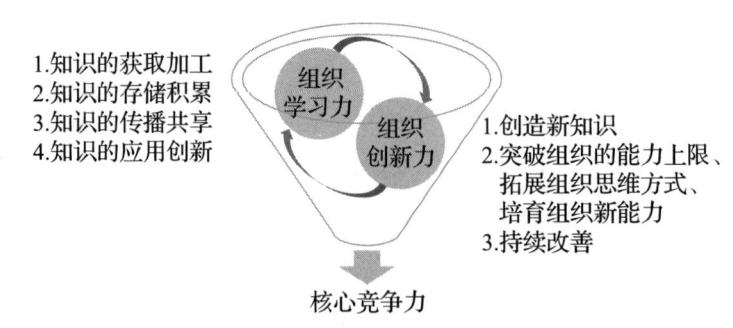

图4-2 组织学习力转化为核心竞争力

与此同时，组织创新力的提升，尤其是整体人才队伍在感知洞察能力、资源整合能力、创新变革能力、新价值创造能力等方面的提高，必将带来组织学习理念、内容、方法、形式、机制等方面的创新，促进组织学习力进一步发展和升华，进而推动组织创新力的再提升，为核心竞争力的培育提供不竭动力与优势支撑，形成一个相互促进、动态发展的体系，使组织获得源源不断的竞争优势。可以说，组织学习力和组织创新力形成的动态核心竞争力是企业竞争优势的本源。

从实践来看，纵观国内外世界级优秀企业，其组织学习力都很强，正如彼得·圣吉所说："基业长青的公司都是学习型组织。"这些企业包括苹果、谷歌、华为、海尔、腾讯、阿里巴巴、字节跳动等。其组织学习，往往都具备全员学习行动力强、拥有生态性学习平台、知识管理及转化能力强、创新成果（含案例及课题成果）输出多、组织变革能力强等特征，成为企业创新的"肥沃土壤"，也是企业获取持续竞争优势、主动适应环境变化的动力来源。

综上所述，组织学习力是组织创新力和核心竞争力生成的核心动能，组织创新力是组织学习力转化为核心竞争力的核心枢纽，组织学习力和组织创新力形成的动态核心竞争力是企业竞争优势真正的本源。

三、新时代组织学习力再造

随着中国特色社会主义进入新时代，"创新"和"变革"赋予了学习全新的内涵。站在新的历史起点上，数字化学习、个性化学习、跨界学习、实践学习、多学科融合、生态式学习，已经成为组织学习发展的显著趋势，组织需要持续探索和实施新的学习实践，来确保自身在激烈的市场竞争中保持领先地位。基于中国企业组织学习历史和中西方组织学习理论，本书结合组织学习方面的课题研究结论，从理论发展、战略把握、系统实施、创新驱动、聚焦问题、共建生态六个维度，提出新时代组织学习力再造的关键因素和重点方向。

（1）厚植理论优势，注重学习型党组织建设。学习型组织等组织学习理论，是在西方管理学理论和组织现实发展需要的基础上产生的一种新兴的管理理论和组织管理模式。我们在汲取西方先进的组织学习理论、方法与工具的基础之上，必须结合我国实际，探索本土化的理论体系和操作策略，形成具有中国特色的组织学习理论。实践表明，中国企业的学习型组织建设与学习型党组织建设融为一体，这是我们的独特优势，也是我们的成功经验。正如习近平总书记所说："党的历史经验和现实发展都告诉我们，没有全党大学习，没有干部大培训，就没有事业大发展。"[1] 因此，组织学习力的提升，需要加强学习型党组织建设，一方面是继续发挥经验优势，另一方面是为了确保组织学习方向正确。其过程中，要不断总结和提炼具有中国特色的组织学习模式及理论，在实践基础上推进理论创新，厚植源于自主知识体系的理论优势，以更好地指导新的组织学习实践。这对于加强党的全面领导、促进党建与业务深度融合也具有重要意义。

（2）锚定组织战略，强化组织新能力建设。虽然多数企业高度重视组织学习，且在学习型组织建设方面已经摸索多年，但是组织学习的战略引领作用尚未充分发挥出来，组织创新力更是没有充分得以释放，具体表现为缺乏战略性的学习规划、学习共识度不够、学习组织功能定位不高，尤其是过于偏向岗位胜任力、团队职业化能力和任职资格能力的提升。新时代组织学习应当立足于国家、行业和企业的整体战略，以推动高质量发展为出发点，强化学习顶层设计与学习文化建设，统筹考虑党的建设、国企

---

[1] 习近平. 序言 // 全国干部教材编审指导委员会. 新时代新思想新征程. 北京：人民出版社，2019：1.

改革、人才发展、企业文化等高质量发展内涵要求，重点围绕党建、战略、组织、机制、人才、创新、文化等企业经营管理关键要素，找准适应未来环境变化、符合企业发展实际的组织学习路径与模式，打造适应性组织，全面提升组织新能力，进而提高核心竞争力、增强核心功能，重塑组织新动能、新优势与新格局，实现既"强人"又"强企"。

（3）坚持系统思维，构建高质量学习体系。组织学习系统性不强，是影响组织学习力的一个重要原因，也是目前大量企业学习型组织建设过程中存在的普遍问题，主要表现为组织学习各要素考虑不全、与经营管理的融合度不高、全员参与度不够高、学习项目实施质量不均衡不稳定等。这就要求我们从以下三个着力点系统提升组织学习力：一是依据组织学习的关键要素和组织学习力的内涵要求，系统构建高质量学习体系，并以规划引领一切组织学习工作，全面提升学习共识力、学习组织力、学习行动力、学习转化力和学习优化力；二是统筹考虑企业内外部环境、企业高质量发展关键要素、组织学习的三对主要矛盾和八个关键问题，将组织学习置身于"两个大局"中，使其与党的建设、国企改革、人才发展、企业文化等经营管理工作融为一体，相互促进、共同发展；三是坚持制度与文化并重，约束与激励相结合，整体与局部相统一，要求各关键部门深度参与组织学习规划制定、实施、反馈、改进全流程，引导全体员工主动、积极参与和推动组织学习，并统筹兼顾各类学习项目的质量与效率。

（4）聚焦知识创新，重塑组织学习和知识管理新模式。知识创新是新时代组织学习的核心命题之一，组织学习力是基于知识创新的组织能力重塑而形成的一种新本领。因此，聚焦知识创新，是组织学习力再造的内在要求与根本途径，这就要求我们重塑组织学习和知识管理新模式，更加高效地实现知识的整合与创新。具体体现在三个方面：一是形成自我创新完善的"闭环式""生态式""持续式"组织学习体系，整体上为知识创新提供良好的环境条件，并系统性提高知识创造能力；二是变革学习方式，以更聚焦问题解决、更追求实际效果的学习方式，促进学习及实践成果的转化，并不断提高学习效率与收益；三是再造知识管理模式，即重塑知识管理流程，完善知识管理体系，重构复杂的知识系统，强化知识转化能力，促进学习资源充分流动和高效配置，加快知识要素与其他生产要素以及生产条件的整合、重构、吸收和转化，以持续的知识创新、理论创新与方法创新，为组织学习力提升提供动力源泉，并推进组织的变革和发展。

（5）突出问题导向，实施专业化的持续改善。当前内外部环境的剧烈变化，强烈冲击着我们的生活方式、管理方法、商业模式、社会治理模式和全球治理体系，对企业发展方式提出新挑战，对学习的战略匹配度提出新标准，对个人素质、组织能力提出高要求，对学习模式提出大挑战。我们面临着个人学习与组织学习的矛盾、工作与学习的矛盾、供给与需求的矛盾，我们需要解决组织学习的战略支撑力不足、知识转化能力不强、知识更新和知识结构难以满足突破组织能力上限、培训效果评估难以标准化等难题。一方面，我们要建立科学的组织学习力评价指标体系，对组织学习进行全面"扫描"与分析，找出问题与差距，并将组织学习力评价结果作为学习顶层设计的重要依据，给出系统性的问题整体解决方案；另一方面，我们要提高专业能力并建立常态化的持续改善机制，包括掌握专业的持续改善方法与工具、定期评估改进、完善激励机制等。

（6）倡导共建共享，再造高质量学习生态。走向"生态"，是一个企业组织学习发展到一定阶段的必然趋势，更是动荡复杂、创新变革时代背景下企业组织学习的必然选择。具体表现为连接内外部资源、搭建"无界"学习平台、促进内外部互动学习、拥有自我创造性的内容生态体系等，涵盖组织生态、内容生态、资源生态、平台生态等方面内容。这就要求我们构建一个基于共识、共建、共创、共享、共生的高质量学习生态圈，重构一个开源式的知识系统、服务系统，满足适应性组织蜕变的需要。我们需要把握三个关键要素：一是组织结构与文化。生态圈的主体包括企业组织、供应商、高校、教育机构、智库、师资、学员等各类学习参与者，相互影响、相互支撑、相互促进。应当要求全体员工主动积极参与高质量学习生态圈构建，并建立激励性的学习机制、融合性的学习文化，将学习文化理念渗透到企业内外部，营造全员参与、内外互动、文化认同、共建共享的良好环境。二是内容生产。基于生态圈形成企业内部学习资源的集聚系统，实现组织自发地萃取、沉淀、传承与传播知识。三是资源服务。基于生态圈形成企业内外部学习资源的整合系统，即整合内外部的资源与技术，提供全产业链的知识服务，进而打造资源共享、开放式创新的组织学习平台。

第三节 时代呼唤中国式组织学习理论

新的时代呼唤新的理论，新的理论指导新的实践。回顾中国企业组织学习的历史，中国企业是在汲取西方组织学习理论、方法及经验的基础上，充分融入中国特色企业管理思想与模式，发挥自身特色"基因"优势，以组织学习力转化为核心竞争力为主线，在"大学习"实践中不断创新与变革，不仅形成了与中华优秀传统文化、我们党优良学习传统一脉相承的独特学习文化，还初步探索形成了具有中国特色的组织学习模式和理论框架，螺旋式提升组织学习力，为推动组织创新、培育全球竞争力提供了动力支撑。然而，面对世情、国情、党情的深刻变化，面对科技发展、产业变革、知识革命带来的巨大冲击，中国企业高质量发展面临新环境、新问题与新挑战，必须要有新的共识、新的本领、新的优势，尤其是需要新的理论指导新的实践。新的理论包括中国特色企业管理思想、中国式组织学习理论。

一、寻求突破：组织学习理论与实践之中国范式

具有中国特色的组织学习模式和理论框架，是中国特色企业管理思想中的不可分割的一部分。很多企业在组织学习实践中，充分借鉴和应用了中国特色企业管理思想核心内容、中国企业高质量发展关键要素等理论。因此，探讨中国式组织学习理论，我们首先要了解中国特色企业管理思想形成的脉络及主要内涵。

（一）中国特色企业管理思想对中国方案的创新发展

随着世界经济的变革发展，中国企业的管理理念与管理模式从向国外学习，发展到自我总结、自我创新，从公司雏形到科学管理与创新发展，中国企业一直在尝试探索符合自身特色的中国方案，并不断形成中国的管理思想与发展模式。

回溯新中国成立以后中国特色企业管理学的发展历程，大致经历了探索奠基期（1949—1978年）、恢复转型期（1978—1992年）、完善提高期（1992—2012年）、创新发展期（2012年至今）四个阶段。随着党的十八大的召开，中国进入加快完善社会主义市场经济体制和加快转变经济发展方式的新时代，国有企业步入深化改革阶段，民营企业处于跨越发展时期，中国特色企业管理学进入创新发展的新阶段。这个阶段的核心任务就是以习近平总书记重要讲话精神为指导，"按照立足中国、借鉴国外，挖掘历史、把握当代，关怀人类、面向未来的思路，着力构建中国特色哲学社会科学"[①]，体现"继承性、民族性、原创性、时代性、系统性、专业性"的

---

① 习近平. 在哲学社会科学工作座谈会上的讲话. 北京：人民出版社，2016：15.

要求，在不断创新中加快构建中国特色企业管理学，形成具有中国特色、中国风格、中国气派的管理理论模式。党的十九大明确指出，中国特色社会主义道路、理论、制度、文化不断发展，拓展了发展中国家走向现代化的途径，为解决人类问题贡献了中国智慧和中国方案。党的二十大系统擘画了以中国式现代化全面推进中华民族伟大复兴的宏伟蓝图，深刻阐明了沿着中国特色社会主义道路实现现代化、民族复兴进程中所要解决的一系列重大问题。中国式现代化为人类实现现代化提供了新的选择，中国共产党和中国人民为解决人类面临的共同问题提供更多更好的中国智慧、中国方案、中国力量。中国方案是对近代以来西方文明中心论的一种超越，是中国企业在国际化进程中对管理模式的全新选择。把党的领导融入公司治理各环节、强大的党建文化体系、先进的中国特色企业文化理念、个性化的管理思想与经营管理模式这"四大特色"就是典型的中国方案，是中国特色企业管理思想与模式的主要构成内容，也是中国特色企业管理学发展的重要成果。

中国特色企业管理思想与经营管理模式的日渐成熟，是中国企业快速崛起的重要支撑，也是中国企业四十余年改革发展中形成的主要理论成果。中国企业快速崛起的根本原因是什么？这些中国特色企业管理思想与经营管理模式又是如何形成的呢？近年来，国内部分管理学者与实践者，结合中国企业 40 余年的实践摸索，尝试从不同角度进行了回答，其中包括陈清泰、蒋黔贵、赵纯均等的《中国式企业管理科学基础研究总报告》，曾鸣的《略胜一筹：中国企业持续增长的战略突破》，黄群慧的《新中国管理学研究 70 年》，王辉的《辩证领导行为：基于中国传统文化的领导理论与实践》，叶康涛的《兴衰 30 年：中国企业 30 年成败模式》，杨永胜的《全球竞争力培育——新时代中国企业如何高质量走出去》，任正非组织编写的《华为基本法》，宁高宁的《五步组合论》，张瑞敏的《永恒的活火》，宋志平的《三精管理》，何建湘的《企业文化建设实务》（第二版）等。综合来看，中国企业之所以能够快速崛起，其根本原因在于尊重四个重要规律，掌握七项关键能力。四个重要规律是顺应市场经济发展规律及时代变革大势、服务国家战略、发挥党建文化体系的核心作用、创新探索中国特色企业发展模式，七项关键能力是战略引领、管理变革、创新驱动、资本运作、品牌塑造、人才发展和文化建设。[1]

（二）中国企业组织学习的本土探索与创新突破

从自主摸索期到引进吸收期，再到创新突破期，在党组织学习经验与方法的指导下、中国特色企业管理思想与经营管理模式的影响下，中国企业组织学习基于"融贯中西、知行合一"的理念进行本土化探索，在学习组织、学习内容、学习方式、学习机制、学习文化等方面不断推陈出新、总结经验、改进完善，逐步形成了具有中国特色的组织学习模式与理论框架。

具有中国特色的组织学习模式，实质上是实践层面的局部创新突破，是具有中国特色、可供借鉴的典型经验和实践范式。例如，"二元融合"的学习组织形态，即党校与培训中心或人才（干部）学院融为一体；"双向交流"的人才培养，即党员干部队伍建设与企业经营管理队伍建设融为一体；学习内容以理论教育、党性教育、履职能力、知识培训为核心，强调始终坚持用党的科学理论武装队伍思想，同时重点融入中华优秀传统文化、革命文化和社会主义先进文化等内容；独具红色基因的学习方法，主要源于党的学习经验与优势，包括长周期的主题教育、《全国干部教育培训规划》引领下的干部教育培训模式、党委（党组）理论学习中心组学习、"第一议题"、"三会一课"、主题党日、"两学一做"学习教育、红色教育

---

[1] 杨永胜. 全球竞争力培育：新时代中国企业如何高质量走出去. 北京：中国人民大学出版社，2019.

基地体验式学习等；自主探索的学习方式，即结合西方组织学习理念、技术、工具与中国实际本土化实践而形成的特色学习方式，包括团队学习法、对标"世界一流"、结构化研讨等；学习型组织建设与学习型党组织建设融为一体的学习模式，强调加强党的领导，尤其注重干部教育培训与选拔任用相结合，这既是一种特色的学习方法，也是一套成熟的学习机制；与中华优秀传统文化、党的优良学习传统一脉相承的独特学习文化，尤其是形成了重视学习、善于学习的鲜明品格。从组织到文化，从内容到形式，从模式到机制，这些从组织学习不同层面探索形成的创新实践范式，为中国式组织学习理论的形成和发展奠定了坚实的基础，此过程中也催生出一些在局部领域具有代表性的理论模型或方法论，例如杨国安的组织能力"杨三角"模型、宁高宁的团队学习法、国家行政学院探索的结构化研讨、董大海等提出的国有企业高层管理者胜任力通用模型等。

具有中国特色的组织学习理论框架，实质上是理论层面系统性的创新突破，主要指较为完善的具有中国特色的组织学习理论体系，也被视为中国式组织学习理论的雏形或构成部分。例如，商儒企业管理研究院提出的高质量学习理论体系，系统回答了新时代组织学习的内涵、要求与意义，并提出组织学习力提升的路径与方法，在理论上的突破主要体现为重构体系化的组织学习新理论，重新定义组织学习、组织学习力等基础概念，重新定位组织学习的战略地位及核心价值，探索性提出中国特色"基因"。之所以具有中国特色，主要有两点原因：一是该理论体系的重要来源是党独特的学习历史经验和创新理论成果，充分融入了党的基本理论与党的创新理论、中国特色企业管理思想等；二是该理论体系主要来源于我国企业的组织学习本土化实践探索，包括学习型党组织建设、企业学习组织建设（企业大学建设、党校建设）、学习型组织建设、对标"世界一流"、具有中国特色的组织学习模式。

二、"四个必然"：中国式组织学习理论的逻辑与价值

任何理论的形成，都有其理论渊源、实践基础、时代条件和历史底蕴，是多种因素交互作用的结果。中国式组织学习理论也不例外，有中西方管理理论和组织学习理论的应用、本土化实践根基与成功模式的提炼、新发展阶段赋予的新使命、历史经验的总结、深厚文化的支撑，其背后的逻辑与价值主要体现为"四个必然"（见图4-3）。

图4-3 中国式组织学习理论的逻辑与价值

（一）中国式组织学习理论的理论必然

中国式组织学习理论的理论必然主要体现在三个方面：一是具有系统性的跨学科理论支撑。中国式组织学习理论是基于党的组织学习实践及中国企业组织学习实践，引进吸收西方管理思想、方法与工具，不断创新发展而逐步形成的，始终遵循组织学习与人才发展规律，以"组织学习力转化为核心竞争力"为主线，还融合了中共党史党建学、管理学、经济学、心理学、组织行为学等学科理论知识。这是理论创新发展的前提条件。二是充分融入了"中国特色"理论及相关要求。其中包括党的基本理论、党的创新理论、中国特色企业管理思想与经营管理模式等，以及党关于干部教育培训、人才工作的重要论述、文件精神等。这自然为组织学习

理论注入了中国特色"基因"。三是中国式组织学习理论已经初具雏形。经过长期的摸索与发展，目前已经初步形成了具有中国特色的组织学习模式与理论框架，其组织学习模式涉及组织学习各要素且经得起实践考验，其理论框架具有较强的系统性与学理性。"星星之火，可以燎原"，随着中国企业组织学习实践的不断创新、自身理论的进一步丰富和发展，以及中国特色企业管理思想的日渐成熟，必将产生成熟完善的中国式组织学习理论。

（二）中国式组织学习理论的历史必然

中国式组织学习理论的历史必然集中体现在两个维度：一是历史发展的必然。无论是从党的学习历史，还是从中国企业组织学习历史来看，中国式组织学习理论的形成都是一个必然结果。从历史经验来看，只有发展中国式组织学习理论，才能从根本上解决西方理论"水土不服""空中楼阁"等问题。从历史趋势来看，发展中国式组织学习理论是支撑未来核心竞争力重塑的关键举措，也是符合时代主题的正确方向，是中国企业从历史走向未来的重要理论支撑。二是时代赋予的使命。在"难学习"与"大学习"时代背景下，中国企业必然要回归组织学习的本质，以提出问题、发现问题、解决问题为导向，以知识创新、组织新能力建设、人才梯队建设为核心命题，以提升组织学习力为根本途径，全面开启中国式企业管理创新实践，进而提高核心竞争力、增强核心功能，实现高质量发展，以中国式现代化推进中华民族伟大复兴。这也就赋予了中国企业"创新探索具有中国特色的组织学习模式，进一步发展中国式组织学习理论，推进中国自主知识体系建设"的使命。

（三）中国式组织学习理论的现实必然

中国式组织学习理论的现实必然集中表现为企业自身发展的现实需求。中国自 20 世纪 90 年代引进西方组织学习理论以来，陆续开启学习型组织建设、企业大学建设、行动学习等实践，取得一定的经验与成果。中国企业在组织使命、组织结构、组织机制、组织文化上都具有鲜明特色。组织使命方面，中国企业，尤其是国有企业，有极强的政治属性，国有企业是中国特色社会主义的重要物质基础和政治基础，承担着特殊的政治任务和经济任务，因此我们的干部教育培训，必然要以增强推进中国式现代化建设本领为重点，紧紧围绕新时代新征程党的使命任务而展开；组织结构方面，中国企业治理的最大特色之一，就是坚持党的领导，把党的领导融入公司治理各环节，把企业党组织内嵌到公司治理结构之中，而且，学习组织的形式也是以党校、培训中心（培训部）、人才（干部）学院等形式存在的，理论教育、党性教育在组织学习中显得尤为重要；组织机制方面，中国特色现代企业制度、党建机制等，都会直接影响到组织学习机制；组织文化方面，中华优秀传统文化、革命文化和社会主义先进文化等是组织学习文化的特质来源。总之，组织使命、组织结构、组织机制、组织文化等方面的中国特质，决定了中国企业在学习组织、学习对象（党员干部与经营管理人才）、学习机制、学习内容、学习方式、学习文化等方面的实践呈现独有的中国特色，且与西方企业存在较大差异，这必然要求有自我特色的理论予以支撑。可以说，中国式组织学习理论的形成，是由中国企业的组织特性所决定的，也是中国企业自身发展寻求创新突破的必然要求。

（四）中国式组织学习理论的实践必然

中国式组织学习理论的实践必然可以理解为"理论源于实践，而又指导实践"，其本质上也是理论与实践的辩证统一。首先，中国式组织学习理论的实践来源有党的组织学习实践、中国企业的组织学习实践、世界一流企业的组织学习实践、教育培训机构的组织学习服务实践等，中国式组织学习理论具有天然的环境"土壤"与成熟的客观条件。与此同时，源于实践检验的中国式组织学习理论，凭借其先导性、系统性、实践性等优势，必将对组织学习实践起着重要的方向引领与方法指导作用，尤其是党的组织学习经验与中国企业组织学习经验，为中国式组织学习理论的应用提供了现实遵循。例如，中国企业在引进西方组织学习理论的同时，充分运用党的组织学习经验与方法，深度融入"中国特色"理论与相关要求，结合中国企业组织特性及所处文化土壤，从学习组织、学习内容、学习方式、学习机制、学习文化等维度不断创新与变革，积极推进"本土化"探索，并不断总结经验与成果，初步形成了具有中国特色、可供借鉴的典型经验、实践范式和基础性的组织学习理论框架。这些历史经验与成果，既是中国式组织学习理论产生的重要来源，又是中国式组织学习理论应用的现实依据。

从中国式组织学习理论的理论必然、历史必然、现实必然与实践必然来看，中国式组织学习理论在理论根基、历史根基、实践根基等方面，具有得天独厚的条件基础与能力优势。中国式组织学习理论，是理论与实践发展到现阶段的必然结果，是组织学习历史发展的必然产物，是创新变革时代赋予组织学习的新使命，是中国企业组织学习寻求突破的必然要求与实践的现实依据。从学术角度来看，中国式组织学习理论是基于中国企业组织学习实践提出的系统性、创新性组织学习理论，在推进组织学习学科发展的同时，为中国企业管理创新与变革提供内核动力，必将促进中国特色企业管理思想的进步与发展，进而为中国特色哲学社会科学理论发展创造新增量，这也是中国式现代化进程中树立理论自信不可或缺的一个部分。因此，中国式组织学习理论是中国自主知识体系当中的重要组成部分。从实践角度来看，中国式组织学习理论对于企业全面提升组织学习力、提高学习质量与效率、建强人才队伍具有直接指导作用，在强化政治保证、重塑企业文化、推动组织创新、提高核心竞争力、增强核心功能、支撑公司战略、实现高质量发展等方面具有较强现实价值,在促进学习型社会建设、推动社会创新与变革、促进经济高质量发展、加快推进中国式现代化方面具有重要时代意义。

小　结

通过概述组织学习理论、梳理常见的组织学习方法与工具,我们重新定义了组织学习,深刻理解学习型组织及其基本特征,还介绍了组织学习方法、人才测评模型、其他管理工具和方法。

通过剖析组织学习力、组织创新力、核心竞争力的基本定义及三者之间的逻辑关系,我们重新定义了组织学习力,并明晰了组织学习力是组织创新力和核心竞争力生成的核心动能,组织创新力是组织学习力转化为核心竞争力的核心枢纽,组织学习力和组织创新力形成的动态核心竞争力是企业竞争优势真正的本源,还提出了新时代组织学习力再造的关键因素和重点方向。

通过追溯中国特色企业管理思想的脉络及主要内涵,以及重点分析中国企业组织学习本土探索的主要成果,我们界定了组织学习理论与实践之中国范式,并从理论渊源、实践基础、时代条件和历史底蕴中,探索出中国式组织学习理论的逻辑与价值,并得出核心结论:组织学习力就是核心竞争力,时代呼唤中国式组织学习理论,高质量学习推动企业高质量发展。

对组织学习理论的重新思考与认知,是回归组织学习本质的过程,也是发现组织学习理论与实践问题的过程,更是思考组织学习未来实践路径与发展方向的过程,为我们探索新的组织学习理论,科学回答组织学习理论与发展的疑问,奠定了良好的基础。

第五章

高质量学习理论体系

回顾历史，总结实践，面向未来，重识理论，我们得出一个核心结论：组织学习力就是核心竞争力，时代呼唤中国式组织学习理论，高质量学习推动企业高质量发展。高质量，意味着高品质、高效率与高效益，高质量学习的根本要求就是以具有中国特色的组织学习理念、路径与模式来指导企业实践，构建科学高效的高质量学习体系，实现组织学习效能最大化，达到既"强人"又"强企"的目的。但是，科学高效的高质量学习运行体系应该是怎样的？具备什么样的特性？其背后的理论支撑又是怎样的？

为此，商儒企业管理研究院于2019年提出"高质量学习"概念，并于2020年开始以"高质量学习——组织学习力提升的理论与实践探索"为主题，本着"立足本土，融贯中西；知行合一，经世致用"的学术理念，坚持问题导向、目标导向与结果导向，长周期、大范围、多角度、深层次开展课题研究，试图破解组织学习发展理论与实践之困惑，探索组织学习力提升的新理论、路径与模式。对我们党组织学习历史的回顾、中国企业组织学习实践的总结，以及当前组织学习面临的变革与挑战，都是本课题成果的重要组成部分。核心成果是高质量学习理论体系，这是一个重构的体系化、学理化的中国式组织学习理论体系，是组织学习理论的一次创新突破，对于未来组织学习实践、企业成长与社会发展都有较强的现实意义与时代价值。

何谓高质量学习？高质量学习具备哪些内涵、特征与意义？高质量学习理论体系在哪些方面实现了创新突破？组织学习力提升的路径与模式是怎样的？其理论背后的来源、内在逻辑、核心价值又是怎样的？这一系列组织学习历史之问、理论之问、实践之问，都需要我们深度思考、科学回应。

第一节　何谓高质量学习理论体系

面对前所未有的学习变革时代，面对高质量发展对组织学习提出的新挑战，面对中国式现代化进程对中国式组织学习理论发展的新要求，商儒企业管理研究院成立了"高质量学习"专项课题组，自 2020 年开始集中性、持续性开展课题研究。研究数据如下：研究对象 300 余家，组织学习与人才成长知识服务实践项目 2 000 余个，子课题 20 余个，正式访谈交流 200 余次，标杆案例 1 000 余篇，文献资料 1 000 万字以上。

我们基于历史的逻辑、理论的逻辑和实践的逻辑，认真梳理了中国共产党组织学习历史、中国企业组织学习历史、教育机构关于干部教育培训的经验探索、中西方组织学习与发展理论，系统总结了全球标杆企业组织学习案例、20 年来数千个组织学习与人才培养项目实践案例，重新思考组织学习理论与实践发展的新方向、新内涵与新模式，深度挖掘中国企业组织学习实践的特色基因，高度提炼中国企业组织学习的成功经验与模式，科学提出中国式组织学习理论——高质量学习理论体系，主要包括高质量学习基本定义、关键要素与主要功能、总体特征、核心价值、学习力模型、学习力转化、战略路径图、实施路线图等内容，科学系统地回答了新时代高质量学习的内涵、特征、要求、意义及实施高质量学习的路径与方法。该理论体系于 2021 年首次发布，且获得国家知识产权认证，后期逐步应用到组织学习、人才培养、经营管理实践中，并通过持续的案例梳理、课题研究、实践总结不断丰富和完善。

一、基本定义

高质量学习是基于先进的学习理念、科学的人才发展理论和内外部环境分析，以理念为先导，以规划为牵引，融入公司战略、党的建设、国企改革、企业文化等内涵要求，围绕学习规划、学习理念、学习组织、学习对象、学习内容、学习形式、学习机制、学习文化、学习资源九个关键要素（简称"九要素"），构建动态、协同、开放、自我创新完善的学习生态体系，重在转化学习方式、聚焦问题解决、提高学习效率，强调学习的战略性、系统性、生态性、针对性、实效性、标杆性（简称"六特性"），有效解决工学矛盾与供需矛盾，促进全员学习、终身学习、主动学习、高效学习，不断提升学习共识力、学习组织力、学习行动力、学习转化力、学习优化力，打造基于思想认同、战略认同、行动认同的学习型组织，将组织学习力转化为核心竞争力，实现高质量学习规划、人才发展规划、公司战略规划相互支撑、统筹推进，达到"支撑战略、政治保证、组织保障、提高本领、发展人才、重塑文化、推动创新、应对变化、成就未来"九大功能（简称"九功能"），最终实现既"强人"又"强企"，推动企业高质量发展。

二、关键要素和主要功能："九要素"和"九功能"

高质量学习体系是以学习规划为核心，"九要素"缺一不可，涵盖组织学习价值链各个环节，彼此相互影响、相互支撑，并产生协同效应，形成一个系统完备、高效运行的组织学习体系，最后催生出"九功能"。"九功能"是检验企业组织学习效果的重要评价标准（见图5-1）。

"九要素"中每一个要素都有具体的定义和评价标准，并成为组织学习力评价指标体系的核心内容（详见本书第六章第二节中的"一、科学制定一套指标体系"）。各关键要素定义如下。

图 5-1 高质量学习"九要素"和"九功能"

（1）学习规划，指支撑企业高质量发展，统筹考虑组织学习、党的建设、经营管理等关键要素，以组织学习力转化为核心竞争力为主线，以知识创新、组织新能力建设、人才梯队建设等为核心命题，能够推动企业全员学习、终身学习、主动学习、高效学习，具有战略性、长期性、持续性且科学、系统、完善的规划。

（2）学习理念，指企业内部学习价值理念和思想共识，强调引领性与共识度，包括对学习重要性、学习愿景和使命、学习价值观、学习方法论、人才发展理念等的认知与理解。

（3）学习组织，指通过组织角色定位及"软""硬"件建设，完善组织结构，优化和升级各项功能，确保学习工作的高效组织与实施，适应未来企业学习组织变革与发展的需求。

（4）学习对象，指企业全体员工。应注重针对不同业务条线、不同职位序列、各类重点人才培养对象的分级分类人才培养体系建设。

（5）学习内容，指包括专业课程库、基础理论知识库、案例库、管理工具库、专家文章库、公司资料库（重要政策、文件、企业文化等）、内部分享资料库等在内的高质量动态知识管理体系，要求具备前瞻性、系统性、针对性、及时性等特征。

（6）学习形式，指课程呈现的形式、参与学习（教学）的方式，包括集中式理论授课、案例教学、对标学习、行动学习、结构化研讨、课题融入式学习、在线学习、翻转课堂、沉浸式学习、读书和知识竞赛活动、轮岗学习、外派学习等。

（7）学习机制，指贯穿学习全流程的教学管理与运营机制，以及与学习相关的职位晋升、绩效考核、薪酬福利、创新激励等激励与约束机制，要求公平公正、以正向激励为主。

（8）学习文化，指企业内部的学习氛围、学习表现、学习能力、学习形象、所形成的学习风气和习惯等方面的综合体现，强调学习的集体性、开放性、主动性、共享性和进取性。

（9）学习资源，指支撑企业开展高质量学习所需的，来自企业内外部的专业人才资源、学术资源、知识数据资源、研究与教学技术资源、信息技术资源、合作机构资源等各类学习资源。

"九功能"具体定义如下：

（1）支撑战略，指通过学习、战略、人才相互支撑、统筹推进，推动企业高质量发展，进而支撑行业战略、国家战略，最终实现统筹中华民族伟大复兴的战略全局和世界百年未有之大变局。

（2）政治保证，指坚持党的全面领导，强化政治训练，在组织学习及人才培养过程中，将中国特色政治经济理论及指导思想贯穿始终，为企业发展提供政治保证和思想保障。

（3）组织保障，指全面提升组织的战略引领力、创新驱动力、人才发展力、资本运营力、财务管控力、管理变革力、组织健康力、文化内生力，打造一个基于思想认同、战略认同与行动认同的学习型组织与适应性组织。

（4）提高本领，指帮助组织及个人重构复杂的知识系统，不断提高全体员工的学习本领、专业能力及综合素质，将组织学习力转化为核心竞争力，增强推动高质量发展本领。

（5）发展人才，指构建完善的分级分类人才培养体系，强化人才梯队建设，塑造高素质专业化人才队伍，以确保人才供给、优化人才结构、提高人才质量、促进组织创新创效。

（6）重塑文化，指营造全员参与、内外互动、文化认同的组织学习环境，形成与中华优秀传统文化、革命文化、社会主义先进文化、企业优良历史传统融为一体的学习文化，树立具有引领性的学习品牌形象。

（7）推动创新，指基于知识创新，不断突破组织的能力上限，拓展组织思维方式，培育组织新能力，再造组织发展的新动能和新优势，并获取一种面对各种问题持续改善的能力。

（8）应对变化，指通过组织知识系统重构、高质量学习生态再造，完成适应性组织和适应性个人的蜕变和再蜕变，系统提升组织的创新创效能力和人才的价值创造活力，以应对不确定不可控环境的变化。

（9）成就未来，指围绕"九要素"构建系统完备、高效运行的组织学习体系，从战略、政治、组织、人才、文化、创新、变革等方面持续发力，助力企业依靠学习走向未来。

三、总体特征："六特性"和"三大基因"

高质量学习总体特征，是指组织学习体系以"九要素"为主体，高效运行所呈现出来的典型特征，主要表现为"六特性"和"三大基因"，这"六特性"和"三大基因"是"九要素"协同运行产生的自然结果，也是检验一个企业的组织学习运行状态是否达到高质量标准的重要评估依据。

"六特性"是指战略性、系统性、生态性、针对性、实效性与标杆性（见图5-2）。其具体内涵如下：

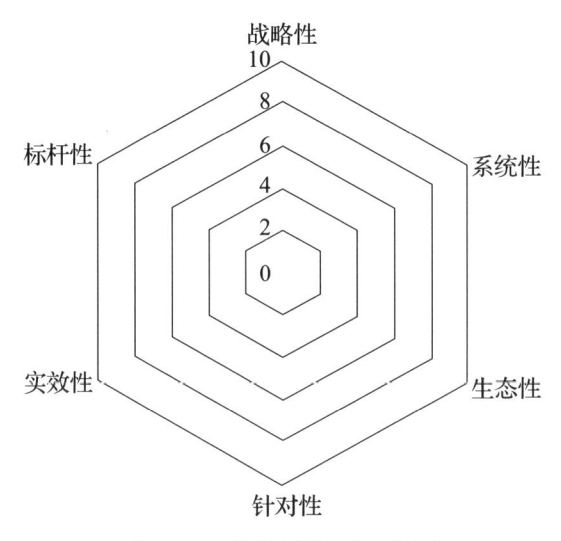

图 5-2　高质量学习"六特性"

（1）战略性，指组织学习融入国际环境、国家战略、行业战略、公司战略、党的建设、国企改革、企业文化等内涵要求，充分体现新发展阶段的外部环境特征与发展根本要求，与国家战略保持高度一致。同时，企业高层高度重视组织学习，且在文化宣贯过程中身体力行，中层骨干深度参与学习、持续宣贯并高效执行战略。

（2）系统性，指围绕高质量学习"九要素"，从学习主体、学习内容、学习模式、学习机制、学习组织五个维度，搭建组织体系、人才体系、知识体系、服务体系、激励体系五大子体系，通过评估改进形成自我创新完善的"闭环式"学习体系，通过内外部资源流动构建动态、协同、开放的"生态式"学习体系，通过梳理历史经验与问题，构建基于历史、把握当下、着眼未来的"持续式"学习体系。

（3）生态性，是高质量学习的最大创新特色，属于集成式系统创新，体现在不同方面。学习机制方面，通过闭环式改进体系，实现高质量学习体系自我完善，包括知识体系的自我完善、知识平台的不断改进等；学习主体方面，学习者也是知识创造者和高质量学习生态体系的建设者；学习资源及平台建设方面，整合内外部资源，构建一个涵盖规划制定、课题研究、需求调研、课程设计、师资开发、学习实施、学习评估、经验总结、机制建设、文化输出、品牌传播等服务的知识服务全产业链，融政、产、学、研、企为一体，促进学习资源充分流动、高效配置，打造"共识、共建、共创、共享、共生"的学习生态圈。

（4）针对性，指依据组织学习力评价结果，针对人才培养与发展的重点任务与差异化需求、组织学习力提升的重点改进方向，抓住高质量学习体系构建过程中问题的主要矛盾与矛盾的主要方面，强调员工与组织能力共同提升，强调为实现公司战略目标提供强有力的组织保障与人才支撑。

（5）实效性，指重在变革学习方式（线上学习、自主学习、合作学习、发现学习、研究式学习、实践式学习等）、转化学习与实践成果、聚焦问题解决、提高学习效率，突出教学相长、学学相长、学用结合，有效解决工学矛盾与供需矛盾，促成全员学习、终身学习、主动学习与高效学习。

（6）标杆性，指高质量学习开展过程中形成的高质量学习规划及实施方案，是基于科学先进的高质量学习理论体系、严谨扎实的对标分析而提出的。未来实践中形成的经验或者理论成果，必然具有引领性与普适性，尤其是对于探索中国特色高质量学习路径与模式，不断丰富和完善中国式组织学习理论，具有较强的先导意义。

"三大基因"是指高质量学习体系所蕴含的中国特色"基因"，即始终坚持用党的科学理论武装队伍思想，与学习型党组织建设融为一体，注重与中华优秀传统文化、企业具体实际相结合。这是中国式组织学习理论的典型特征，也是高质量学习需要一以贯之的基本原则。

四、核心价值："三支柱"模型和资源效能均衡模型

从组织学习体系自身来说，高质量学习强调以学习规划为核心，高质量学习规划作为学习的顶层设计，是企业开展高质量学习的根本前提，也是企业提升组织学习力的行动指南；从公司整体战略来说，高质量学习强调以学习规划为战略牵引，高质量学习规划与人才规划、公司战略规划处于同等战略地位，应当从过去的子规划升级为公司战略层面的顶层设计，其过程中以创新为中心，融入党的建设、国企改革、企业文化等内涵要求，强调高素质人才培养和组织新能力建设，有效解决全员学习、终身学习、主动学习、高效学习四个"痛点"问题，并落实到组织创新创效能力提升和全球竞争力培育，从而促进企业真正实现既"强人"又"强企"，成为企业高质量发展的三大关键支撑力量之一。我们将战略（strategy）规划、人才（talent）规划、学习（learning）规划三者作为支柱、相互促进形成的高质量学习模型，称为"三支柱"模型（见图5-3、图5-4）。这是高质量学习规划在高质量发展中的战略定位与价值体现，也是整个高质量学习体系的核心价值所在。

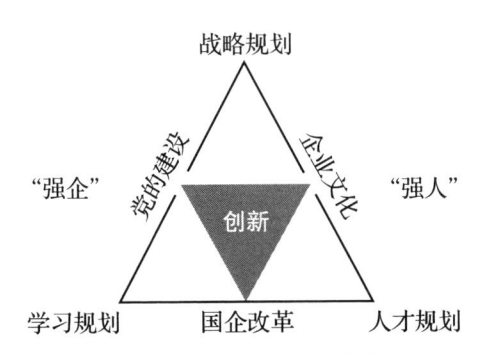

图5-3 高质量学习"三支柱"模型平面示意图

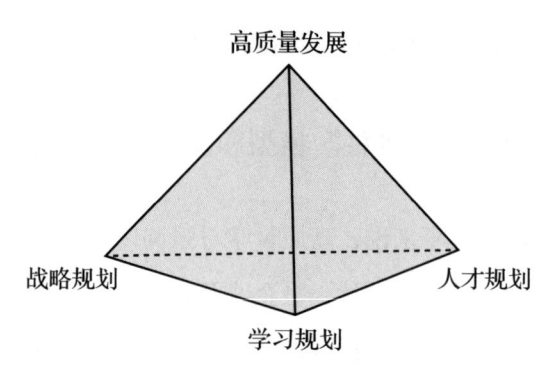

图 5-4 高质量学习"三支柱"模型立体示意图

核心价值中的既"强人"又"强企"效能，与组织学习力提升和组织新能力建设过程中的"强人"因素资源与"强企"因素资源密切相关。因此，我们基于"和差与积原理"来阐释资源与效能之间的关系。"强人"因素资源为 x，"强企"因素资源为 y，总资源 C 为定值，$C=x+y$，组织新能力效能 $S=xy$。S 将在 x 与 y 的差距扩大时缩小，而在 x 与 y 的差距缩小时增大，并在 $x=y$ 时取得最大值。

也就是说，若"强人"因素与"强企"因素的资源（resource）总投放为固定值，组织学习力让"强人"因素资源与"强企"因素资源处于均衡状态，则组织新能力效能（efficiency）实现最大化。我们将其称为资源效能均衡模型（RE 均衡模型）。

五、学习力模型：组织学习"五力"模型

组织学习力是组织在长期整合个人学习能力基础上形成的，具有精于知识发现、获取、传递、吸收、运用和创造，且能根据新知识、使命愿景与环境变化，进行组织战略、思想、行为与结构自我调整的一种本领，具体表现为学习共识力、学习组织力、学习行动力、学习转化力与学习优化力（见图 5-5）。这关键"五力"，主要是围绕高质量学习"九要素"、

紧扣高质量学习"九功能"、把握高质量学习"六特性"、筑牢高质量学习"三支柱"形成的。

图 5-5 组织学习"五力"模型

（1）学习共识力。这是组织学习力提升的根本前提，主要指组织上下基于战略、文化、学习目标、学习理念的一致性所形成的系统思考与团队共识能力，具体表现为高度的思想认同、战略认同与行动认同。

（2）学习组织力。这是组织学习力提升的重要保障，主要指确保组织学习活动高效开展的组织保障与整体运营能力，具体表现为科学的长周期学习规划、完善的组织结构与功能、系统的学习内容、专业的教学服务、有效的激励机制与丰富的学习资源。

（3）学习行动力。这是组织学习力提升的基础能力，主要指个人和组织的学习自我驱动能力，以及组织内部的知识获取与传递能力。具体表现为员工主动参与学习、各部门积极开展学习型组织建设、掌握先进的学习方法及工具、不断创新学习模式、组织内外部实施交互学习并实现高效的知识共享。

（4）学习转化力。这是组织学习力提升的核心动力，主要指组织的知识集成能力、成果转化能力和学习应用能力。具体表现为建立完善的知识库或学习资料库、具备较强的案例提炼及知识成果转化能力、通过团队学习的方式解决工作问题、实现理论创新及知识产权输出、支撑人才梯队建设与组织能力提升。

（5）学习优化力。这是组织学习力提升的集中体现，主要指学习共识力、学习组织力、学习行动力、学习转化力产生的组织自我完善能力和推动组织变革与发展的能力。具体表现为对内形成闭环式自我改进的高质量学习体系、通过组织学习促进组织结构与形式调整、推动适应性组织建设、引领和激励员工与组织共同成长、支撑公司战略并实现经济效益与社会效益相统一，对外树立领先的学习品牌形象、促进利益相关者形成文化共识、推动商业生态系统建设。

六、学习力转化：组织学习力转化为核心竞争力的路径

组织学习力的形成过程，本质上就是知识的获取加工、存储积累、传播共享与应用创新的过程，为组织创新力的产生提供知识基础，其过程中，通过开展全员参与、内外互动、文化认同的组织学习，要求不断创造新知识，不断提升组织收集、管理与运用知识的能力，得以突破组织的能力上限，拓展组织思维方式，培育组织新能力，并获取面对各种问题持续改善自身的能力，这实质上就是系统性的组织创新。组织创新力是一个组织核心竞争力最直接的体现，也是核心竞争力的根本动力。可以说，组织创新力是组织学习力转化为核心竞争力的核心枢纽。

组织学习力转化为核心竞争力的路径已在第四章第二节详细讲解，此处不再赘述。

七、高质量学习战略路径图

战略路径，是指组织为了实现战略目标，在综合考虑外部环境、内部资源和能力的基础上，所选择的发展轨迹及采取的策略和方法。

高质量学习战略路径图，基于对企业的历史梳理、现状分析、未来需求分析与对标分析，结合国家战略、行业战略、公司战略，提出高质量学习规划建议，围绕学习主体、学习内容、学习模式、学习机制、学习组织五大模块，构建适合企业特色的高质量学习体系（涵盖"组织体系、人才体系、知识体系、服务体系、激励体系"五大子体系）并予以落地实施，从而全面提升组织的学习共识力、学习组织力、学习行动力、学习转化力、学习优化力，帮助企业解决全员学习、终身学习、主动学习、高效学习四大"痛点"问题，促进个人学习成长、组织新能力提升与企业全员价值观共享，达到支撑战略、政治保证、组织保障、提高本领、发展人才、重塑文化、推动创新、应对变化、成就未来的目的，进而推动企业高质量发展，最终实现统筹中华民族伟大复兴战略全局和世界百年未有之大变局（见图5-6）。

八、高质量学习实施路线图

实施路线，是基于战略目标、做出战略路径选择之后，采取的具体行动计划与资源安排，包括确定目标、确定关键要素或实施原则、规划实施流程和步骤、明确执行标准与要求、配置资源、评估改进等。

高质量学习实施路线图，是指从重塑学习理念、科学制定规划、内容设计与开发，到平台建设、机制建设、资源整合、学习实施、体系构建，再到经验总结及成果提炼、评估反馈、改进提升，最终实现组织学习理论

174 / 高质量学习

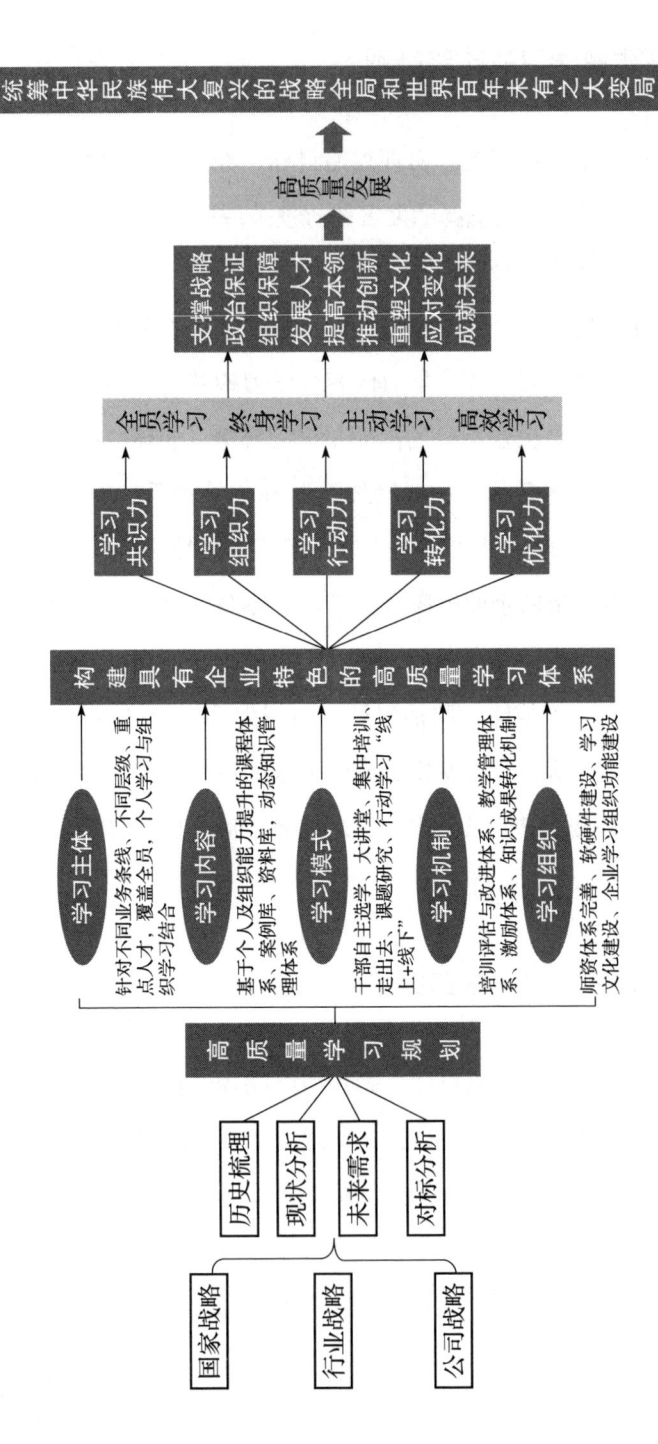

图 5-6 高质量学习战略路径图

与实践"闭环式"螺旋上升。过程中强调"学""习"互动，要求做到知行合一、学用结合，注重学习文化建设，要求营造全员参与、内外互动、文化认同的组织学习环境（见图 5-7）。

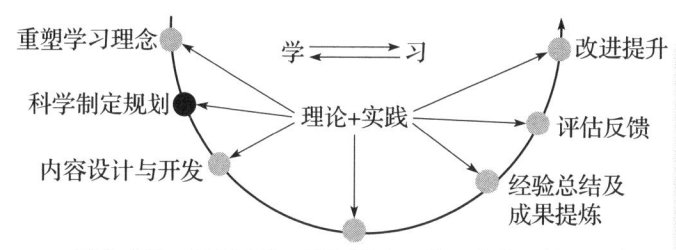

图 5-7 高质量学习实施路线图

高质量学习实施路线图既适用于企业整体的高质量学习体系构建，也适用于组织学习过程中各大子体系建设、各类学习项目实施。

上述基本定义、"九要素"和"九功能"、"六特性"和"三大基因"、"三支柱"模型和资源效能均衡模型、组织学习"五力"模型、学习力转化、高质量学习战略路径图、高质量学习实施路线图等基础性理论，是高质量学习理论体系的核心内容。

除此之外，一些延展性的理论知识、方法论、学习技术、标杆案例、操作工具等也属于高质量学习理论体系的重要组成部分。例如组织学习、组织学习力的基本定义与内涵，组织体系、人才体系、知识体系、服务体系、激励体系五大子体系，高质量学习规划编制方法论，组织学习力评价指标体系，组织学习力评价问卷，DECAF[①] 教学运营体系，中国企业领导干部能力素质要素，分级分类人才培养体系，案例研究方法论，中国企业高质量学习标杆案例，学习技术工具库等。

---

① DECAF 是商儒企业管理研究院提出的教学实施标准化流程，包括项目预期效果分析（diagnosis）、受训群体背景评估（evaluate）、定制教学管理方案（custom）、方案优化与执行（application）、教学过程反馈与改进（feedback）。

第二节　五个来源：理论之"源头活水"

"问渠那得清如许？为有源头活水来。"科学的理论往往具备客观真理性、系统完整性、逻辑严密性、科学预见性、创造发展性，有一个日积月累、由浅入深、丰富完善的过程，有一个由理论知识转化为理论素质与实践能力的过程，但无论怎样，其理论的"清如许"，都是由"源头活水"来决定的。那么，高质量学习理论的"源头活水"是什么呢？通过回顾党的学习历史，梳理中国企业组织学习历史，再识组织学习理论，我们认为高质量学习理论主要有五个来源，即党的组织学习历史经验、中国企业组织学习实践经验、教育培训机构服务探索经验、世界500强企业组织学习标杆案例、组织学习与发展理论（见图5-8）。

一、党的组织学习历史经验
二、中国企业组织学习实践经验
三、教育培训机构服务探索经验
四、世界500强企业组织学习标杆案例
五、组织学习与发展理论

图5-8　高质量学习理论的五个来源

一、党的组织学习历史经验

重视学习、善于学习是党的优良传统和政治优势，是党始终走在时代前列的重要保证。在学习中逐渐成长壮大，在学习中增强实践本领，是党推动事业发展的成功经验。对于如何加强学习、如何建设学习型党组织，百年来中国共产党形成了科学的经验与方法，这对于高质量学习理论的形成与发展具有极其重要的指导意义与借鉴价值。

首先，党的学习历史经验为高质量学习理论注入了红色基因。学习理念方面，不同历史时期党提出的"要把全党变成一个大学校""必须学会自己不懂的东西""善于学习、善于重新学习""学习、学习、再学习，实践、实践、再实践""建设马克思主义学习型政党""在全党大兴学习之风，依靠学习和实践走向未来"等理念与要求，其本质上是要求我们弘扬"重视学习、善于学习、勤于学习"这一优良传统和鲜明品格，把学习作为一种政治责任、一种精神追求、一种生活方式，为党和国家事业发展提供强大的精神动力、组织保证和智力支持；学习内容方面，以理论教育、党性教育、履职能力、知识培训为核心，特别强调坚持用党的科学理论武装队伍思想，同时重点融入中华优秀传统文化、革命文化和社会主义先进文化等内容；学习形式方面，长周期持续性的主题教育、党委（党组）理论学习中心组学习、"第一议题"、"三会一课"、主题党日、"两学一做"学习教育等，通过理论教育、党性教育强化战略认同、思想认同与行动认同的学习方式，都具有典型的中国特色。

其次，党的学习历史经验为高质量学习理论提供系统性支持。这种系统性支持，主要指系统方法论的支撑，既包括整体组织学习的系统推进，也包括以系统性思维来思考组织学习中的某一关键要素。而且，党在早期的组织学习活动和干部教育培训过程中，就极其注重战略思维与系统思维。例如，土地革命战争时期，党基于聚焦"党内教育问题"，"差异化"开展组织学习，在学习组织、对象、内容、模式、机制、师资队伍等方面进行了有益探索，形成了组织规范、干部分类、内容系统、机制完善的苏区干部教育体系。学习内容方面，毛泽东在1941年所作《改造我们的学习》报告中明确提出，"系统地周密地研究周围环境的任务。依据马克思列宁主义的理论和方法，对敌友我三方的经济、财政、政治、军事、文化、党务各方面的动态进行详细的调查和研究的工作，然后引出应有的和必要的结论"①。1949年党的七届二中全会报告中也明确提出，加强党的学习的内容，包括政治、经济、文化、科学、技术、党务、外交等多领域多方面，但学习的重点、中心是经济工作，是生产建设。这些系统方法论在学习型党组织建设和干部教育培训中的应用，也是高质量学习理论系统提出"九要素""九功能"及战略性、系统性等特性的重要来源。

最后，党的学习历史经验为高质量学习理论带来充分自信。中国共产党从学习中走来，在学习掌握马克思主义理论的过程中建党，成立后又积极推进学习，并将之贯穿整个奋斗历程，锻造了一个具有强大组织学习力的学习型政党。其过程中形成的组织学习与干部教育培训理念、方法与成果，是中国企业组织学习与人才培养实践所需的宝贵经验，而且诸多成功经验与模式同西方组织学习实践存在很大差异，具有自身的特色和优势，这为高质量学习理论的形成及进一步的实践应用带来充分自信。例如，从1983年中央组织部印发我国第一份干部教育培训规划——《1983—1990年全国干部培训规划要点》，到2023年10月印发《全国干部教育培训规划（2023—2027年）》，党在干部教育培训方面不断总结经验、改进提升，几乎每隔五年都会以"规划"的方式提出更新完善的指导思想、培训目的、培训内容、培训方式、学风建设、培训资源配置、培训管理体制等。这些规划中强调的"干部教育培训是建设高素质干部队伍的先导性、基础性、战略性工程""增强教育培训的时代性、系统性、针对性、有效性"等论述，也是高质量学习理论体系中"三支柱"模型、"六特性"等内容的重要来源。

二、中国企业组织学习实践经验

理论源于实践，而高质量学习理论最主要的实践来源，就是中国企业

---

① 毛泽东. 毛泽东选集：第3卷. 2版. 北京：人民出版社，1991：802.

的组织学习实践经验。从以党组织学习为主导的组织学习萌芽，到引进吸收西方组织学习理论并掀起学习型组织建设热潮，再到中国特色组织学习模式的创新探索，中国企业在借鉴西方组织学习与发展理论的同时，充分发挥我们党的组织学习经验优势，结合中国企业实际，在学习组织、学习内容、学习形式、学习机制、学习文化等方面不断创新与变革，形成了大量具有中国特色、可供借鉴的典型经验或实践范式。这是高质量学习理论的重要来源，也是理论得以有效应用的现实依据。

学习组织方面，不断演变的组织结构、功能定位、形态趋势等，是高质量学习理论中学习组织定义、组织特性、评价标准的主要来源。例如，以海信、海尔、中国移动、中兴通讯、阿里巴巴、华为等为代表的众多企业，率先开启企业大学建设，并逐步确立了学习组织"支撑企业战略、建强人才队伍、促进知识转化、推动文化传播、树立品牌形象"的功能定位，而党校与培训中心或人才（干部）学院两类组织结构形式并存的"二元融合"式学习组织形态，是此过程中典型的中国式学习组织，在"为党育才"与"为党献策"两个方面贡献着独特价值，为中国企业学习组织的功能定位增添了新内涵。又比如，以海尔、腾讯、百度、中国建设银行等企业为代表的学习组织，纷纷提出"全方位赋能"与"生态圈"概念，使得"连接内外部资源、搭建'无界'学习平台、促进内外部互动学习与资源流动"成为未来学习组织形态及功能的基本要求之一，是高质量学习生态性和学习组织力的具体体现。

学习内容方面，基于党性修养、政治训练要求，中国企业所形成的领导力素质模型或岗位胜任力模型及对应的课程体系与学习内容，充分体现了中国企业组织学习内容的中国特色，其学习内容的重点方向、所占比例等，成为高质量学习体系中学习内容设计的重要依据；部分标杆企业积极探索的动态知识管理体系，对企业的知识创新、人才能力培养起着强有力的支撑作用，这就决定了高质量的学习内容，不是静态的学习内容，而是动态的知识管理体系，不是简单地提升岗位胜任力或职业化能力，而是帮助组织及个人重构复杂的知识系统，打造组织新能力。

学习形式方面，除了应用党积累的有效的组织学习方法之外，中国企业主动创新、整合外部技术以及学习资源，不断探索更具系统性、融合性、互动性、实践性的学习方式，并初步形成具有本土特色的学习型组织建设模式，包括团队学习法、对标学习提升行动等。系统性主要体现在各种教学和学习方法根据差异化需求灵活应用，融合性主要体现在理论授课与实践学习相结合、"走出去"与"请进来"相结合、线上与线下学习相结合、集中培训与轮岗学习相结合等融合式学习方式上，互动性主要体现为以研究式、团队式学习为突出特征的参与式与体验式学习，实践性主要指注重与工作实际需求相结合的行动学习、课题研究、对标学习等学习方式。这些具有创新性的学习形式，不仅是高质量学习体系中学习形式的组成部分，也是学习行动力的重要体现和学习转化力的重要支撑。

学习机制方面，中国企业的学习型组织建设自探索之日起，就与学习型党组织建设融为一体，与学习型社会建设也密不可分，这是典型的中国式组织学习机制与模式。最早探索学习型组织建设的中国企业，一方面借鉴西方组织学习经验，积极推进学习型组织建设，另一方面正式发文明确要求同步推进学习型党组织建设。可以说，这种组织学习机制与模式的独特之处，在于实现了组织学习实践与马克思主义基本原理的初步结合，从一开始就建立了学习型组织建设本土化探索的机制。这些独特经验与优势，是高质量学习体系的学习机制内涵、子体系激励内容的重要来源。

学习文化方面，中国企业一方面继承中华优秀传统文化和中国共产党的优良传统，普遍形成了以"重视学习、善于学习、勤于学习""干中学、学中干""让学习成为一种习惯"等理念为价值观追求的学习风气与氛围，另一方面积极汲取世界500强企业的先进学习理念、企业文化建设（含学习文化建设）方法，从学习理念、学习制度、学习行为、学习形象等方面，整体提升学习文化的渗透力与影响力，进而打造具有标杆引领性的学习品牌形象。这种融贯中西的学习文化，正是高质量学习所要求的学习文化，更是学习优化力的综合体现。

整体学习体系构建方面，部分中国企业做出了一些有益的探索，而成果基本上来自企业的党校或培训中心。中储粮基于高质量学习"九要素"、"五层次"[①]学习理念构建了高质量学习体系和基于对标世界一流的高素质人才培养体系。国家电网基于"六个一流"[②]总体目标、"六个坚持"[③]工作原则、"六大工程"[④]重点任务，突出"主阵地、制高点、智力库"功能作用，全力打造具有国网特色的一流企业党校。北京石油管理干部学院构建了由"4321"领导人员培训项目、"1+5+N"培训课程、培训运营管理、培训资源四大子体系构成的培训体系，并加快校区深度融合、教研咨一体化融合和线上线下协同融合，努力实现理念一流、师资一流、装备一流、管理一流、成果一流目标。中国中化集团构建了由战略罗盘、课程体系、师资体系、服务支持系统组成的科学系统的"中化培训体系"，实现"领导力发展中心、企业文化传播中心、知识管理共享中心"功能，以此推动创新、发展人才、支撑战略。其中的服务支持系统包括基地系统、学习平台、图书馆知识库、专业人才队伍、制度体系、运营体系、评价体系、数据档案系统等。国家能源集团以"赋能"为主线开发"二维五阶

---

① "五层次"指心智模式、思维方式、行为方式、知识、技能。

② "六个一流"指一流政治学校、一流教学质量、一流科研实力、一流人才队伍、一流管理服务、一流校风学风。

③ "六个坚持"指坚持党校姓党的基本原则，坚持为党育才、为党献策的党校初心，坚持围绕中心、服务大局的政治站位，坚持从严治校、质量立校的办学要求，坚持立足国网、突出特色的办学特点，坚持协同发展、共建共享的办学体系。

④ "六大工程"指"思想铸魂"工程、"教学提质"工程、"科研创优"工程、"人才强校"工程、"校风清朗"工程、"协同共建"工程。

（PBOED）"学习模型及实施路径，构建了"赋能大培训体系"，实现对象精准化、内容模块化、项目清单化、运营标准化、平台数字化、学习系统化，其中的"二维"指"人"和"组织"，"五阶"指赋能人才（people）、赋能业务（business）、赋能组织（organization）、赋能生态（ecology）、赋能未来（development）。这些关于组织学习体系构建的特色实践成果，在日积月累的实践过程中，对于高质量学习理论的形成、丰富和发展都有一定的促进作用。

三、教育培训机构服务探索经验

组织学习与人才培养可以说是一对"孪生"概念，二者彼此促进、相辅相成、不可分割，且目的都是提升企业核心竞争力、推动企业高质量发展。无论是党的组织学习，还是企业的组织学习，都需要在其过程中同步加强人才培养与发展工作，尤其是干部教育培训工作。干部教育培训，是建设高素质干部队伍的先导性、基础性、战略性工程，在推进中国特色社会主义伟大事业和党的建设新的伟大工程中具有不可替代的重要地位和作用。企业的组织学习离不开干部培训教育机构的支撑，干部教育培训机构主要承担着教学、科研与咨政任务。干部人才培养与发展的经验探索，对于高质量理论体系中的"人才体系"子体系、"学习内容""学习形式"等要素、"发展人才"功能、教学管理体系等，都具有重要参考意义。

对中国企业组织学习起着重要支撑作用的干部教育培训机构主要有三类。

（1）以党校（行政学院）为主、干部学院为辅的教育培训机构。它们是干部教育培训的主渠道主阵地，对高质量学习理论的形成影响最大。以中央党校（国家行政学院）为代表的"一校五院"充分发挥主导作用，通过其独特的教育培训内容和服务体系，不仅强化了干部的理论武装和专业化能力，还为党和国家培养了大量"党和人民需要的好干部"，巩固了其在干部培训中的核心地位。例如，中央党校（国家行政学院）承担全国高中级干部和中青年后备干部培训，是教育培训干部的主渠道，按照"一个中心、四个方面"的教学总体布局设计课程，形成了以理论教育、党性教育为主业主课，包括"当代世界""形势与任务"报告、能力培训、知识培训的课程体系。为着力提高培训的针对性有效性，按照培训对象区分不同班次开展教育培训，主要设置进修类班次、培训类班次、专题研讨班和师资培训班四类班次。而且，中央党校（国家行政学院）还是结构化研讨、行动学习、案例教学等创新学习方式的倡导者与推广者。中国浦东干部学院为推动教学科研咨询一体化建设，先后成立中国特色社会主义研究院、长江三角洲研究院和领导研究院，下设21个研究中心，探索建立决策咨询课题随即立项机制，建立博士后工作站，整合各方力量，积极开展决策咨询服务。大连高级经理学院为探索具有中国特色的干部人才培养路径与模式，基于调研分析与实践研究，提出了国有企业高层管理者胜任力通用模型。除"一校五院"外，承担着干部教育培训任务的还有各地方党校（行政学院）和企业党校。企业党校在企业大学建设、培训体系建设、人才体系建设、一流党校建设等方面的创新与探索，也属于中国企业组织学习历史的一部分，也是企业高质量学习实践的具体体现。全国的干部教育培训学院也纷纷响应党中央的号召，致力于培养政治过硬、适应新时代要求、具备领导社会主义现代化建设能力的高素质干部队伍，比如深圳改革开放干部学院，聚焦于"改革开放"和"先行示范"，设置了"一条主线、五大方面"的改革开放特色课程体系，提出了解决问题的"四步法"方法论①，打造了具有自身品牌特色和区域优势的高质量培训体系。

（2）以北京大学、清华大学、中国人民大学等为代表的院校机构。它们作为党校（行政学院）、干部学院的重要补充，凭借着学术、师资、学习环境、教学方法、教学管理等软硬件资源优势，为干部教育培训的理论研究、学科建设、体系构建、实践探索、合作交流等作出巨大贡献，使国民教育体系在建设马克思主义学习型政党中发挥了重要作用，成为干部教育培训的重要阵地之一。例如：北京大学继续教育学院与中铝股份开展干部教育培训合作，利用学校的师资和科研力量，对企业培训内容、培训形式、学习方式等方面进行改进创新，使北京大学成为中铝股份发展的智库、干部培养的基地；清华大学继续教育学院与中铁四局开展校企深度合作，构建了全方位、多维度、深层次的学习共同体，开创了校企深度合作产教融合的新模式，建立了"导师制行动学习"教学体系；中国人民大学作为中央组织部干部教育局、教育部人事司和学位管理与研究生教育司（国务院学位委员会办公室）2021年确定的全国干部教育学二级学科学位点三所试点建设高校之一，持续加大干部教育学科建设和人才培养力度，在干部教育学理论学术研究、培养方案制定、课程开发、教材建设、师资配备等方面取得积极进展，基于自主知识体系打造高校干部教育培训新高地，为更好服务新时代干部教育培训高质量发展提供有力支撑。

（3）专业化的社会知识服务机构。它们是干部教育培训服务的重要补充力量，往往依靠机构自身在知识服务细分领域的专业优势、经验积

---

① "一条主线、五大方面"的改革开放特色课程体系指以"习近平新时代中国特色社会主义思想与改革开放"为核心课程，围绕核心分别从"改革开放与党性修养""改革开放的伟大历程""改革开放与第二个百年奋斗目标""改革开放与深圳先行示范""改革开放与领导干部能力提升"五个方面阐释改革开放理论与实践。

解决问题的"四步法"方法论指"带着问题来、伴着思考学、收获成果归、指导实践做"。

累、资源储备、体系化服务能力等,提供需求调研、课程开发、项目设计、教学实施、项目评估、案例总结、课题研究、资源整合等服务。服务过程中,大量标杆性培训项目、课题项目、咨询项目,往往是被服务企业与社会知识服务机构共同完成的,所形成的项目经验与典型案例,既具有一定的理论性,又具有极强的应用性,是高质量学习理论的重要支撑。例如,商儒企业管理研究院近些年所服务的 2 000 多个组织学习与人才成长知识服务项目案例,便是高质量学习理论和 DECAF 教学运营体系的重要源头。

四、世界 500 强企业组织学习标杆案例

标杆学习是通过模仿、学习、创新和持续改进,来追赶或超越标杆企业的一个过程,是企业常用的组织学习方法之一。中国企业在组织学习实践中,一直虚心好学、追求卓越。20 世纪 90 年代,中国企业引进西方组织学习理论,开启学习型组织建设、企业大学建设并不断借鉴西方先进的组织学习技术、方法与工具。2010 年,中国企业启动战略性、集中式的面向世界一流企业的对标学习提升行动,进行经营管理全方位对标,一直持续至今,为突破自我、赶超一流提供强劲动力。可见,中国企业向世界 500 强企业的对标学习从未间断过。组织学习领域也形成了大量可供借鉴的标杆案例,其共性特征是高度重视学习型组织建设,尤其是注重学习文化塑造、人才体系构建、学习模式创新、评估体系完善,这些都是高质量学习理论体系实践来源的重要部分。

(1)学习文化塑造。塑造组织学习文化的主要目的,就是提高组织的学习共识度与认同度,形成重视学习、热爱学习的学习氛围,促进全员学习、终身学习、主动学习、高效学习,提升组织学习效能与组织创新能

力，增强员工对企业文化的认同感和归属感，提高组织的凝聚力与向心力。这些也是一个企业组织学习共识力的集中体现。例如，谷歌一直倡导"让优秀的员工教学""刻意练习""只在已经证明能够改变员工行为的课程上进行投入"等培训理念与方式，同时鼓励员工自主学习、提倡学习共同分享、重视员工反馈意见、注重学习能力培养。"刻意练习"是通过明确定义目标、高度集中练习、获取反馈并自我纠正、逐步挑战自己来实现卓越的练习方法，谷歌的做法是将课程分成易于消化的小块，给出明晰的反馈意见，并不断重复这个过程。这些培训理念与方法，成为谷歌打造学习型组织的法则，也形成了谷歌特色的学习文化，与谷歌所倡导的"专心将一件事做到极致""追求无止境"等公司信条也是高度一致的。又如，微软公司是最早创建学习型组织的世界500强企业之一，很早就提出过"学习是自我批评的学习、信息反馈的学习、交流共享的学习"的学习理念，而且微软公司还一直倡导员工终身学习的理念，即"70%的学习在工作中获得，20%的学习从经理、同事那里获取，10%的学习从专业培训中获得"，强调专业培训只是员工终身学习的一种方法。这些颇具引领性的学习理念是微软公司成功塑造学习文化、推进学习型组织建设的原动力。

（2）人才体系构建。组织学习的一个重要目的就是培养与发展人才。诸多世界500强企业在创立企业大学、推进学习型组织建设时，对其第一个功能定位就是培养与发展人才；与此同时，人才作为学习型组织建设的主体，其培养与发展必将带动组织学习的进一步发展和升华。因此，人才体系构建，既是高质量开展组织学习的必然要求，又是企业发展的战略重点。例如，三星公司自成立以来始终秉承着"人才第一"的经营理念，形成了以"培训组织机构、培训课程体系、培训支持体系、讲师队伍建设"为核心的人才培养体系，其中三星人力开发院是三星人才培养的重要基地，由领导人才、海外人才、外语能力、管理技能、高新技术五个研修院组成，针对不同级别的员工实行分层教育，充分体现了高质量学习的针对性与实效性。又如，美国通用电气常年居于世界500强企业前列，很重要的一个原因是构建了一套以"六级人才、五大法则"构成的全方位、立体式的人才培训体系。"六级人才"培训系统把公司人才分成六级，按照各层级人员的岗位和能力要求展开定制化培训，其培训课程主要分为两类，一类是针对尚未走上管理岗位但具有领导潜能者（两个等级）的初级课程，另一类是针对经理以上现任企业管理人员（四个等级）的高级课程；"五大法则"是通用电气用人的原则，也是整个公司达成的一种共识价值观，具体是指忘掉资历、忘掉经验，培养下属是义务，掌握普遍"真理"，"能者"就必须"多劳"，屡战屡败必有所成。该体系是推进学习型组织建设的重要支撑，对于提升员工素质、促进组织发展具有举足轻重的作用。另外，在人才培养与发展体系构建过程中，世界500强企业都极其重视人才培训与领导力提升、职业发展、绩效考核等激励措施相结合。例如，三星公司每半年都会通过领导力多维度评估，评估、评价区域总监、部门经理、组长等管理层的领导力，支持管理层提升自身管理能力。同时，其评估内容用于改善工作成果，特别是支持部门员工发展，而评价公平性项目的分数可以作为人事工作的参考资料。

（3）学习模式创新。随着产业变革、技术变革、组织变革程度"叠加式"加剧，组织学习模式（含学习方法与机制）的变革与创新已经成为企业的必然选择。近些年，随着"互联网+"、大数据、人工智能技术的发展，线上学习迅速兴起，众多世界500强企业也在积极应用线上与线下相结合的学习方法和机制，以此来创新探索更高效的学习方式，同时激发员工的学习热情和学习行动力。例如，IBM较早灵活采用eLearning网络教学、混合式、嵌入式学习、V-Learning虚拟学习等各种学习方式，有效减少了面授时间、扩大了受众学员范围，让员工随时随地都有机会学习，同时有利于推动全员积极主动学习。又如，西门子（美国）专门设置了"学习园地"部门，为了让学习适合不同类型、年龄层员工的需要，该部门与其他部门合作，将多元化、碎片化、模块化、情境化、游戏化等元素注入学习之中，开发了一个名为"我的学习世界"的综合数字学习生态系统，平台上有诸多不同的学习模块，员工可根据自身需求通过移动和在线平台享受个性化学习体验，为组织学习注入"数字"活力，有效激发员工的学习动力。再如，谷歌为了满足员工多样化的学习需求，提供了在线课程、实地培训、导师制度等多种学习方式。谷歌专门搭建了谷歌学习中心为学员提供实践研讨会和课程，充分利用谷歌课堂（Google Classroom）等教育应用实现实时沟通和交流，还通过 AI 学习页面为开发者提供了全面的学习资源和技术更新。

（4）评估体系完善。学习评估的目的在于评估学习效果、总结培训经验、检查培训问题，并提出进一步的改进建议。学习评估是学习成果有效转化的重要过程，是组织学习体系中实现闭环式改进的重要环节，也是所有学习项目执行当中不可或缺的环节，因此，学习评估体系的完善程度，是检验一个企业组织学习转化力强弱的重要指标。世界 500 强企业高度重视评估体系，且各具特色。例如，宝洁公司创建了一个"三全一体"培训管理模型，其中的"三全"是指全程（服务员工职业生涯全周期）、全员（覆盖各层级各领域员工）、全方位（囊括基础素养、专业素养和管理素养的培训内容体系）。该体系应用了独特的培训效果测评体系，即紧紧抓住"岗位技能合格率、新技能培训合格率、新技能应用百分比"三项指标进行评估，侧重于成果转化、实践应用，并且容易量化，而没有采取复杂的评估方法。宝洁公司还通过"四位一体"体制把员工的学习成长和业绩评价进行绑定，即将员工的"业绩评价""能力评估""个人发展""未来一年工作计划"紧密结合在一起，为学习成果转化及组织学习常态化开展提供强有力的机制保障。又如，通用电气为保证培训效果，专门设置对照检查行为变化的评估制度，使用360度评估法收集受训人员在培训前、培训刚结束和培训几个月后的行为变化情况，通过对照行为变化来评估员工受训的成效，进而不断对课程和授课方式进行改进。

五、组织学习与发展理论

新理论的提出与发展，往往是建立在深厚的实践基础和已有的科学理论基础之上。高质量学习理论，便是在党的组织学习、中国企业组织学习、教育培训机构服务探索、世界500强企业组织学习等领域实践基础上，通过吸收、整合和创新现有的理论，并在理论与实践互动中形成的新理论体系。现有的理论主要分为西方的组织学习和发展理论、与组织学习相关的政治经济理论与指导思想、中国特色企业管理思想与模式三类。这些理论是指广义的理论与工具，涵盖基础理论、具体的方法论、技术和工具等。

（1）西方的组织学习和发展理论。主要指自20世纪90年代初中国企业陆续引进的西方组织学习理论、人才发展理论、组织变革与发展理论等。其中的组织学习理论，是指组织学习、组织学习力、学习型组织等基础理论，以及五项修炼模型、单环学习法、双环学习法、行动学习法、标杆学习法、知识转化模型、知识图谱、知识萃取模型或工具等组织学习方法与知识管理工具；人才发展理论，涉及人才选拔、培养、激励等方面内容，具体包括冰山模型、素质洋葱模型、KSAO模型等能力素质测评模型，学习金字塔、加涅九段教学法、布鲁姆教育目标分类法、柯氏四级评估法、案例教学法、翻转课堂等教学方法论与工具，马斯洛需求层次理论、ERG理论、双因素理论等人才激励模型与理论；组织变革与发展理论包括战略、创新、创新力、核心竞争力、组织行为、组织变革、企业文化等基础理论，六盒模型、麦肯锡 7S 模型、力场分析法等方法与工具；战略分析及思维创新工具，包括 PESTEL 分析法、SWOT 分析法、波特五力分析模型、鱼骨图分析法、头脑风暴法、团队列名法、德尔菲法等。

（2）与组织学习相关的政治经济理论与指导思想。主要指对中国企业组织学习起着重要引领和指导作用的中国特色政治经济理论及指导思想。坚持党的全面领导是实现高质量发展的根本保证，中国企业的组织学习与人才发展也必然要由党的理论来指导。这些理论也是高质量学习理论体系中"政治保证"功能以及"三大基因"内涵的重要来源。政治经济理论，主要指党的基本理论、基本路线、基本方略和党的创新理论，涵盖习近平新时代中国特色社会主义思想、马克思主义中国化、中国特色政治经济学、中国经济高质量发展、新质生产力、《中国共产党组织工作条例》、《中国共产党国有企业基层组织工作条例》等，还有国有企业改革相关政策要求及重要讲话精神，尤其是党关于干部教育培训、人才工作的重要论述、文件精神等，例如习近平在中央党校建校 80 周年庆祝大会暨 2013 年春季学期开学典礼上的讲话、习近平在中央人才工作会议上的重要讲话、《全国干部教育培训规划（2023—2027 年）》、国有企业领导人员"二十字"标准、新时代领导干部八项本领、新时代青年干部七种能力等。

（3）中国特色企业管理思想与模式。主要指在中国企业组织学习过程中对组织变革与发展起着一定指导作用的中国特色企业管理思想，这也是由中国企业的自身特质及所处环境决定的。其主要内容包括两部分：一是中国特色管理思想的"四大特色"，即把党的领导融入公司治理各环节、强大的党建文化体系、先进的中国特色企业文化理念、个性化的管理思想与经营管理模式；二是中国企业领先之道，即遵循顺应市场经济发展规律及时代变革大势、服务国家战略、发挥党建文化体系的核心作用、创新探索中国特色企业发展模式四大规律，掌握战略引领、管理变革、创新驱动、资本运作、品牌塑造、人才发展和文化建设七大关键能力要素。

第三节　三个逻辑与"三大基因"：理论之本质与特性

党的组织学习历史经验、中国企业组织学习实践经验、教育培训机构服务探索经验、世界500强企业组织学习标杆案例、组织学习与发展理论这五个来源，为高质量学习理论体系的科学性与价值性提供了根本保证，并充分彰显了理论体系的原创性与融合性，为理论体系的进一步丰富和发展提供"源头活水"，归根结底是因为其背后蕴含着三个深层次的内在逻辑与三大中国特色"基因"。

一、三个逻辑：历史逻辑、理论逻辑、实践逻辑

三个深层次的内在逻辑是历史逻辑、理论逻辑、实践逻辑（见图5-9）。

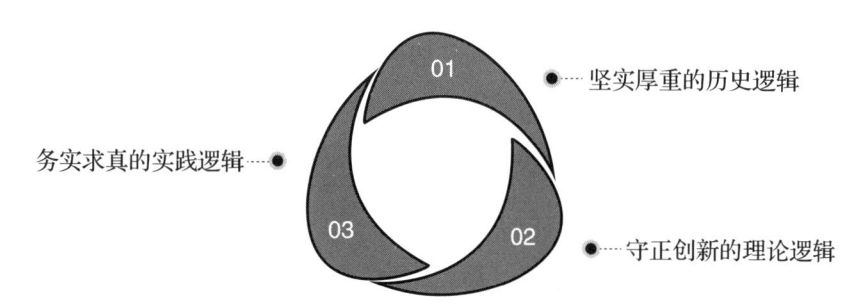

图5-9　高质量学习理论体系的三个内在逻辑

（1）坚实厚重的历史逻辑。高质量学习，从现实意义来看，是新时代背景下应对环境变化、重塑核心竞争力、实现高质量发展的根本途径，它推动企业高质量发展。回顾历史，中国企业组织学习从最初的自主摸索，

到不断引进吸收西方组织学习与发展理论并进行本土化探索，再到今天的创新突破，已经步入追求更高质量、更高效率、更高效益的阶段，亟须中国式组织学习理论来指导新的实践，而且，无论是我们党的组织学习历史经验，还是中国企业的组织学习历史经验，都表明只有回归组织学习的本质，通过高质量学习，才能有效解决发展问题、增强组织韧性、促进创新创效、提高核心竞争力，实现组织的价值增长与可持续发展，历史中已经沉淀了大量成功模式、实践成果，并形成了初步的理论框架，为新理论的产生创造成熟的客观条件。总之，高质量学习理论的形成与发展是历史的必然选择。

（2）守正创新的理论逻辑。高质量学习，是基于西方的组织学习与发展理论、与组织学习相关的中国特色政治经济理论与指导思想、中国特色企业管理思想与模式而开展的组织学习。一方面，高质量学习理论遵循了企业发展、组织变革、人才发展的规律，尤其是深刻剖析了组织学习力与创新力、核心竞争力的逻辑关系，揭示了组织学习与人才发展、战略发展之间的必然联系，还遵循了中国共产党执政规律、社会主义建设规律、人类社会发展规律，尤其是充分体现了组织学习实践与马克思主义基本原理、中国特色政治经济学、中国特色企业管理思想的深度结合；另一方面，高质量学习理论对组织学习、组织学习力进行了重新定义，对组织学习的战略地位与核心价值进行了重新定位，是对组织学习理论体系的重构，并探索性提出中国特色"基因"。总之，高质量学习理论的形成与发展有其深刻的理论逻辑。

（3）务实求真的实践逻辑。高质量学习，是从多层次、多领域实践当中总结出来的，也是在直面问题、解决问题中逐步形成的。高质量学习理论体系五个来源中，有四个来源为实践内容，即党的组织学习历史经验、中国企业组织学习实践经验、教育培训机构服务探索经验、世界500强企业组织学习标杆案例。这些实践经验与成果来自不同领域、不同区域、不同机构，能够帮助我们多层次、多角度审视问题、思考理论，为探索组织学习的"真理"提供了得天独厚的实践基础。组织学习面临个体学习与组织学习矛盾、工作与学习矛盾、供给与需求矛盾，面临西方理论"水土不服"、部分实践"无标可对"、系统性与战略性不强、知识转化能力偏弱等问题，然而中国企业组织特性及所处文化土壤，决定了我们要以中国式组织学习理论来指导我们新的组织学习实践。基于问题导向、源于丰富实践的高质量学习理论，必然对组织学习的进一步实践具有极强的引领性与指导性作用。

二、"三大基因"：一个坚持、一个融合、两个结合

无论是理论层面还是实践层面，高质量学习都呈现出了典型的中国特色。理论层面，高质量学习理论体系的重要理论来源，就有组织学习相关的中国特色政治经济理论与指导思想、中国特色企业管理思想与模式，高质量学习理论体系当中强调的政治保证、学习内容、学习文化、学习共识力、战略路径图等内容，都充分融入了党的建设、国企改革、企业战略、企业文化等内涵要求；实践层面，则涌现出了"二元融合"的学习组织形态，"双向交流"的人才培养，以理论教育、党性教育、履职能力、知识培训为核心的学习内容，独具红色基因的学习方法或者学习模式，"重视学习、善于学习"的学习文化等，归结起来，有一个坚持、一个融合、两个结合这三大特点，我们称之为"三大基因"（见图 5-10）。

（1）一个坚持——始终坚持用党的科学理论武装队伍思想。回顾党的百年奋斗史，实际上就是一部用马克思主义及其中国化创新理论武装全党和领导人民不断前进的历史，党的科学理论是指导党全部活动的理论体系，是指引党和国家不断前行的光辉旗帜。而从中国企业组织学习的历史来看，始终坚持用党的科学理论武装队伍思想，凝心铸魂，引领正确发

一个坚持
始终坚持用党的科学
理论武装队伍思想

一个融合
与学习型党组织
建设融为一体

两个结合
注重与中华优秀
传统文化、企业
具体实际相结合

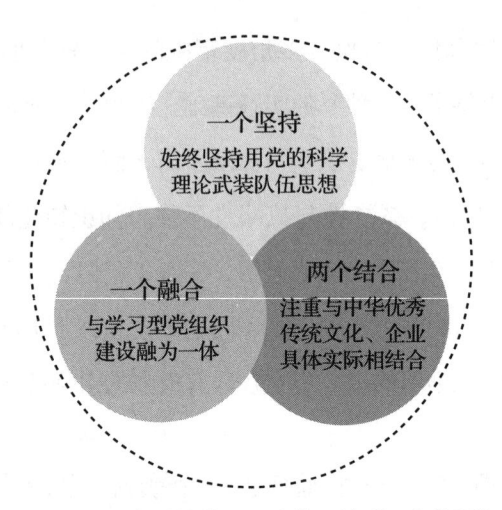

图 5-10　高质量学习理论体系的"三大基因"

展方向，才能确保企业行稳致远。因此，在学习内容方面，党的理论教育是根本，党性教育是核心，在队伍能力方面，提高政治能力是关键。大量企业将党的科学理论作为干部人才队伍培养的重要学习内容，甚至将其融入岗位胜任力模型的设计中，作为政治能力提高、党性修养加强的必修课内容。总之，始终坚持用党的科学理论武装队伍思想，是中国企业组织学习的鲜明特色，要一以贯之。

（2）一个融合——与学习型党组织建设融为一体。学习型组织建设与学习型党组织建设的融合，从中国企业刚刚引入西方组织学习理论进行实践探索的时候就开始了。这是由中国企业组织结构、机制和文化个性特征决定的，也是经过历史实践证明的成功有效的组织学习机制与模式。这种融合不仅开启了学习型组织建设的本土化探索，还实现了组织学习实践与马克思主义基本原理的深度结合，并充分体现了中国企业组织学习的独有特色和创新精神，也是区别于任何西方企业的最大特色。例如：学习组织方面，党校与培训组织部门并存，而且党校是干部教育培训的主渠道、主阵地；学习对象方面，党员干部队伍与企业经营管理队伍同步建设、"双向交流"、融合发展；学习内容方面，党的基本理论、基本路线、基本方略等内容属于课程体系的重要组成部分；学习形式方面，党委（党组）理论学习中心组学习、"第一议题"、"三会一课"等常态化学习方式，成为中国企业组织学习方法的一大亮点；学习机制方面，不同时期制定的全国干部教育培训规划、关于推进学习型党组织建设的意见、中央关于在全党深入开展主题教育的意见等，使得学习型组织建设与学习型党组织建设进一步统一目标、统一思想、统一步伐；学习文化方面，中国企业组织学习传承了我们党学习的优良传统。总之，学习型组织建设与学习型党组织建设融为一体、根深蒂固，成为中国企业组织学习的独特优势与创新模式。

（3）两个结合——注重与中华优秀传统文化、企业具体实际相结合。中国企业的组织学习，一直以来注重将西方组织学习、发展理论与中华优秀传统文化、企业具体实际相结合，具体体现在将先进的组织学习理念、技术与方法同我们党组织学习倡导的学习理念、技术与方法的结合，以及在组织学习过程中，重视将中华优秀传统文化、革命文化、社会主义先进文化融入学习内容。学习型组织建设与学习型党组织建设融为一体，充分体现了西方组织学习方法论与我们党组织学习方法论的深度结合。中国企业的组织特性及所处文化土壤，也决定了中国企业组织学习必须做到"两个结合"。总之，注重与中华优秀传统文化、企业具体实际相结合，是中国企业组织学习实践创新的必然选择，其本身也是马克思主义基本原理同中国企业组织学习实践相结合的过程。

第四节　双重价值：理论创新与指导实践

时代是思想之母，实践是理论之源。高质量学习理论体系是在动荡变革、纷繁复杂时代环境中，西方组织学习理论"水土不服"，历史客观条件成熟的背景下应运而生的，是充分吸收西方组织学习和发展理论而重新梳理的，是基于党组织学习实践、中国本土企业组织学习实践、世界500强企业组织学习实践、教育培训机构知识服务项目实践而总结提炼的。商儒企业管理研究院2019年提出"高质量学习"概念，经过一次次主题交流、课题研究，一个个学习项目实践应用，在2021年正式发布高质量学习理论体系。高质量学习理论体系在理论创新与实践创新的良性互动中，在中西方学术思想与文化理念碰撞中，不断更新和完善，开启了中国式组织学习理论的体系化与学理化探索，对于组织学习学科理论进步和中国自主知识体系建设具有一定推动作用，同时，对于指导中国企业组织学习实践、推动企业成长与社会发展具有重要价值与深远意义。其价值主要体现在理论创新与指导实践两个方面。

一、理论创新：为学日益，探索新知

理论创新是指人们在社会实践活动中，对出现的新情况、新问题作出新的理论分析和理论解答，对认识对象或实践对象的本质、规律和发展变化的趋势作出新的揭示和预见，对人类历史经验和现实经验作出新的理性升华。简而言之，理论创新是对原有理论体系或思想观念的新突破，是对原有理论和方法的新修正和新发展。那么，高质量学习理论体系有哪些突破与创新呢？

一是重新定义组织学习、组织学习力等基础名词，创新提出高质量学习概念及"九要素"、"六特性"、"五力"模型等基础理论，尤其是科学回答了组织学习力的内涵、特征、价值和提升路径，是对组织学习与人才发展时代之问、实践之问的科学回应。二是重新定位组织学习的战略地位与核心价值，创新提出"三支柱"模型，从战略层面强调组织学习必须与战略、人才"并行",才能实现既"强人"又"强企",并通过资源效能均衡模型,阐释了资源与效能的关系,当"强人"因素资源与"强企"因素资源处于均衡状态时,可以实现组织新能力效能最大化。三是重新思考组织学习力与组织创新力、核心竞争力之间的逻辑关系,从组织学习、组织学习力的内涵要求及本质特征出发,探索三者之间的必然联系与发展规律,从理论与实践两个层面,回答如何通过组织学习力提升组织创新力,进而转化为核心竞争力的方向与路径。四是探索性提出中国特色"基因",即始终坚持用党的科学理论武装队伍思想,与学习型党组织建设融为一体,注重与中华优秀传统文化、企业具体实际相结合,高度诠释了高质量学习理论体系的中国特色内涵,深度探寻了高质量学习理论体系的历史根基与活水之源,这也是我们持续开展高质量学习课题研究、积极探索中国式组织学习理论与实践创新的最大底气来源。五是重构体系化新理论。高质量学习理论体系,涉及多学科基础理论知识,涉及党的建设、人才发展、企业文化、社会学、心理学等,主体内容涵盖基本理论(定义、内涵、要素、功能、特性等)、评价指标体系、实施路径,延伸内容包括应用到实践中的组织体系、人才体系、知识体系、服务体系、激励体系五大子体系,以及教学运营体系(含教学质量管理体系)、相关理论知识库、标杆案例库、学习技术工具库、学习方法论、研究方法论等,已经形成了融贯中西、学科融合、结构完善、知行合一的中国式组织学习理论体系。

二、指导实践:为学之实,固在践履

宋代著名哲学家、教育家朱熹曾言:"为学之实,固在践履。苟徒知而不行,诚与不学无异。"理论的最终价值在于指导实践,作为组织学习领域中的突破性理论,高质量学习理论体系在企业组织学习实践过程中,起着重要的方向引领、方法指导、问题解决、风险防范、创新驱动作用，而且被广泛应用于组织学习、人才培养、战略发展、党的建设、企业文化等实践领域的主题交流、案例分析、课题研究、项目实践等活动。

（1）方向引领。主要指充分发挥高质量学习理论体系的先导性作用，有利于企业组织树立先进学习理念、正确把握组织学习发展方向，转变学习思维模式，重塑全员学习、终身学习、主动学习、高效学习的"大学习"文化。例如：重新认知组织学习力，进一步厘清组织学习力与组织创新力、核心竞争力、高质量发展之间的逻辑关系，有利于我们在严峻复杂时代背景下，深刻理解组织学习的重要价值和发展目标，是我们开展一切组织学习活动的重要理论基础；重新定位组织学习在经营管理活动中的战略地位，制定科学的高质量学习规划，可以帮助我们通过顶层设计，正确把握组织学习的整体发展方向，最优化配置利用学习资源，充分调动全员参与积极性，高效有序推进各项组织学习工作，充分发挥组织学习对企业发展的战略支撑作用；高质量学习理论体系特别强调战略性与系统性，对其全方位应用，能够帮助企业从顶层设计到战略执行、从学习型组织建设到具体学习项目实施，赋予组织及个人全新的战略思维与系统思维模式，进而引导全体员工统一学习思想、转变学习行为，重构团结共享、积极向上、良性竞争、勇于创新的学习文化，为企业全面推进高质量学习提供理论支撑与源源不断的内生动力。

（2）方法指导。主要指充分发挥高质量学习理论体系的指导性作用，为组织学习实践提供原则、依据与方法，确保活动实施和项目执行专业、规范、高效、有序，不断提高学习质量与效率。高质量学习理论体系既适用于企业组织整体，又适用于各学习项目及项目的关键环节。例如，应用最为广泛的就是组织学习力评价方法论，既可以用来全面评估组织学习力现状，系统性总结经验与成果、发现问题与差距，并提出组织学习力提升的整体解决方案，又可以用来差异化分析不同部门、不同层级、不同业务条线人员的组织学习力表现以及组织学习满意度，并提出针对性改进策略。又如，系统性、专业化的战略路径图与实施路线图，既可以作为企业组织层面推动高质量学习的总体指导，又可以作为项目层面实施各类学习项目的流程指导。再如，"九要素"、"六特性"、"五力"模型、组织学习力评价指标体系、学习需求分析方法论、教学质量管理体系等，可以应用到每一个学习项目及项目的各个环节。我们在执行任何一个学习项目时，需要统筹考虑这些关键要素与高质量标准要求，真正意义上从战略、文化层面思考如何高质量实施学习项目并提升组织学习力，而不是片面地追求个人能力素质的提高，也不是孤立地思考某一个项目的效益。我们发现，大量学习效果突出、具有标杆引领性的学习项目，基本上都体现了"九要素""六特性"等重要因素及其要求。

（3）问题解决。主要指在组织学习实践过程中，依据高质量学习理论体系的理论框架与方法指导，认识问题、发现问题、分析问题并解决问题，而其中理论的价值在于实现三个升级——从解决一个问题到解决一类问题的升级，从非结构化思考问题到系统解决问题的升级，从解决表象问题到解决根本问题的升级。过去的企业组织学习，更侧重于岗位胜任力、团队职业化能力和任职资格能力的提升，普遍存在"强人不强企"的不平衡问题，如何从根本上解决此问题一直是组织学习与人才发展的最大困扰。高质量学习理论体系给出了整体性问题解决方案。例如，2021年某中央企业充分应用高质量学习理论体系开展课题研究，开展组织学习力评价，全面盘点了组织学习各要素的优劣势、人才队伍培养与发展现状，并依据评价结果制定了高质量学习规划和高素质人才培养规划，在推动高质量学习、促进人才发展、支撑公司战略发展方面发挥着至关重要的作用。该项课题成果得到集团各部门的高度认可，并被列为集团"十四五"战略规划的重要参考内容。又比如，2022年某中央企业将高质量学习理论体系应用到人才强企课题研究中，针对组织学习与人才培养方面，充分借鉴了"九要素""六特性"等基础理论以及大量标杆案例经验，为集团中长期人才发展规划制定提供了重要的理论依据和针对性的有效策略。

（4）风险防范。主要指充分发挥高质量学习理论体系的规范性、预见性、检验性作用，在组织学习实践中尽量避免出现方向偏差、常识问题，并有效防范与化解各类风险问题。规范性主要体现为理论所要求的原则、关键要素、标准化的方法论，这些常规性要求、理论常识对于组织学习的行为和活动具有一定的约束力，例如教学质量管理体系对教学工作开展和学习项目实施都具有较强的规范作用。预见性主要体现为理论所把握的事物发展方向及规律，可以帮助企业对组织学习面临的环境、挑战及未来发展趋势进行理性分析与科学预判，避免走弯路、走错方向，例如高质量学习战略路径图，实际上就是企业立足于现状、着眼于未来的组织学习力提升路径，具有极强的战略引领性。检验性主要体现为理论所总结的评价标准与方法的应用，可以帮助企业及时发现问题并予以改进，降低项目风险。例如组织学习力评价、项目学习效果评价等指标体系及方法的应用，就能对组织学习实践中的过程与结果随时进行评估、检查与监督，有效降低整体运行风险和项目风险。

（5）创新驱动。主要指理论与实践有效互动产生的自然结果。科学的理论不仅能够很好地引领和指导实践活动，并高效解决问题、防范风险，还能有效地促进实践创新，并推动理论的再创新。通过高质量学习理论体系所总结的发展规律、基本常识、实践准则和评价标准，检验组织学习实践中存在的问题与不足，深入分析问题背后的深层次原因，并结合时代环境、企业实际，进一步指导组织学习活动和行为不断改进和完善，促进组织学习的实践创新，最终形成具有企业自身特色的组织学习模式与发展经验。这些实践创新成果经过再总结、再提炼，将不断丰富和完善高质量学习理论体系，以新的理论指导新的实践。例如，商儒企业管理研究院服务的大量学习项目，近几年充分地运用高质量学习理论体系，将高质量学习理念、"九要素""六特性"、组织学习力评价指标体系等充分融入项目调研、需求分析、策划设计、教学执行、项目评估、行动反馈等环节，已经形成了部分标杆学习项目案例，这些成功模式与典型经验将成为高质量学习理论体系进一步丰富和完善的重要来源。

总之，高质量学习理论体系在实践中的应用内容，不仅包括"九要素""六特性""三支柱""五力"模型等核心理论，还包括延展性的组织学习理念、相关理论知识、系列方法论、可操作性的标杆案例、管理技术与工具等。其应用范畴以组织学习与人才发展领域为主，同时涉及经营管理各个领域，包括战略发展、党的建设、企业文化等，不仅能够应用到企业整体层面，还能应用到各部门、各业务条线、各学员个体和各类学习项目（包括项目的各个环节）。其应用方式包括课题研究、项目实践、主题研讨、学习交流、案例分析等，具体包括组织学习力评价、高质量学习规划、组织新能力建设、高素质人才队伍建设（人才培养与发展体系构建）、人才强企战略制定、学习地图（含课程体系）构建、能力素质模型构建、学习项目质量改善、跨界学习交流、内外部标杆案例梳理、组织学习力路径与模式探索、学习型党组织建设等，对提升组织学习力、夯实人才队伍、改善企业管理水平、支撑企业战略具有理论支撑与实践指导价值。

小　结

从高质量学习基本定义、关键要素与主要功能、总体特征、核心价值、学习力模型、学习力转化、战略路径图、实施路线图等核心内容及其延伸内容来看，高质量学习理论体系既有理论原理，又有操作方法，既有西方理论精粹，又有中国特色"基因"，具有系统完整、逻辑严谨、融贯中西、体用结合的典型特征。

高质量学习理论体系是基于回归组织学习本质、梳理组织学习历史、总结组织学习实践、思考组织学习未来，科学系统回答了新时代高质量学习的内涵、特征、要求、意义及实施高质量学习的路径与方法，强调立足"三支柱"、保持"三大基因"，统筹"九要素"，体现"六特性"，表现为"五力"，从而实现"九功能"。

其理论上的最大突破是：重新定义组织学习、组织学习力，以及组织学习的战略地位及核心价值，厘清组织学习力、组织创新力、核心竞争力之间的逻辑关系。探索性地提出中国特色"基因"，重构体系化、学理化的组织学习新理论，是中国式组织学习理论研究的一次进步，是中国自主知识体系建设中不可或缺的一部分。高质量学习理论体系对于组织学习实践，起着重要的方向引领、方法指导、问题解决、风险防范与创新驱动作用；对于夯实人才队伍、改善企业管理水平、提高核心竞争力、支撑企业战略，具有重要现实意义；对于推动学习型社会建设、促进社会创新与发展，具有较强时代价值。

高质量学习理论体系之所以能够充分彰显理论创新与指导实践的双重价值，是因为其理论形成过程中严谨追溯五个来源——党的组织学习历史经验、中国企业组织学习实践经验、教育培训机构服务探索经验、世界500强企业组织学习标杆案例、组织学习与发展理论；深刻把握三个逻辑——历史逻辑、理论逻辑、实践逻辑；时刻保持"三大基因"——始终坚持用党的科学理论武装队伍思想，与学习型党组织建设融为一体，注重与中华优秀传统文化、企业具体实际相结合。

06

第六章
如何推动企业高质量学习

行之力则知愈进，知之深则行愈达。中国企业基于继承和发扬中华优秀传统文化和我们党组织学习的优良历史传统，充分汲取西方先进的学习理念、技术与工具，并不断融合、应用、转化，该过程中形成的实践经验、成果及高质量学习理论体系，是中国式组织学习理论发展中的原创贡献，也是中国式现代化进程中的点滴成果，对于中国企业提升组织学习力、推动企业高质量发展具有较强的指导意义。我们仍须赓续历史文脉，有效应用高质量学习理论体系，全面推动企业高质量学习，并在实践中不断总结、丰富和发展。

然而，推动企业高质量学习是一项系统工程，其本质要求是构建科学高效的高质量学习体系。我们需要坚持历史自信与理论自信，充分发挥中国式组织学习理论的优势，从"三支柱"核心价值角度思考组织学习的战略定位与规划制定，从"九要素"系统考虑组织学习的各级组织机构、各项工作内容，以及"强人"因素资源与"强企"因素资源的合理配置，从"六特性""三大基因"把握组织学习的高质量本质特征，从组织学习"五力"来明确组织学习力提升的重点方向。我们必须统筹考虑组织学习的三对主要矛盾，即个人学习与组织学习的矛盾、工作与学习的矛盾、供给与需求的矛盾，以及"难学习""大学习"背景下组织学习面临的各种问题与挑战，同时应注重处理好战略与策略的矛盾、整体与局部的矛盾、传统与创新的矛盾、理论与实践的矛盾。

可见，继承历史传统、达成高度共识、坚持问题导向、系统思考推进、把握重点方向、高效实施策略、闭环持续改善，是推动企业高质量学习的必然要求与基本途径。归根结底，需要高质量学习理论创新与实践创新良性互动与双向转化，因此，明体达用、知行合一，应贯穿其始终。

第一节　达成共识：让学习成为一种信仰

热爱学习是中华民族的优良传统，学习的重要性不言而喻。但是，根据商儒企业管理研究院调研数据，有近一半的企业仍然在学习共同愿景、学习价值追求、学习路径等方面尚未达成高度一致，这也是众多企业个人与组织学习的矛盾、工作与学习的矛盾、供给与需求的矛盾日益突出的重要原因之一。因此，我们首先要厘清组织学习共识的基本内涵。它不仅指学习的重要性或个人学习层面的认知，还包括所有组织成员对组织学习重要性、学习理念（包括学习愿景、使命、价值观、学习行动理念）、组织学习规划、组织学习方法等的认同度，尤其强调从理念到理论，再到行动的一致性。

从认知到认同，建立高度的组织学习共识，以改善心智模式为出发点，是企业推动高质量学习的基本前提。那么，如何达成高度的组织学习共识，让学习成为组织的一种共同信仰呢？依据组织所需达成共识的基本过程，我们可以从三个方面着手（见图6-1）。

图6-1　达成组织学习共识的出发点及三个方面

一、高质量学习理念共识

理念是行动的先导。一定的发展实践是由一定的发展理念来引领的。企业推动高质量学习,需要尊重历史、立足现实、面向未来、开放创新的高质量学习理念作为"指挥棒"。强化理念认同,是企业在高质量学习推进过程中保持方向坚定性、思想一致性与强大凝聚力的根本前提。具有引领性的高质量学习理念,涵盖组织推动高质量学习的重要性与必要性、组织学习愿景与使命、组织学习倡导的价值观、具体的学习行动理念、中华民族优良的学习传统、党倡导的学习理念、西方先进的学习理念、学习与人才发展理念等内容。

这些高质量学习理念常常与公司的战略和文化紧密相关。要达成高质量学习的重要性与必要性方面的共识,需要组织成员理解高质量学习与公司战略、组织变革、企业创新、人才发展、高质量发展等之间的逻辑关系,如"党和国家事业发展的需要是我们探讨组织学习的根本出发点和落脚点""企业的竞争优势归根结底来源于组织学习""组织学习是支撑企业走向未来的重要因素和重要行动,组织学习力是企业面向未来重塑竞争优势的重要能力""高质量发展的根本动力是改革创新,而改革创新的源泉是学习,而且应该是高质量学习",还需要理解中国式组织学习理论的独特优势及其形成必然性,如"中国共产党人依靠学习走到今天,也必然要依靠学习走向未来"的成功经验和成果、学习型组织建设与学习型党组织建设融合的特点及优势等。

组织学习的愿景与使命,往往与企业的使命与愿景紧密相关,因此,树立学习共同愿景与使命的前提,是组织成员对公司愿景与使命的高度认同,否则必然会出现个人学习追求与组织学习追求的偏差。例如,中国建材集团原董事长宋志平在北新建材总厂担任厂长期间,高度重视学习型组织建设，在此过程中，除了让干部员工系统学习经营管理，还特别强调建立企业的共同愿景，加强企业干部之间的交流。他当时给北新建材总厂的干部们写了六条价值观[①]作为企业的共同愿景，这对北新建材总厂树立学习共同愿景与使命、高效推进学习型组织建设，起着至关重要的作用。

组织学习愿景与使命、倡导的价值观和具体的学习行动理念，实际上是完整的学习文化理念体系，属于企业文化理念体系中重要的"子文化"。因此，树立高质量学习理念共识，本质上是学习文化理念体系构建、宣贯并达成共识的过程，是塑造良好学习文化的起点，也是企业进行学习品牌形象传播的重要过程。因此，企业应该首先建立全体员工认同并遵照执行的学习文化理念体系或者某一核心理念，并按照企业文化建设的路径加强理念宣贯、内外部传播、制度建设、行为约束、形象展示等，努力做到"内化于心、外化于行、固化于制"，在此基础上，不断提高组织对高质量学习重要性与必要性、优良历史传统、先进学习理念等内容的认知度与共识度。例如，中国交建倡导"崇德崇学，向上向善"的员工价值准则，其学习价值观既涵盖了企业对员工品德的总体要求，也涵盖了员工自我教育、自我完善、自我提升的成长诉求。中交第三公路工程局有限公司基于中国交建员工价值准则，进一步提出了"学习就是生产力"的学习理念，强调人是生产力三要素中最根本的要素，人的素质提升是生产力的最大提升，要求全体员工"博学之，审问之，慎思之，明辨之，笃行之"，将打造学习型组织作为公司不懈前进的动力，塑造良好的学习文化和学习品牌形象。

---

① 核心内容：企业的发展战略与经营战略；坚持"以企业为本"的思想，正确处理国家、企业和员工的利益的关系；追求服务社会；追求质量和信誉；具有坚定的信念和十足的勇气，拥有足够的智慧和知识；贯彻"以人为中心"的企业管理思想。

二、高质量学习理论共识

理论是实践的指南。正确的理论是决策科学、行动有力的基础。企业推动高质量学习，需要源于实践、融贯中西、知行合一、科学前沿的高质量学习理论起到"灯塔"作用，增进理论认同，是企业在高质量学习推进过程中坚持理论自信、做好正确决策、确保行动高效的基本保障。具有科学性的高质量学习理论，主要指具有中国特色的高质量学习理论体系、自主研发的组织学习理论成果和方法论，以及重要的组织学习基础理论、技术与工具。

具有中国特色的高质量学习理论体系包括三个方面的内容：一是高质量学习理论体系的核心内容，即基本定义、关键要素与主要功能、总体特征、核心价值、组织学习"五力"模型、学习力转化、高质量学习战略路径图、高质量学习实施路线图；二是高质量学习理论体系的五个重要来源（党的组织学习历史经验、中国企业组织学习实践经验、教育培训机构服务探索经验、世界 500 强企业组织学习标杆案例、组织学习与发展理论），以及高质量学习理论体系背后的三个逻辑与"三大基因"；三是高质量学习理论体系在组织学习实践中的具体应用，例如高质量学习规划、各类学习项目及项目中的各个关键环节，包括需求调研、课程开发、方案设计、教学实施、评估反馈、行动改进等。

自主研发的组织学习理论成果和方法论，主要指企业在组织学习过程中形成的理论成果、成功实践模式。例如商儒企业管理研究院提出的高质量学习规划编制方法论、组织学习力评价指标体系、DECAF 教学质量保障体系、案例研究方法论、中国企业领导干部能力素质要素、在线学习体系构建方案、基于胜任力培训体系整体解决方案、培训效果评价体系等，中国大连高级经理学院董大海等提出的国有企业高层管理者胜任力通用模型、葛晶晶提出的国有企业家精神指标体系等，中国中化集团原董事长宁高宁历经 20 余年实践探索形成的团队学习法。

重要的组织学习基础理论、技术与工具也是组织学习参与者必须掌握的基本功。其包括组织学习、组织学习力、学习型组织的定义、内涵、特征、相关方法论及常用的团队学习技术与工具，例如组织学习的基本条件，组织学习力的内涵，组织学习力与创新力、核心竞争力之间的逻辑关系，五项修炼模型，团队学习法，标杆学习法，案例研究方法论，组织学习力评价工具，团队研讨分析工具等。

增进理论认同是一个循序渐进的过程，不但需要组织学习参与者通过持续的理论学习，掌握基础理论知识、核心观点与关键方法，厚实高质量学习理论功底，还需要在实践中不断检验、深化对理论的认知与认同，甚至是探索形成具有企业自身特色的理论成果，方能做到"知之深"，即知其言更知其义，知其然更知其所以然。

三、高质量学习路径共识

路径是具体的实践方法，是理念落实到行动、理论应用到实践的基本途径与具体措施。企业推动高质量学习，需要"规划统一、方向明确、步骤清晰、重点突出、符合实际"的高质量学习路径作为"金钥匙"。强化路径共识，是企业在高质量学习推进过程中确保全员行动一致、执行高效的重要支撑。具有战略性与实效性的高质量学习路径，主要指企业基于高质量学习理念共识、高质量学习理论共识，根据企业实际现状和未来发展需求制定的长周期组织学习规划及具体的路径与方法，包括学习需求分析、规划思路、详细实施方案、主要理论依据、采用的技术和工具等。

学习需求分析通常包括战略分析、标杆分析与组织学习力分析三个层面的分析结果及其依据。通过理解战略分析，在组织学习的战略定位、愿景目标等方面达成共识；通过理解标杆分析，在组织学习的发展趋势、对比差距问题、改善方向等方面达成共识；通过理解组织学习力分析，在组织学习力的现状表现、主要存在问题及其深层次原因、提升着力点等方面达成共识。理解学习需求分析，其根本目的是在"为什么学"的认知问题上达成高度共识，帮助组织学习参与者把握问题导向，更好地理解企业组织所选择的组织学习目标、路径与方法。

在"怎么学"的认知问题上达成共识，主要是通过理解高质量学习规划重点内容并掌握相关学习技术和工具来实现。高质量学习的学习规划重点内容包括学习规划制定的原则、目标、总体思路、主要理论依据和具体实施方案，例如学习组织队伍建设、分级分类人才培养体系构建、知识管理体系构建等详细的实施路径和措施，还包括各部门在企业推进高质量学习过程中应当承担的职责。相关学习技术及工具，主要指适合企业组织现状的组织学习方法、常用分析工具等，例如团队学习法、行动学习法、标杆学习法、案例研究方法论及常用的战略分析工具、数据统计分析工具、组织讨论分析工具、组织学习力评价工具、组织学习效果评价工具等。组织学习参与者应掌握基本的方法概念、流程及应用要求。例如，中国中化集团在其总部团队建设研讨会上，经常采用团队列名法、鱼骨图分析法、5WHY 分析法等工具收集讨论意见、梳理问题，采用 PEST 分析、3C 分析、SWOT 分析等工具进行深层次的问题分析与原因探究。

从"为什么学"到"怎么学"，从分析问题到解决问题，形成高质量学习路径共识的过程，与企业组织学习具体的操作实践直接相关，是将理论应用于实践的过程。因此，推进高质量学习的领导者、组织实施者、专业服务队伍及各部门主要负责人需要通过充分的思想交流，在高质量学习路径方面达成高度共识。

第二节　评价切入：一切从问题出发

组织学习力评价是高质量学习规划的起点，是制定科学的高质量学习规划的重要依据，是实现干部教育培训供给与需求精准匹配的根本前提。组织学习力评价从高质量学习体系的顶层设计出发，将时代发展与企业发展相结合，探索企业对高质量学习的需求，既要进行经验总结，又要进行诊断分析，既有整体方向的科学把握，也有具体问题的深度分析，帮助企业在总结历史经验成果的同时，明确组织学习新的战略定位与组织学习力提升的重点方向，抓住组织学习过程中的主要矛盾和矛盾的主要方面，为学习型组织建设、组织新能力建设提供切合实际、富有洞见的判断和对策，实现资源精准投放与问题有效改善，夯实高质量学习体系的构建基础，更好地满足组织需求、岗位需求与人才需求，切实增强组织学习的战略性、系统性、针对性、实效性、生态性、标杆性，进而为公司总体战略规划与人才发展规划落地提供重要支撑。

然而，组织学习力评价是组织学习领域的一个新课题。其指标该如何界定，如何基于指标设计兼顾信度与效度的问卷，如何进行创新性的全方位分析，如何实现供给与需求精准匹配，一直都是组织学习实践过程中的大难题。该如何科学高效开展组织学习力评价呢？

一、科学制定一套指标体系

科学制定一套组织学习力评价指标体系，是我们开展组织学习力评价的基本条件。国内外关于组织学习力的理论研究很少，而关于组织学习力评价相关实践总结或理论研究更少。因此，本书提供了通用的组织学习评价指标体系雏形。

（一）通用的组织学习力评价指标体系雏形

本书主要依据高质量学习理论体系中的"九要素"、"九功能"、"六特性"、"三支柱"、"五力"模型等核心理论，相关组织学习及人才发展理论，多年积累的组织学习服务经验和部分组织学习力评价课题结论，重点采用文献研究、问卷调研、访谈、归纳分析、因子分析、相关因素分析等研究方法，结合中国企业实际，初步提出以学习"九要素"为核心内容，由 9 个一级指标、42 个二级指标构成的组织学习力评价指标体系（见表 6-1）。

表 6-1　组织学习力评价指标体系

一级指标	二级指标
1. 学习规划	（1）规划的战略性； （2）规划的战略匹配性、框架系统性、周期持续性； （3）领导和关键部门参与度； （4）规划执行度； （5）评价科学性，针对实际问题程度
2. 学习理念	（1）理念与优良传统文化结合度； （2）理念的先进性、前瞻性与引领性； （3）学习价值观共识度； （4）对创新、变革的意识的促进程度； （5）组织学习相关基础理论及方法论的掌握程度
3. 学习组织	（1）组织机构功能完善性； （2）组织机构的战略性（引领性）、规范性与"生态性"； （3）学习工作的组织与实施质量与效果； （4）对员工成长的支持力度； （5）员工知识转化能力突出程度
4. 学习对象	（1）学习对象的分类系统性、完善性； （2）学习对象不同层级岗位胜任情况； （3）学习与业务能力提升匹配度； （4）人才储备和梯队建设对公司战略发展的支撑度； （5）学习内容及安排覆盖程度

续表

一级指标	二级指标
5.学习内容	（1）学习内容的前瞻性（战略性）； （2）学习内容的系统完善度； （3）学习内容针对性（如贴近业务需求程度）； （4）学习内容更新及时程度； （5）学习内容对学习对象差异化需求的满足度
6.学习形式	（1）学习形式丰富度； （2）学习形式创新性； （3）学习形式对学员需求的满足度； （4）不同学习形式的学习效果； （5）学习平台功能完善程度及对学员需求、企业发展需求的满足度
7.学习机制	（1）教学管理与运营机制完善度； （2）学习与职位晋升、绩效考核、薪酬福利相关性； （3）学习与创新激励机制相关性； （4）学习机制执行程度； （5）学习机制创新性
8.学习文化	（1）员工学习主动性及良好学习习惯形成程度； （2）开放、共享的学习氛围形成情况； （3）学习主体内部、内外部互动性； （4）组织学习能力情况； （5）良好的学习风气和品牌形象形成程度
9.学习资源	（1）学习资源丰富度； （2）学习资源有效配置和利用情况

目前，该组织学习力评价指标体系尽管是雏形，但具备较强的理论支撑性与实践应用性，且已经应用到组织学习力评价问卷设计、组织学习力调研等项目中，并经部分企业的项目实践检验有效。

其理论支撑性主要体现在：完全围绕组织学习"九要素"展开设计，并系统考虑各评价因素及其他重要理论依据。之所以选择"九要素"，是因为组织学习力评价既要考虑过程因素又要考虑结果因素，既要考虑个人因素又要考虑组织因素，既要考虑非财务指标又要考虑财务指标。而且，在指标体系研究过程中，重点结合"六特性"和"五力"模型来进行提炼与设计，因为组织学习力的强弱与其特性、"五力"综合表现紧密相关。

其实践应用性主要体现在：该指标体系已经成功应用于问卷设计，并有效开展了组织学习力评价。从实践应用中的数据分析来看，该指标体系具备较强的科学性与实用性。我们根据指标原始问题与组织学习质量相关问题，收集了200份企业问卷调研数据。具体分析过程如下。

首先，通过信度分析确保后续分析结果的可靠性；其次，通过探索性因子分析对原始问题降维处理，归纳并命名各个指标，明确各原始问题的维度归属；再次，通过相关性分析确定指标间不存在重复（共线性问题）；最后，通过回归分析确保该指标体系对企业学习质量有正向影响。

问卷整体克朗巴哈系数为0.833，信度良好。由于本问卷的自变量为非成熟量表，故需进行探索性因子分析。效度分析中，KMO值为0.805且非常显著，证明适合提取因子。经过探索性因子分析，根据因子得分将变量归纳为7个维度。结合指标释义，经考量后将7个维度分别命名为岗位结合度、制度结合度、执行力度、工作适应度、氛围、满意感和目标结合度（见图6-2）。

为明确各维度间的区分度，避免共线性问题，同时为检验各维度对组织学习质量的影响做准备，我们对各个变量进行相关性分析。由表6-2可见，7个维度间相关系数为0，区分度良好。同时各维度与组织学习质量均有正相关性，符合研究假设。

此后，以组织学习力7个维度为自变量，组织学习质量为因变量进行回归分析，结果如表6-3所示。各维度回归系数均为正值且显著（$p<0.05$），说明组织学习力各维度对组织学习质量具有正向影响。

216 / 高质量学习

成分得分系数矩阵

	1	2	3	4	5	6	7
Q1	-0.014	0.141	0.274	-0.011	-0.111	-0.246	0.149
Q2	0.002	0.006	0.472	-0.149	-0.051	0.026	-0.037
Q3	0.054	0.001	-0.022	-0.182	-0.064	0.574	0.033
Q4	-0.099	-0.099	-0.007	0.222	-0.241	0.026	0.557
Q5	-0.122	0.145	-0.171	-0.224	0.147	0.092	0.544
Q6	-0.124	0.417	0.062	0.075	-0.271	0.151	-0.050
Q7	-0.175	-0.148	-0.059	0.200	0.540	0.049	-0.033
Q8	0.059	-0.095	0.233	-0.147	0.388	-0.042	-0.137
Q9	0.477	-0.029	-0.014	-0.133	-0.080	0.038	-0.109
Q10	0.338	-0.160	0.125	0.266	-0.229	-0.039	-0.141
Q11	0.280	0.356	-0.307	-0.024	-0.068	-0.001	-0.024
Q12	-0.130	-0.026	0.116	0.523	0.077	0.061	-0.030
Q13	0.065	0.085	-0.090	0.277	0.074	-0.149	0.049
Q14	0.352	-0.083	-0.061	-0.134	0.112	0.038	0.013
Q15	-0.057	0.407	0.045	-0.167	0.132	0.008	-0.111
Q16	-0.191	-0.087	0.408	0.111	0.036	0.234	-0.131
Q17	0.114	-0.259	0.232	-0.066	0.055	-0.181	0.376
Q18	-0.100	0.255	0.062	0.257	-0.028	-0.244	-0.035
Q19	0.147	0.078	-0.126	-0.016	0.289	-0.099	0.000
Q20	-0.020	-0.060	-0.015	0.156	0.019	0.409	-0.083

200个企业样本，克朗巴哈系数为0.833，KMO值为0.805且非常显著

岗位结合度	Q9, Q10, Q14
制度结合度	Q1, Q2, Q16, Q17
执行力度	Q6, Q11, Q15, Q18
工作适应度	Q12, Q13
氛围	Q7, Q8, Q19
满意感	Q3, Q20
目标结合度	Q4, Q5

图 6-2　探索性因子分析结果

表 6-2　相关性分析结果

变量名	组织学习质量	Factor1	Factor2	Factor3	Factor4	Factor5	Factor6	Factor7
组织学习质量	1.000	0.231	0.170	0.344	0.224	0.239	0.231	0.230
Factor1	0.231	1.000	0.000	0.000	0.000	0.000	0.000	0.000
Factor2	0.170	0.000	1.000	0.000	0.000	0.000	0.000	0.000
Factor3	0.344	0.000	0.000	1.000	0.000	0.000	0.000	0.000
Factor4	0.224	0.000	0.000	0.000	1.000	0.000	0.000	0.000
Factor5	0.239	0.000	0.000	0.000	0.000	1.000	0.000	0.000
Factor6	0.231	0.000	0.000	0.000	0.000	0.000	1.000	0.000
Factor7	0.230	0.000	0.000	0.000	0.000	0.000	0.000	1.000

表 6-3　回归分析结果

模型	B	标准错误	Beta	t	显著性	容差	VIF
常量	3.279	0.360		90.393	0.000	1.000	1.000
Factor1	0.154	0.360	0.231	4.247	0.000	1.000	1.000
Factor2	0.114	0.360	0.170	3.126	0.002	1.000	1.000
Factor3	0.230	0.360	0.344	6.322	0.000	1.000	1.000
Factor4	0.150	0.360	0.224	4.115	0.000	1.000	1.000
Factor5	0.160	0.360	0.239	4.387	0.000	1.000	1.000
Factor6	0.154	0.360	0.231	4.245	0.000	1.000	1.000
Factor7	0.154	0.360	0.230	4.223	0.000	1.000	1.000

综上所述，经数据检验，本指标体系设计合理。不仅全面反映了组织学习质量的影响因素，且问题精简，无重复内容。同时，经过 200 份企业数据检验，各个自变量均对因变量有正向影响，说明该指标体系能够反映组织学习质量，且在评价组织学习力的调研实践中切实可行。

当然，该组织学习力评价指标体系在具体应用过程中，定然会存在一些不足。一是各级指标并没有设计权重，有些企业可能不适应。二是尚未体现结果性财务指标。没有选取此类指标的原因,是因为财务绩效类指标不好测量。三是部分指标不易量化或不够细化。例如,学习文化中的"组织学习能力情况"这项指标比较笼统,似乎不好评价,但这里指的是个人与组织学习能力的综合评价,主要与学习行动力、学习转化力、学习优化力有关,在具体应用时,会根据实际情况拆分成一些细分问题。

(二)如何构建适合自己的组织学习力评价指标体系

上述组织学习力评价指标体系不仅有系统的理论支撑,还已经成功应用于一些组织学习力评价课题项目中,是经得起实践检验的。因此,企业在设计自己的组织学习力评价指标体系时,应做到遵循规律、系统考虑、量体裁衣、灵活应用。

遵循规律,指在深刻理解高质量学习理论体系尤其是"九要素"、"六特性"、"五力"模型等核心理论内容的基础上,参照上述组织学习力评价指标体系,严格按照课题实施的方法、标准、流程来进行组织学习力评价指标体系构建。

系统考虑,指要统筹考虑与公司战略发展指标、人才强企指标、党的建设有关指标、国企改革有关指标、企业文化建设等指标的结合,要统筹兼顾过程评价与结果评价、个人评价与组织评价、财务指标评价与非财务指标评价,以"九要素"为主要内容框架,重点考虑高质量学习"六特性"、组织学习"五力"等要素的融入,综合考量过程因素与结果因素。

量体裁衣,是指在遵循规律、系统考虑的基础上,应结合企业的实际需求进行适当的调整与完善。一方面,可以就其中部分指标采用有效的研究方法与工具进行验证或调整,在科学验证的前提下,将组织学习力评价量表进行适当简化;另一方面,对于一些指标内容进行更具针对性的解释或修改,但前提是保证指标原意不变,即原指标的考量标准和要求不能随意更改。

灵活应用，是指该组织学习力评价指标体系可以应用到问卷设计、访谈调研、学习效果评估、组织学习力评价、学习需求调研、组织学习力提升研究等课题或学习项目中。因此，当企业还不能成熟开展组织学习力评价等课题或活动时，仍然可以正常采用此套组织学习力评价指标体系，对组织、部门、业务条线、班组的组织学习力进行客观的评估，同时结合对标分析，明确自身组织学习力存在的优劣势及未来重点提升方向。

二、精细设计一份调研问卷

问卷调研是一种广泛应用于社会调查、市场研究、学术研究等领域的调研方法，相较于其他调研方法，问卷调研具有广泛性、高效性、经济性、客观性、数据准确性与规范性、匿名性等优点。组织学习力评价需要面向企业群体开展广泛而又深入的调研，且需要客观评估现状、准确把握需求，因此，一份科学有效的调研问卷是必不可少的。我们在明确调研目的与对象的前提下，应注重三个"坚持"，突出核心内容，合理设计问卷结构、题目、内容和形式。

（一）注重三个"坚持"

一份科学有效的调研问卷，通常具备主题突出、逻辑清晰、规范准确、简单明了、信效度较高、适合调查对象参与、满足企业解决问题、便于资料分析处理的特征。在问卷设计过程中要注重以下三个"坚持"。

（1）坚持学术引领。强有力的学术支撑是保障问卷科学有效的基本前提，主要体现在科学的理论依据与合理的研究方法及分析工具两个方面。第一，科学的理论依据。组织学习力评价问卷设计的理论主要涉及组织学习、人才培养、党的建设、改革发展、企业文化五个方面，且以自主研发理论为主，如高质量学习理论体系、组织学习力评价指标体系、中国企业领导干部能力素质要素、人才强企指标体系、高质量党建路径与模式、党的建设融入生产经营、中国企业高质量发展关键要素、中国式企业文化建设体系等。其中，至关重要的理论依据是组织学习力评价指标体系，因为该指标体系对问卷的信度和效度起着决定性作用。第二，合理的研究方法及分析工具。在问卷设计过程中，应该前置设计、合理规划主要的研究方法及分析工具，做到题目设计与计划采用的研究方法及分析工具高度契合。

（2）坚持系统思维。问卷设计对设计者的专业性、技术性、经验性要求都很高，尤其是需要具备较强的系统思维能力。首先，问卷设计需要围绕高质量学习理论体系中的"九要素"、"六特性"、"五力"模型等来系统性设计，重点体现的是组织学习"九要素"的内涵、要求及各要素之间的逻辑关系，要把握组织学习层面的整体性；其次，问卷设计需要统筹考虑企业的党建、战略、人才、改革创新、企业文化等与组织学习力紧密相关的要素，从而系统解决组织学习力提升问题，从根本上为企业实现战略目标提供强有力的支撑，要把握公司层面各经营管理要素的协同性；最后，问卷设计需要注重定量分析与定性分析题目的结合，统筹考虑自变量、因变量、控制变量等变量要素，并结合计划采用的研究方法及分析工具，来设置题目的具体内容及呈现方式。

（3）坚持立足实际。立足实际的根本要求是问题导向，且能够经得起实践的检验，即能够通过问卷设计提出问题、发现问题、找出问题，为解决问题奠定基础。首先，问卷设计要深入研究公司文献资料及相关重要制度，做到尊重历史、立足实际、面向未来，问卷内容涉及战略、机制、文化、学习、人才等。其次，问卷设计要重点结合案例研究、对标分析，做到每一道题目设计都有依据，经得起实践的检验。最后，问卷设计要以调研目的（提升组织学习力）为中心，充分融入企业"个性"：一是充分融入当前企业组织学习与人才培养方面的特色成果，有利于总结经验与成果，甚至提炼出具有企业特色的组织学习模式；二是充分融入未来组织学习与人才发展的需求，通过针对性的问题设计、题型设计，进一步精准挖掘企业组织学习的痛点难点问题。

（二）突出核心内容

设计调研问卷的核心与关键是确定调查问题和设计量表，设计量表也是难点。量表是教育学、心理学、社会学、管理学等学科领域研究中一种常用的测量工具，涉及对个体的态度、行为、认知、感知、偏好、价值理念、心理状态的调查。它是对典型变量的定序测量，即将变量按照某种标准或属性进行排序。量表通过对问题的不同反应模式赋予相应的分值，使得不同选项反映变量变异程度的强弱。

量表设计原则上包括量表维度设计、题库编制、专家评估、收集数据和清洗数据、信效度检验、确定量表等关键环节。

（1）量表维度设计，主要取决于研究者对已有理论模型的理解和需求，研究者可以选择一个理论或结合多个理论来为量表设计提供理论基础。基于"九要素""六特性"理论框架的组织学习力评价指标体系，可以作为组织学习力评价量表设计的核心理论依据。

（2）题库编制，可以依据指标进行，即将指标转化为量表题目，力求问题简单明了、准确规范、模糊性内容少、概念抽象性内容少、符合调查对象特征及偏好，且尽量避免倾向性或诱导性题目。答案选项是对陈述内容的赞同程度，分为5个等级。例如，"学习内容"的5项二级指标是学习内容的前瞻性（战略性）、学习内容的系统完善度、学习内容针对性（如贴近业务需求）、学习内容更新及时程度、学习内容对学习对象差异化需求的满足度。依据这些二级指标，我们可以设计一些量表题目："我认为目前公司提供的学习内容的更新速度是比较快的。""我认为目前的课程内容具有前瞻性，与国家使命、公司战略、国企改革、党建、企业文化建设等要求紧密结合。""我认为目前公司整体设置的课程内容系统性、针对性较强，能够满足当前业务的需求。""在公司，我可以根据不同成长阶段及个性化需求，获取相应的学习内容。"

（3）专家评估，主要指专家基于初步编制好的题库，评估和选取与调研主题关联度高的句子，剔除或修改重复或存在歧义的句子。

（4）收集数据和清洗数据，主要指发放正式问卷之前的小范围测试调查过程中进行数据收集和清洗，为信效度检验做准备，收集数据的样本量需要达到 100 份以上，清洗数据时应剔除无效或不准确的数据，如逻辑矛盾、胡乱填写、答题时间过短、答案雷同的问卷。

（5）信效度检验，主要使用 KMO 检验和巴特利特球形检验来检验量表结构效度，采用克朗巴哈系数检验量表语句的信度。

（6）确定量表，主要指基于信效度检验结论和反复的语句校对结果，删除信度偏低的语句，去除因子载荷小于 0.5 的语句，同时优化语句的表达及呈现方式。

（三）合理设计问卷结构、题目、内容和形式

问卷主要由标题、封面信、指导语、题目及答案、个人信息、编码[①]等组成。其中最重要的内容还是问卷的主体部分，即题目及答案。组织学习力评价调研问卷应以评分题为主，既便于定量评价企业组织学习力与人才培养现状，又便于被调研者快速作答。评分题内容主要由量表内容构成，涵盖学习规划、学习理念、学习组织、学习对象、学习内容、学习形

---

① 编码指将问卷中的语词或句式回答转换成便于分析和计算机识别的数字、字符、字母符号，一般来说每个题目及答案都由对应的数字代替。

式、学习机制、学习文化、学习资源这 9 个一级指标，题目内容与各二级指标对应。不过，题目不是简单按照指标顺序进行排列，而是按照"总—分—总"的思维逻辑和调研对象的阅读习惯进行设计，同时尽量具有隐匿性，避免出现"一目了然"的问题框架，有效避免某些题目的倾向性或诱导性。其答案选项采用利克特量表形式，分为"完全不是、不是、一般、是、完全是" 5 个等级，分别表示对陈述内容的赞同程度，其等级以数字形式呈现。

由于量表评价无法获取部分客观的数据、信息及调研对象的开放式意见和建议，而且单一的定量评价难以真实完整地反映问题，还需要比较与分类、归纳与演绎、分析与综合、抽象与概括等研究方法予以补充。因此，组织学习力评价调研问卷有必要针对课程主题方向、学习方式、人才队伍品质、岗位胜任能力、学习质量影响因素等内容设置选择题，可以更加完整地呈现企业的组织学习力现状及学习需求。例如，具体课程需求方面的题目，可设置成适合矩阵分析的选择题，用以精准判断当前最重要、最急切的课程需求，同时客观了解当前课程的使用效率。又如，学习质量影响因素方面的题目，可以考虑设置排序选择题，目的是厘清当前影响企业组织学习的重要因素及其影响程度，当然，其分析还需要与量表分析中的相关因素分析、因子分析等结合，从而更深层次地探寻根本原因，并得出更加精准的科学结论。此外，有必要设置少量的开放式问答题。

问卷设计还有一个关键环节，就是检查问卷质量，这直接决定了收集数据的效率与数据的质量，也是精细化要求的充分体现。一方面，在问卷设计的全流程中，应该动员课题组全体成员时刻就问卷结构、问题答案、语句表述、呈现形式、问卷外观及格式、编号等进行全方位的检查、校对和修改；另一方面，应积极采取专家评审、焦点小组访谈、认知访谈、小规模试验、统计结果监测等方法进行预测试，除了进行必要的信度和效度分析之外，还要对问卷回收率、有效率、题目数量、问卷时长、答题便捷性、被调研者感受（包括线上）等进行综合研判，及时发现并解决瑕疵问题，反复打磨问卷，不断提高问卷的设计质量与应用效率。

需要特别说明的是，问卷调查因为其固有的局限性，可能存在填写偏差、调查面广但不深入、样本选择不准确、问卷回收率及有效率偏低、主观性较强等问题，这会影响结论的准确性。除了精细设计问卷、加强质量把控、重视数据清洗以外，研究者应该增加反馈渠道，采用多种数据源进行验证，同时尽量使用文献研究、访谈、实地考察等混合研究方法，以弥补问卷调查研究的不足。

三、全面做好"三层"学习分析

一套科学性的指标体系、一份精细化的调研问卷，是问卷调查工作内容的重要组成部分，也是有效开展组织学习力评价的重要基础。不过，组织学习力评价是一项系统性课题研究工作：既要有科学理论的支撑，又要有实践经验的借鉴；既要有整体方向的科学把握，又要有具体问题的深度分析；既要有横向的对标分析，又要有纵向的历史梳理。因此，开展好组织学习力评价工作，还需要在强化理论与研究方法组合支撑、力求分析深度及广度、动态把控质量和有效应用结果三个方面持续发力，并重点、全面做好"三层"学习分析。

（一）强化理论与研究方法组合支撑

学术乃天下之公器，科学的组织学习力评价离不开学术的支撑，尤其需要相关理论和研究方法的组合支撑和灵活运用。其组合支撑主要指原创理论与借鉴理论的组合、常规研究方法与特色研究方法的组合、各类研究分析工具的组合运用等。

（1）原创理论与借鉴理论的组合。原创理论主要包括三个部分：一是中国特色组织学习理论与方法论，例如高质量学习理论体系、组织学习力评价指标体系等；二是与党的建设、企业战略、企业文化、人才发展有关的创新理论，例如党的创新理论、中国特色企业管理思想与模式、中国式企业文化建设体系、人才强企指标体系等；三是党对组织学习、人才工作提出的要求。借鉴理论，主要指西方先进的通用组织学习理论，例如"五项修炼"、双环学习法等。

（2）常规研究方法与特色研究方法的组合。组织学习力评价主要采用的研究方法，包括文献研究法、问卷调查法、座谈讨论法、深度访谈法、实地考察法、案例研究法、标杆对比法等，同时引入部分特色和创新研究方法，包括因子分析法、相关因素分析法、扎根编码法、三角证据法等。

（3）各类研究分析工具的组合。常用到的研究分析工具可分为三类：一是组织学习专业分析工具，如"九要素"、"六特性"、"三支柱"模型、"五力"模型、组织学习力调研问卷等；二是战略分析工具，如 PESTEL 分析、SWOT 分析、GREP 分析、波特五力分析等；三是问题分析工具，如鱼骨图分析法、PDCA 循环分析法、5W2H 法、头脑风暴法等。

（二）力求分析深度及广度："三层"学习分析

力求分析深度及广度，是精准发现问题、全面客观反映问题、着力推动解决问题、有效化解各类矛盾与问题的基本要求，也是系统思考的具体体现。组织学习力评价，应该基于上述理论与研究方法的组合支撑，统筹考虑个人学习与组织学习的矛盾、工作与学习的矛盾、供给与需求的矛盾，做好战略分析、对标分析、组织学习力分析。

（1）战略分析。战略分析的目的是明确企业发展战略的优势和劣势，探析党和国家事业发展、企业战略发展目标导向下对组织学习和人才培养的需求，进而明晰企业未来组织学习的战略定位。战略分析分为高质量发展环境分析和企业高质量发展瓶颈问题分析。高质量发展环境，包括企业所面临的国际环境、国内环境、国企改革发展要求等，一般从政治、经济、社会、技术、环境、法律等维度进行全方位盘点与分析。企业高质量发展瓶颈问题，主要指企业在党的建设与经营管理各个方面面临的具体问题，涉及党的建设、战略、组织、机制、创新、人才、文化等。

（2）对标分析。这里主要指外部对标分析，其目的是就组织学习和人才培养，与外部标杆企业进行比较，通过分析、判断，精准发现自身短板，高效借鉴先进经验，激发组织创新活力，快速实现能力赶超，并闭环式提升组织学习力。完整的对标分析，应遵循"立标、选标、对标、达标、创标"的标准化、闭环式对标管理提升路径。前三个环节至关重要，立标是指确立对标指标，即对标的范围，可重点参照通用的组织学习力评价指标体系；选标是指选择合适的标杆企业对象，主要依据是对标对象在组织学习领域具有标杆引领性、易获取性、可参考性等特点；对标主要指差距分析，具体包括依据确立对标指标进一步设立细分的对标项目、搜集对标项目信息、分析与标杆企业的差距等工作内容，要求通过深入调研，重点搜集对标关键素材并构建对标样本库或案例库，选择恰当的研究方法与分析工具进行对比分析，找出差距并分析原因，拟定期望改进目标，初步探讨改进措施。达标、创标则与规划制定、方案实施及后期的持续改进有关。值得注意的是，对标分析并非孤立的分析工作，应与战略分析、组织学习力分析结合。

（3）组织学习力分析。指就企业当前的组织学习、人才培养，从个人与组织、过程与结果等维度进行全方位盘点与深度分析，其目的是全面客观地了解组织学习力现状与人才发展现状、主要存在问题及深层次原因，明确自身组织学习力优劣势，科学总结历史经验与实践成果，精准把握组织学习力提升着力点，并系统提出有效改进措施。其主要分析依据是组织学习力评价指标体系与人才强企指标体系。

一是组织学习力现状盘点分析，要求依据组织学习力评价指标体系，定制化设计组织学习力调研问卷，应用相关理论与研究方法开展深入调研，分析员工对组织学习的感受、企业组织学习的运行状态、组织学习的总体特征、组织学习力的综合表现、组织学习力提升的重点方向，同时，围绕"九要素"全面盘点每一个要素的优劣势并初步提出对策和建议。分析过程中要注重将多维度分析与对标分析结合。例如某企业组织学习"九要素"评分结果如图6-3所示，应该如何分析具体运行状态呢？可从两个维度进行分析：横向对比标杆企业，即与标杆企业的对应二级指标表现进行一一比较，方能精准找出问题、发现问题；纵向对比自身"九要素"，即以总平均分为标准，高于平均分的评分项视为比较优势项目，而低于平均分的视为劣势项，并进行重点问题分析。若条件成熟，还要与自身历史表现进行比较分析，来判断组织学习力提升情况。

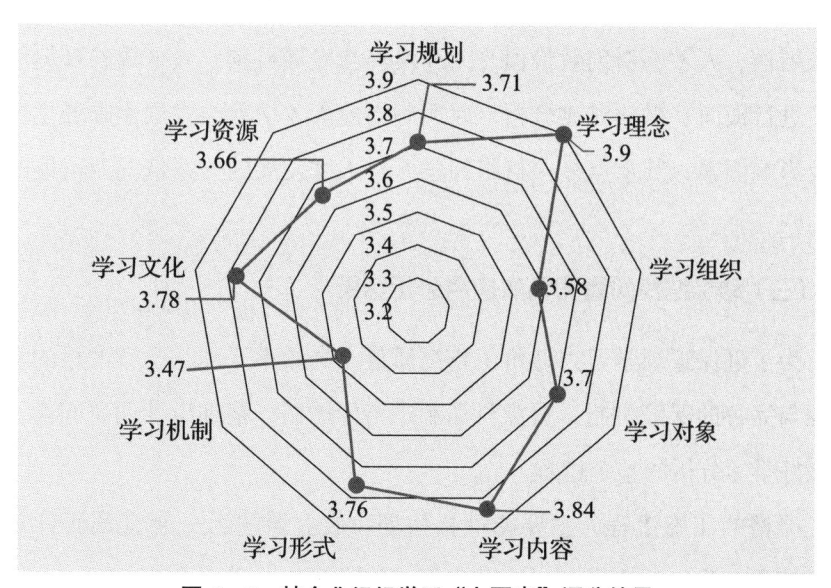

图6-3 某企业组织学习"九要素"评分结果

分析结果应形成每一个要素的优劣势以及对策与建议,当然,最终提出对策与建议,要结合文献分析、访谈分析、组织学习总体特征分析、高质量学习质量影响因素分析、深度的相关性因素分析、因子分析等给出结论。表6-4为某企业组织学习"学习内容"优劣势及对策建议。

表6-4 某企业组织学习"学习内容"优劣势及对策建议

要素	评分	优势	劣势	对策建议
学习内容	3.84	(1)课程紧密结合国家使命、公司战略、国企改革、党建、企业文化等要求;(2)课程内容的系统性、针对性较强,能够满足当前业务需求,形成了"六维度"特色课程体系;(3)学习内容更新速度较快	(1)与业务相关的课程内容比重较低;(2)学习内容与个人职业发展的结合度较低	(1)针对一些共性的业务难题、管理问题,加大原创课程开发力度,具体问题包括……(2)适当引进外部优秀的课程资源;(3)注重学习内容与个人职业发展的匹配性,重点对象是××业务条线、××业务条线等

二是人才发展现状盘点分析,要求依据人才数量、人才质量、人才队伍结构、人才创新创效价值、人才培养与发展机制、人才成长环境等指标,进行横向、纵向对比分析,以明确当前人才培养与发展面临的主要问题及影响因素。其重点是探析组织学习对人才发展的支撑情况及可能改善的问题。

(三)动态把控质量和有效应用分析结果

为了确保组织学习力评价工作高质量、高效率开展,要有严格的实施流程与完善的保障机制,贯穿科学制定指标体系、精细设计调研问卷、全面做好学习分析的整个过程。

严格的实施流程,主要指严格按照"成立课题组—制订调研计划—开展调研工作—全面分析(数据分析、问卷分析、对标分析等)—分析报告撰写—案例梳理与总结—专家论证评估—成果验收—应用指导（报告解读）"标准流程，开展组织学习力评价工作。配套的保障措施，主要涉及组织、机制、资源三个方面。组织保障方面，要求成立由公司领导带头的课题小组，各部门核心领导积极配合，专业人士参与或指导，明确各成员的职责与分工。机制保障方面，除了建立定期汇报、定期跟进、严格审核的沟通与协调机制，应定期开展组织学习力评价，动态跟踪评估企业的组织学习情况，持续优化组织学习力。资源保障方面，要求提供必备的资金、硬件、学术、技术、内部知识管理等资源。

　　动态把控质量的必然结果是形成高价值的组织学习力评价报告及经验与成果库，且能够精准满足组织需求、岗位需求与人才需求。组织学习力评价报告涵盖背景、总体思路、实施流程、主要理论依据、主要研究方法及工具、调研工作概况、组织学习力诊断分析（战略分析、对标分析、组织学习力分析）、总体结论与初步建议等。分析结果可以直接应用到组织学习的各个层面，其中最重要的应用是企业整体的高质量学习体系构建，即制定系统性、长周期的高质量学习规划，有效推动发展战略、人才强企战略落地实施。分析结果可以广泛应用于组织学习与人才培养的相关项目及项目的各个环节。相关项目包括高素质人才培养规划、学习型党组织建设、学习地图构建、分级分类人才培养、对标学习、跨界学习、课题研究等，贯穿学习项目实施过程的问卷设计、调研分析、学习方案设计、师资匹配、教学实施、学习效果评估、行动学习改进、项目评估与改进等都属于项目的环节。例如组织学习力评价的战略分析中，所涉及的高质量发展环境分析、企业高质量发展瓶颈问题分析，可以作为学习项目方案设计的重要参考依据。

　　形成经验与成果库，实际上是知识转化的一种方式，也是企业知识管理的重要过程。经验与成果库包括政策要求资料库、战略分析成果库、对标指标库、标杆案例库、对标经验成果库、内部典型案例库、内部实践成果库等。经验与成果库能够在相关课题研究或项目实施方面为企业提供"拿来即用"的学术成果、案例资源、数据信息、研究方法与工具等。

第三节 规划引领：依靠学习走向未来

所谓"秉纲而目自张，执本而末自从"，作为高质量学习体系构建的顶层设计，高质量学习规划是企业开展高质量学习的根本前提，也是企业提升组织学习力的行动指南，更是企业实现高质量发展的制度遵循。

高质量学习规划，基于理论、历史、实践的逻辑，立足于国家、行业、企业的整体战略，融入党的建设、国企改革、人才发展、企业文化等高质量发展内涵要求，聚焦组织学习力提升，依据科学全面的组织学习力评价结论及积累的经验与成果，明确组织学习的战略方向、重要举措与实施路径，系统构建具有企业自身特色的高质量学习体系，着力解决三大矛盾，重点突破组织学习的战略支撑力不足、知识转化能力不够等瓶颈问题，帮助企业找准适应未来环境变化、符合企业发展实际的组织学习路径与模式，从而重构组织知识系统、再造高质量学习生态，对其基本信念和价值观、态度和行为、结构和方式进行调整，全面提升学习共识力、学习组织力、学习行动力、学习转化力和学习优化力，打造思想认同、战略认同、行动认同的学习型组织与适应性组织，将组织学习力转化为核心竞争力，使学习、战略（发展）、人才相互支撑、相互促进，实现既"强人"又"强企"，全面提升组织的创新创效能力，推动企业高质量发展。

一份科学合理的规划应该具备前瞻性、系统性、针对性、可行性、约束性等特征。高质量学习规划的前瞻性、系统性特点尤为突出，因为高质量学习规划并不等同于培训规划，而是立足于支撑企业高质量发展，统筹考虑企业经营管理各大关键要素，且与企业的战略发展规划、人才发展规划处于同等地位，这是高质量学习规划的战略定位与核心价值体现，也是制定高质量学习规划之前企业内部必须达成的共识。要做到科学、合理、有效地发挥其战略支撑作用，可以从规划思路、规划要点、规划依据、规划应用四个方面来进行规划编制管理。

一、规划思路明确清晰

高质量学习规划编制，要求有明确的方向与原则、清晰的工作主线与实施路径。企业要以习近平新时代中国特色社会主义思想和党的二十大精神为指导，紧扣《中华人民共和国国民经济和社会发展第十四个五年规划和2035年远景目标纲要》《干部教育培训工作条例》《全国干部教育培训规划（2023—2027年）》相关要求，遵循"尊重历史与面向未来相统一、目标导向与问题导向相统一、整体布局与重点突破相统一、战略引领与策略推进相统一、变革创新与稳定发展相统一、自身发展与生态打造相统一"的原则，以"组织学习力打造和人才梯队建设"为主线，突出学习的战略性、系统性、针对性、实效性、生态性与标杆性，基于先进的学习理念、科学的人才发展理论和内外部环境分析进行科学规划。

具体路径如下：首先，通过历史梳理、现状分析、战略分析和对标分析，明确企业高质量学习战略定位；其次，通过组织学习力分析科学测评，总结经验、找出问题；再次，提出针对性的对策建议，构建适合企业自身发展需求的高质量学习体系总体框架；最后，围绕能够实现高质量学习的关键要素、主要模块和具体措施，进行规划编制，并按照满足组织需求、岗位需求、干部需求的具体实施效果，对规划进行动态优化（见图6-4）。

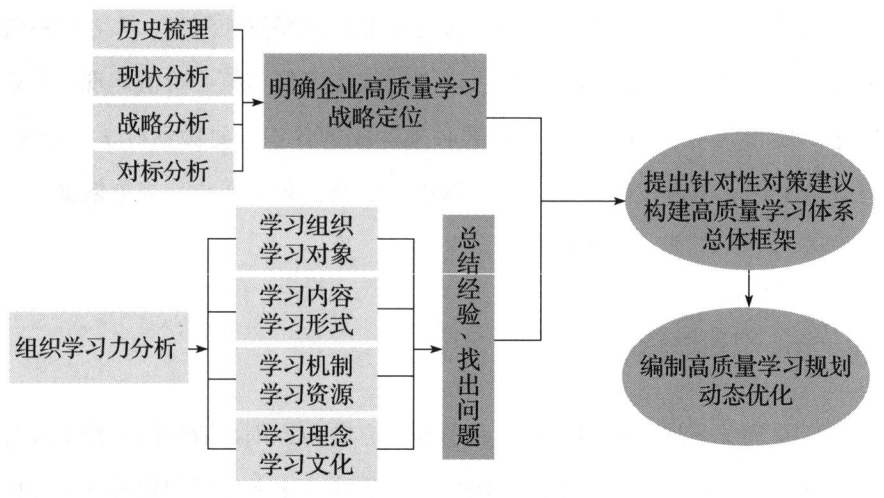

图 6-4　高质量学习规划编制路径

二、规划要点精准到位

要点精准到位，是指高质量学习规划的主要内容准确呈现了组织学习力评价中提出的问题及对应解决方案，还包含规划背景、规划依据、主体方案、保障措施等内容。高质量学习规划，统筹考虑党的建设、国企改革、人才发展、企业文化等高质量发展内涵要求，重点围绕党建、战略、组织、机制、人才、创新、文化等七个维度，通过战略分析、对标分析与组织学习力分析，即全方位的"三层"学习分析，明确企业未来组织学习要求，总结经验、找准问题、提出对策建议，形成由学习主体、学习内容、学习模式、学习机制、学习组织五大学习模块构成的高质量学习规划方案。表 6-5 为高质量学习规划编制纲要及规划要点。

表 6-5　高质量学习规划编制纲要及规划要点

纲要	规划要点
前言	国内外环境分析、重要性与必要性、主体内容摘要
外在要求	1. 国际国内环境概况、高质量发展要求、国企改革要求； 2. 相关政策要求、行业趋势分析、组织学习变革带来的挑战

续表

纲要	规划要点
内在要求	1. 党建、公司战略、人才战略； 2. 企业文化、组织学习力分析、对标分析
分析结论	1. 学习与人才发展现状、未来人才强企学习重点； 2. 当前组织学习的状态、面临的挑战、组织学习力提升方向
设计思路	1. 总体思路； 2. 规划原则
规划方案	1. 总体目标； 2. 指导思想； 3. 组织学习核心模块建设； 4. 重点人才工程学习项目； 5. 高质量学习推进重要抓手； 6. 保障措施

其中的重中之重是组织学习核心模块建设、重点人才工程学习项目和高质量学习推进重要抓手。

以某中央企业的高质量学习规划内容为例，其组织学习核心模块建设，主要围绕学习主体、学习内容、学习模式、学习组织、学习机制展开。学习主体方面，针对该企业不同业务条线、不同职位序列、不同类型的重点人才培养对象，提出针对性措施及差异化策略，构建了"9+12+7"的新型人才培养体系（9个管理层级、12个业务条线、7类重点人才），实现分类科学、体系完善、定制服务、全员覆盖，做到组织学习精细化；学习内容方面，主要从学习内容的前瞻性、系统性、针对性、及时性等维度进行规划设计，包括构建特色的专业化课程库、建立动态的知识管理体系、强化知识转化能力等，尤其是重点构建具有企业自身特色的"六维度"[①]通用类课程库，同时结合各业务条线的岗位胜任力要求，分类配备相应的个性化课程，并明确不同业务条线的重点课程方向；学习模式方面，主要从在

[①] "云维度"指坚信念、有格局、懂经营、善管理、强本领、高素质。

线学习、线下学习、实践学习三个方面，整合内外部学习资源，大胆创新线上与线下相融合的学习模式，构建丰富多元的培训体系；学习组织方面，主要从转变职能定位、构建"五位一体"①平台型学习组织、加强团队学习、培育先进学习文化等方面，将培训中心建成以企业学院和移动学习双平台为核心的人才培养平台；学习机制方面，主要从线上线下教学管理机制、学习激励机制两个方面，强化教育培训的执行能力与监管能力，优化教育培训资源配置能力，全面提升学习质量与效率，同时持续推进人才培养体制机制的深化改革，进一步完善从集团到子公司的三级教育培训体系。

其重点人才工程学习项目，主要指企业领军人才培养工程、中层干部培养工程、青年干部培养工程、职业技能人才梯队培养工程、内部师资队伍培养工程、业务紧缺人才培养工程等，明确了各重点人才培养项目的目标、课程重点方向、学习安排等。

其高质量学习推进重要抓手，是主要依据组织学习力评价中关于企业未来高质量学习体系构建需要把握的几个要点而提出的针对性策略，具体包括制定科学的学习规划、提升知识转化能力、丰富学习形式、拓展学习资源、加强学习组织建设、强化对业务条线的系统专业支持、持续完善学习机制、注重学习文化建设等内容，这些举措与组织学习核心模块建设工作是融为一体的，也是企业整体高质量学习规划落实落地的工作重点及具体抓手。

三、规划依据充分可靠

没有调查就没有发言权，充分的调查研究是科学决策的前提，也是发现问题、解决问题、破解矛盾的必由之路，因此，规划依据充分可靠的唯一来源就是调查研究。这里的规划依据包括前期调查研究的过程及结论，

---

① 这里的"五位一体"指干部学习平台、知识沉淀平台、战略落地平台、合作交流平台和文化传播平台。

主要指高质量学习规划编制过程中应用的理论、研究方法与工具及重要的分析结论。这里的理论、研究方法与工具，与组织学习力评价过程中应用的几乎一致。

需要强调的是，应注重对相关重要规划和战略行动计划的研究，包括国家发展战略与规划、行业发展规划、公司总部及公司战略发展规划、人才发展规划等。一方面，要对上述规划的结构、逻辑、内容分布进行规律总结，即掌握规划编制方法论；另一方面，要对上述规划中的关键信息与要求进行分析，作为高质量学习规划编制的重要依据，做到与国家、行业、上级单位的规划保持高度一致，与公司自身的战略发展规划、人才发展规划融为一体。

重要的分析结论，主要指组织学习力评价结论，包括通过战略分析、对标分析、组织学习力分析等得到的结论。需要注意的是，大部分企业都有成熟的战略发展规划、人才发展规划，这些规划中的有关分析结论，应结合组织学习力评价，进行进一步的梳理、筛选和应用，尽量避免直接套用。例如规划方案中必然会涉及人才队伍建设方面的内容，但是高质量学习规划侧重组织学习力提升，而非总体性的人才发展，因此，我们需要从人才发展规划中找出与组织学习相关的重要分析结论，将其融入高质量学习规划中，而不是照搬人才发展规划的内容并将其作为依据。

总之，规划依据做到充分可靠，需要把握三个关键点：一是政治层面的充分可靠，主要指对相关政策及要求（包括相关的重要规划和战略行动计划）的充分理解与准确分析；二是学术层面的充分可靠，主要指理论、研究方法与工具的科学合理应用；三是实践层面的充分可靠，主要指通过战略分析、对标分析、组织学习力分析得出的结论要务实、精准且可应用，具体要看所应用的分析结论是否符合企业实际现状，对标分析过程中获取的成功经验与做法是否符合企业实际且能够满足企业解决问题的需求，自我总结的典型案例与历史成果是否具有普适性或可复制性。

四、规划输出务实高效

规划输出的务实高效，主要体现在有持续常态化的全流程质量管控措施，以确保高质量高水平的成果输出，并在规划应用过程中高效执行、有效监督评估，实现闭环式动态优化和完善。全流程质量管控措施是优质成果输出的重要前提，应贯穿高质量学习规划编制的整个流程。企业主要从政治保障、组织保障、机制保障、学术保障与资源保障五个方面予以管控。

（1）政治保障。要求以习近平新时代中国特色社会主义思想和党的二十大精神为指导，紧扣党中央关于干部教育培训和人才工作的重要指示要求、新时代党的建设总要求与国有企业改革深化提升行动要求，确保高质量学习规划方向、人才培养方向不偏移，确保高质量学习体系构建与规划实施"不走形"。

（2）组织保障。要求成立规划编制领导小组、编制工作小组、规划实施小组、专家评估小组等，并明确各部门、各成员在规划编制和实施中的职责与分工。在规划应用过程中要特别强调"组织共识"，即在规划正式落地实施之前，就规划内容进行全方位解读与学术指导。

（3）机制保障。要求从日常工作、规划应用评估两个方面建立保障机制。日常工作方面，建立定期汇报、定期跟进、严格审核的沟通与协调机制。规划应用评估方面，要求各部门或下级单位制订与公司整体规划相匹配的学习计划，在规划实施的重要时间节点，从过程与结果两个维度，对规划实际落实情况、取得效果进行全面科学的评估和监督，包括定期开展组织学习力评价，进而对规划进行动态调整和优化。具体可以采取"'五年规划'+'三年滚动'计划"这一规划应用评估机制，即每五年制定一个长周期的规划，每年定期开展评估，并重点结合规划实施情况和内外部环境变化，对尚未实施的后两年规划内容进行调整，同时研究制定第三年的规划，形成新的三年规划，逐年推进。

（4）学术保障。要求规划编制及应用过程中，有较强专业团队、必备学术能力的支撑，以确保工作的规范性、科学性与实效性。学术能力是指深刻理解高质量学习理论体系，掌握必备的管理理论、研究方法与工具。

（5）资源保障。要求在规划编制与应用过程中，注重内外部资源协同，强化资源配置与利用效率，包括支撑高质量学习规划编制的专业人才、学术、分析软件、资金等各类软硬件资源。

基于政治保障、组织保障、机制保障、学术保障与资源保障，高质量学习规划编制直接输出的成果有学习、人才与发展战略分析报告，组织学习力评价报告，高质量学习体系总体框架和规划建议方案，高质量学习规划（含学习内容体系、分级分类人才学习体系、岗位能力素质模型、重点人才工程学习项目、学习路径图、具体行动计划等），其衍生成果有外部标杆企业组织学习典型成功经验、企业内部组织学习经验与成果、企业高质量学习路径与模式案例总结等。其具体应用，可根据时间周期、企业发展现状及未来需求，灵活设计、量身定制，例如与"十五五"规划同时启动，统筹推进学习、战略（发展）、人才协同发展的"2026—2030年高质量学习规划"，以企业2035年远景目标为指引，与公司的中长期发展和人才强企保持战略同步的"2025—2035年中长期高质量学习规划"。

第四节　系统推进：从整体到局部，从战略到策略

"不谋万世者，不足谋一时；不谋全局者，不足谋一域。"系统观是

中华优秀传统文化中突出的哲学思想之一，也是马克思主义哲学重要的认识论和方法论。系统观念，强调系统是由相互作用、相互依赖的若干组成部分（要素）结合而成的，具有特定功能的有机整体；要从事物的总体与全局上、从要素的联系与结合上研究事物的运动与发展，找出规律、建立秩序，实现整个系统的优化；用开放的复杂系统的观点，用从定性到定量的综合集成方法研究经济社会问题。系统论的提出者，生物学家路德维希·冯·贝塔朗菲（Ludwig von Bertalanffy）强调，任何系统都是一个有机的整体，它不是各个部分的机械组合或简单相加，系统的整体功能是各要素在孤立状态下所没有的性质。系统论把所研究和处理的对象当作一个系统，分析系统的结构和功能，研究系统、要素、环境三者（即系统和要素、要素和环境、系统和环境）的相互关系和变动的规律性，并采用系统观点来看待问题。

系统性是高质量学习"六特性"之一，也是企业推进高质量学习这项系统工程中必须一以贯之的原则。组织学习必须综合考虑政策要求、公司战略、人才发展、国企改革、党的建设、企业文化等经营管理要素，必须统筹研究高质量学习"九要素"、"六特性"、"五力"模型等关键要素及其内在运行逻辑，必须兼顾好整体和局部、战略和策略、理论和实践、历史和未来、个人和组织、供给和需求、问题导向和目标导向等多方面因素，从而构建一个动态平衡、自我优化的"闭环式"学习体系，一个资源流动、协同开放的"生态式"学习体系，一个跨越周期、着眼未来的"持续式"学习体系，这也充分体现了系统的基本特征，即整体性、关联性、等级结构性、动态平衡性、时序性、开放性、自组织性和复杂性。

基于系统论、高质量学习理论体系和实践案例研究，本书认为系统性推动高质量学习，其核心是统筹考虑"九要素"，并把握各要素之间的逻辑关系与运行规律，全面掌握组织学习整体性、有序性、相关性的发展和变化，进而调整组织学习系统结构，协调各要素关系，使其系统功能最优化、价值最大化，过程中，不仅仅是认识组织学习系统的特点和规律，还要利用这些特点和规律去控制、管理、改造或创造一个组织学习系统，即构建适合企业自身的高质量学习体系。该体系主要由基于"九要素"的五大子体系构成，分别是组织体系、人才体系、知识体系、服务体系、激励体系，五大子体系相互作用、不可分割，形成一个要素完善、自我优化、"生态"开放、持续稳定、功能强大的高质量学习体系（见图6-5）。

图6-5　高质量学习体系之五大子体系

一、组织体系

组织体系是为了实现共同的组织学习目标，确保高质量学习规划落地而建立的学习组织架构和管控模式，涵盖组织结构、岗位设置、职责分工、组织关系、组织制度、组织文化等要素内容，决定着学习组织的运转方式、运作效率与资源配置能力，是企业全面推动高质量学习的重要政治保证和组织保障，以及必备的资源和文化支撑。学习组织体系构建，主要分为完善学习组织机构、建设学习组织队伍、优化组织平台功能、建设组织学习文化四个工作模块。

（一）完善学习组织机构

完善学习组织机构，主要指明确和完善学习组织内部的结构、岗位设置、职能分配、决策流程、沟通渠道及各要素之间的组织关系，具体的组织机构设计往往是由企业总体战略、人才发展战略、规模与实力、整体组织架构所决定的，因此完善的学习组织机构应该具备清晰的战略定位、体系化的组织单元构成、明确的职能分配和高效的组织运行机制。

（1）学习组织应该有清晰的战略定位，即学习组织的愿景目标、职责使命、功能定位和战略路径。新时代党校的基本职能就是干部培训、思想引领、理论建设和决策咨询。例如，中国石化党组党校（石化管理干部学院）的愿景是"建设成为央企一流党校，世界一流企业大学"，使命是"为集团公司发展战略服务，为集团公司人才队伍建设服务"，其战略路径是"价值创造，全面创新，人才强校，数字化转型"。

（2）学习组织应该由体系化的组织单元构成。由于企业战略、规模、整体组织结构存在差异，学习组织形式不尽相同，具体分为企业党校、培训中心（培训部）、人才（干部）学院等。无论以哪种形式存在，其主要组织单元构成大致相同，一般都包括科研部、培训部、教学部、党建部、办公室、领导（管理）部门等核心单元。具备一定规模且相对成熟的学习组织，建立了相应的组织人事、财务管理、信息技术、后勤保障、公共关系等支撑性职能单元，而且组织单元划分更细，功能更灵活、更全面，甚至设置了支撑战略业务或重点课题研究的独立性研究机构等。例如：中国石化党组党校（石化管理干部学院）设有15个部门，主要业务部门包括党建培训部（管理培训部）、技术培训部、国际化经营培训部、网络培训部、教务部（外事办公室）、党校分校办公室、科研管理部（院研究中心）、党建研究所、品牌与文化研究所（案例管理室），主要职能部门包括综合管理部（党群工作部、纪检监察部、党委宣传部）、人力资源部（党委组织部）、行政管理部、财务资产部、信息资源中心、后勤服务中心。北京石油管理干部学院除了建立健全的核心业务单元及支撑性职能单元，还成立了中央人才工作协调小组办公室人才理论研究基地、集团公司党建工作研究所、石油教育与人才研究所、能源经济与市场营销研究中心、中国石油企协党建与企业文化专业委员会等重点研究机构。

（3）学习组织应该有明确的职能分配。这与体系化的组织单元是相匹配的，例如科研部门主要负责政策导向研究、行业动态研究、公司战略与文化研究、学科体系建设或课程体系建设、重点课题研究等，培训部门主要负责分级分类人才项目的需求调研、方案设计、师资匹配、项目实施、质量评估等，教学部门主要负责各类学习项目的全流程现场教学服务、教学技术开发、教学质量反馈等。当然，有的学习组织为了提高专业服务能力与效率，将教学部门与培训部门合二为一，这对人才的要求也会相对高一些。党建、人力资源、办公室等职能部门，主要负责支撑性的党建、队伍建设、内部管理等工作。

（4）学习组织应该有高效的组织运行机制，主要指内部决策、沟通与协调流程及机制。例如北京石油管理干部学院于2020年就明确战略定位，强化学院治理体系和治理能力建设的顶层设计，开展"上接战略、下接绩效"的有价值的培训，推动培训、研发、咨询一体化融合，建设一流的企业党校和学院，同时明确方案，强化推进学院治理体系和治理能力现代化建设。基于"十四五"规划，开展发展战略、发展定位研究；制定系统工作方案；推进制度、体系、流程的系统化建设；树立以人为本、价值创造、共治共享理念，激发调动每名教职员工的积极性、活力和创造力，实现个人价值和学院价值共同提升。[①]

从战略定位到组织单元设置、职能分配，再到组织运行机制建立，学习组织体系构建总的趋向是规范化、专业化与生态性。例如，国家能源集团党校坚持把创新生态作为新时代组织学习转型的新标志，一方面纵向构建干部教育培训组织工作体系，另一方面横向建设学习循环生态系统，整合协同内外部资源，实现内部学习链、资源链的小循环和外部产业链、价值链的大循环。国家能源集团党校成功构建了"党校+分校+子分公司培训中心"的线下组织管理体系，以及"网上党校+融智学习+融智分院"的线上智慧运营体系。同时，融智学习采取"1+8+N"的总分院建设模式，其中总院构建"数据+AI"驱动下的智慧学习云平台，为分院提供"技术+内容+运营"一体化解决方案，横向建立8个行业板块分院，纵向建立N家子分公司机构分院，实现集团各层级各业务领域互联互通互鉴。

（二）建设学习组织队伍

建设组织队伍，主要指依据组织结构设计、岗位设置、职能分配和具体的岗位胜任力要求，建设一支高素质、专业化的专注于组织学习与人才培养的人才队伍，一般包括党建队伍、科研队伍、师资队伍、教学队伍、管理队伍五个大类，是企业全面推进高质量学习的队伍保障（见图6-6）。

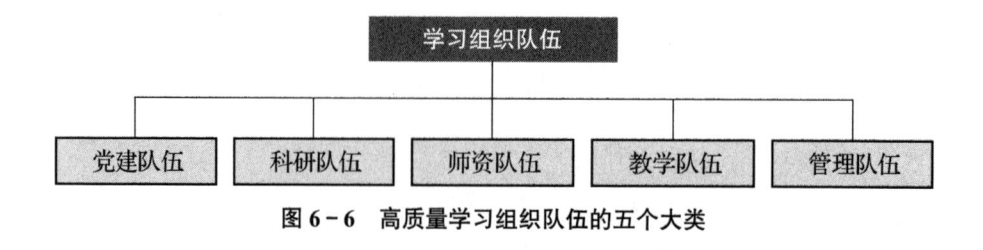

图6-6 高质量学习组织队伍的五个大类

[①] 领导干部谈⑬｜推进公司治理体系和治理能力现代化. 中国石油报，2020-09-23.

打造过硬党建队伍，不断提升党建工作队伍业务能力和工作水平，是企业坚持党建引领一切组织学习工作的政治保证，也是企业组织学习与学习型党组织建设融为一体的具体举措。我国的企业党校，不仅是培养党员领导干部和理论干部的重要阵地，还是领导干部不断锻炼自己党性的"大熔炉"。作为学习的组织者与服务者，应该旗帜鲜明地讲政治，永葆政治定力，党务工作者需要起到先锋模范作用。中共中央2019年印发的《中国共产党党校（行政学院）工作条例》明确提出，党校（行政学院）教师承担着教育培训执政骨干的重要责任，更应当坚持教育者首先受教育，严格要求自己，坚决维护以习近平同志为核心的党中央权威和集中统一领导，用实际行动影响和带动学员。

科研队伍作为学习组织创新的主体和各价值链环节的学术及专业引领者，是学习组织发展的基础支撑，更是学习组织发挥"智库"作用的决定性力量，但也是当前学习组织队伍建设的薄弱点。科研人才应当重点提升的能力素质包括通用的政策及行业研究能力、组织学习理论基础及其应用能力、学科建设能力及课程体系研发能力、案例研究能力、对标分析能力、重点课题方向专业研究能力。一方面，主要通过学科带头人、人才孵化、与外部研究机构或高校联合培养、人才引进等方式强化科研人才梯队建设；另一方面，应建立健全科研激励机制，引导、鼓励全员参与研发创新与"智库"建设工作。

师资队伍是一个成熟的学习组织的核心力量，是教学内容与教学质量最直接的学术支撑，也是组织队伍建设的重中之重。以党校为例，其师资队伍是党校事业的核心要素，是理想信念的倡导者、大政方针的宣讲者、党性修养的铸造者、红色基因的传播者。师资队伍通常分为内部师资队伍与外部师资队伍两部分。内部师资队伍建设方面，首先要"强素质"，其能力素质提升重点方向是战略与文化理解能力、专业学科理论基础、专业课程开发能力、教学技术与工具应用、授课技巧及演讲水平、案例及实践经验、教学内容与形式创新能力等，同时要注重师资队伍对公司内部党建、战略、文化、机制、创新等方面内容的学习，这也是增强组织凝聚力与战斗力的重要举措。其次要"立机制"，即建立一套完善的师资管理机制，包括严格公正的选拔、明确的职责与权利、规范的日常工作管理、互动有效的评估考核等。最后要"优结构"，即加大两支内部师资队伍建设。一是内部导师队伍建设，主要吸收中高层管理人员加入内部师资队伍，充分发挥其引领示范、承上启下的作用；二是内部专业学习师队伍建设，主要指安排学习教练、催化师等，起到督导学习、推动组织学习、促进知识转化的作用。外部师资队伍建设方面，主要通过整合外部高校、研究机构、智库等学术及专家资源，同时建立师资筛选标准、师资评价办法、师资分级分类管理办法、师资合作流程等，科学把握师资质量，不断丰富师资，重点弥补某些专业领域短缺师资。内外部师资的组合，将形成庞大的师资库。为了高效开发和利用师资库资源，需要重点做好师资分级分类管理工作。一方面，应按照党建、经营管理等实际应用需求，进行科学分类，例如分为擅长专业领域、擅长课题方向、擅长行业领域、擅长服务类型等；另一方面，依据师资评价标准、师资年龄及特征，通过大数据筛选与市场化检验，对师资进行分级分类开发、储备与管理，既能差异化进行资源配置与管理，又能够高效进行师资梯队建设。

教学队伍是企业一切学习活动的组织与实施者，也是保障教学质量的关键力量。大部分学习组织都有成熟的教学服务队伍，即具有完善的教学人才梯队建设体系，一般分为总教务长、教学部主任、高级教务、中级教务、初级教务（教务助理）等层级，还设置了相应的能力素质模型，明确了具体的评估考核机制、培养机制、晋升机制等。这里需要特别强调的是，新时代的教学工作内容，包含教学研究、教学实施、教学服务、教学质量管理、教学运营等多个环节。商儒企业管理研究院按照分层分级教学人才培养体系，依据四级教学运营岗位胜任力模型，注重政治能力、专业能力、综合素质的全面提升和培养，通过理论强化、训战结合、师带徒等方式，塑造了一批思想素质过硬且具备教学研究、教学实施、教学服务、教学质量管理、教学运营能力的复合型教学人才队伍，为项目的高质量实施提供人才保障。

管理队伍是企业系统性开展组织学习的必备职能支撑，也是保障学习组织高效运行的重要力量。管理队伍可以按照层级划分为高、中、基层，按照职能可以划分为人力资源管理人员、财务管理人员、行政管理人员、信息技术人员、后勤服务人员等。其中的重点队伍当属中高层管理人员，因为高层相当于学习组织的"神经中枢"，中层是学习组织的"执行骨干"，高质量学习能否达成高度共识，高质量学习规划能否有效落地实施，首先取决于中高层管理人员对组织学习的理解、对高质量学习的认知及具备的政治素质、专业能力与综合素养。而对基层管理人员而言，其岗位胜任力的培养是重点，同时不能忽略对其进行基础性的高质量学习理论、公司战略与文化等方面的教育，这有利于形成高度的学习共识。

（三）优化组织平台功能

优化组织平台功能，主要指根据组织机构战略定位，依靠高素质专业化的学习组织队伍，充分发挥各组织单元的协同力量，整合内外部资源并高效配置，形成学习组织的独特优势与核心竞争力，重点打造面向组织内外部、具有集聚效应的学习平台功能，为企业创造多维度价值。高质量学习组织平台的功能，主要体现在人才培养、战略支撑、知识管理、文化传播、品牌输出这五个方面（见图6-7）。

```
┌─────────────────────────────────────────────────────┐
│           高质量学习组织平台的五大功能                │
├─────────┬─────────┬─────────┬─────────┬─────────────┤
│ 人才培养 │ 战略支撑 │ 知识管理 │ 文化传播 │  品牌输出   │
└─────────┴─────────┴─────────┴─────────┴─────────────┘
```

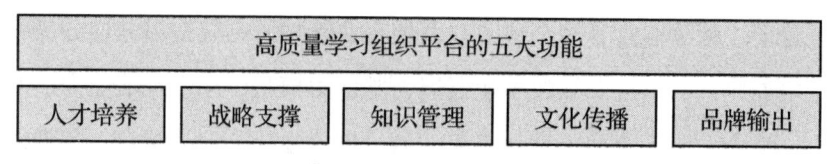

图 6-7 高质量学习组织平台的五大功能

（1）人才培养。作为学习组织应当承担的首要功能，人才培养是指为企业培养和输送人才。如党校的独特价值之一"为党育才"，指的是党校承担着培养造就堪当民族复兴重任的执政骨干队伍的使命。人才培养实际上包括个人与组织两个层面，即为员工学习成长和企业人才梯队建设提供服务支持。首先，要重点强化学习需求分析能力，具体包含对当前内外部环境、党和国家事业发展需求、组织发展战略、人才战略、组织学习力提升需求、岗位需求、个人学习需求等方面的理解；其次，要重点抓好理论教育、党性教育和履职能力培训，注重知识培训；再次，要加强分级分类学习内容体系开发、能力素质模型构建（含领导力开发）、学习平台建设、学习模式创新、师资队伍建设、教学服务等关键能力的打造，不断提升学习供给能力；最后，还要注重将组织学习与人才测评、选拔、任用等工作及相关激励机制深度结合。

（2）战略支撑。作为学习组织的核心功能之一，战略支撑是指为企业发展提供战略决策支持与智力支撑。如党校的独特价值之一"为党献策"，是党校科研咨政工作的政治使命，要求做好理论研究、对策研究这个探索规律、经世致用的大学问，在研究阐释党的创新理论、推进党的理论创新、为党和政府建言献策等方面推出高质量成果。战略支撑功能，主要依靠的是学习组织的科研能力和智库建设能力。这就需要学习组织加强高水平献策人才梯队建设，打造一支专业知识扎实、问题意识强烈、具有系统整体思维的复合型科研人才队伍，并重点围绕重大时代课题、重大思想论断、重要现实问题开展研究工作，形成一批原创性的，具有显著决策影响、学术影响、社会影响的智库成果。

（3）知识管理。指对知识的识别、获取、提炼、存储、传递（共享）、应用、创新等活动进行有效管理，将知识资源转化为知识资本，从而提高组织的创新创效能力与核心竞争力。知识管理是组织学习的知识和信息资源基础，是学习组织必备的能力之一。这就要求学习组织构建全流程闭环式、动态完善的知识管理体系，明确各关键流程与环节中的专项活动支撑、专业标准界定，并由专人负责，确保前后环节无缝衔接、整体有序推进，打造精细化的知识管理"流水线"，其过程中，要重点提升对复杂知识与信息的加工处理能力，不断提高学习成果转化率。

（4）文化传播。作为学习组织的一项基本职能，文化传播是指依托企业搭建的学习平台以及完善的教育培训功能，强化企业战略、机制、文化的"内化于心"，自然形成企业最强大的文化宣传与传播阵地。统一思想、凝聚共识的根本途径就是教育培训。首先，要抓住理论教育这个根本，把握党性教育这个核心，确保党性教育内容高质量、高占比，持续深化党的创新理论武装，强化政治训练，为企业高质量发展提供政治保证；其次，要重点开发一批与企业战略、党业融合、改革发展、企业文化等有关的原创课程，并由公司内部管理者或者外部资深专业人士进行授课讲解，促进企业内部凝聚高度共识；最后，要与负责党建、企业文化等的部门协同推进相关课程内容开发、案例梳理、经验总结、课题研究、教育培训、文化宣传等工作。

（5）品牌输出。作为学习组织自身品牌实力与竞争力的综合体现，品牌输出是指企业在与外部的交流与合作过程中，实现企业品牌知名度、美誉度与忠诚度的提升。一方面，要求具备一定的核心竞争力，即拥有较强的科研能力、师资队伍能力、教学服务能力、知识管理能力、经营管理能力与品牌竞争能力；另一方面，要求有良好的品牌形象基础，主要指拥有成熟的品牌文化理念，领先的内部运行体系和具有影响力的人才队伍、科研成果、服务产品、管理成果等。品牌输出一般分为理念输出、产品输出、服务标准输出、特色成果输出四大类。其中的特色成果主要指学习组织自主研发的学术成果、实践方法论、管理经验、教学服务标准等。

（四）建设组织学习文化

建设组织学习文化，主要指从学习理念、学习制度、学习行为、学习形象四个层面全面构建完善的学习文化体系，充分发挥文化的引导力、凝聚力、激励力、辐射力与优化力作用，营造全员学习、内外互动、文化认同的组织学习环境，并树立良好学习风气，建立领先学习品牌，为全面推动高质量学习，建设学习型组织提供强有力的文化支撑。组织学习文化属于公司"子文化"范畴，具有较强的独立性与个性，但是具体工作内容与要求类似于"压缩版"的企业文化建设，大致上可以分为组织计划、具体实施、总结改进三个阶段。

组织计划阶段，应成立由企业高层领导牵头负责的学习文化建设推进机构，其负责组织学习文化建设规划制定、规划实施、评估考核、监督改进等工作。过程中要重点发挥两支骨干队伍的作用。一支队伍是各部门主要负责人，在学习文化建设过程中起着重要的领导者、组织者、示范者、监督者作用；另一支队伍是学习文化专员队伍，在学习文化建设过程中起着实施者、研究者、推动者作用，可以由专业的学习教练、催化师、促动师兼任，也可以由企业文化专员、内训师兼任，还可以依托现有的学习组织机构，建立一个"横向到边、纵向到底"、传播覆盖面广、辐射功能强大的"隐形"学习文化建设网络机构。例如，中国石油西南油气田公司川东北作业分公司罗家寨生产作业区第一党支部，近年来在创建"学习型"

支部过程中，建立了"领头雁＋宣传员＋代言人"三级组织学习机制，为组织学习文化建设提供强有力的组织保障。

具体实施阶段，要确立理念、系统宣贯、"固化于制"、有效激励。首先，确立学习文化理念体系，要求深入调研分析、员工参与、反复研讨，找准企业优秀学习文化元素，提炼出大家共同认可的学习愿景、使命、精神、价值观等。其次，系统性开展学习文化宣贯，内容包括学习理念、学习规划、学习制度、学习行为规范、学习路径与方法等，具体宣贯方式应与公司整体的企业文化培训、传播工作等相结合，包括学习文化建设启动大会、集中理论学习、专题研讨会、团队建设研讨会、主题文化墙、标语、自媒体专题推广、内嵌式会议等。过程中要注重改变思维方式与心智模式，提高学习能力，重点打造学习项目品牌，强化各类文化活动的互动性与参与性。再次，将学习理念"固化于制"，即依据学习文化建设要求与倡导的学习理念，建立和完善各项组织学习制度，重点包括日常的学习管理制度与规范、学习文化建设评估与考核制度、组织学习力评价制度、学习激励制度（评先评优、职位晋升等）等。最后，实施有效的激励措施，即通过制度激励、活动激励、榜样激励、关怀激励等方式进行约束与激励，建立良好的学习文化氛围，激发全员学习的主动性与积极性。

总结改进阶段，要定期就学习文化建设工作进行系统性评估与改进，在总结经验与成果的同时，注重发现问题与不足，并提出针对性的改进方案。其评估依据主要是学习文化建设评估与考核制度，供参考的依据是日常的教学评估与考核制度、组织学习力评价制度等。值得注意的是，如果企业没有完善的学习文化建设评估与考核制度，可以结合公司整体的企业文化建设评估或全面的组织学习力评价来进行总结改进，但需要重点突出学习文化相关评价指标的应用。

二、人才体系

人才作为高质量学习"三支柱"中的核心要素之一，与战略、学习相互支撑、统筹推进，助力企业实现既"强人"又"强企"。人才属于高质量学习"九要素"之一的"学习对象"，既是组织学习的学习主体，又是高质量学习的推动者及实现企业高质量发展的第一资源。因此，构建完善的人才培养体系，是企业全面推进高质量学习的本质要求，也是企业确保人才供给、优化人才结构、提高人才质量、促进组织创新创效的关键之举。

企业的人才培养体系，是指在一定的现代教育理论、组织学习理论和学习理念指导下，围绕公司战略目标，按照特定的培养规划与目标、人才规格标准，以相对稳定的学习内容、教学服务、管理制度和评估方式，结合职业发展、绩效薪酬等人才激励机制，实施人才教育的过程的总和。因此，完善的人才培养体系，包括中长期人才培养与发展规划、人才职级职能分类体系、人才标准（基于岗位胜任力模型构建）、课程体系、教学服务体系、人才评价体系、培养与发展体系、基础管理体系和贯通其中的思想政治工作体系等内容。其中的重点是科学设计分级分类人才培养体系、持续构建胜任力素质模型、精心打造"双赋能"培养与发展方案三方面内容。

（一）科学设计分级分类人才培养体系

分级分类人才培养体系，是指紧紧围绕党和国家事业发展需求、组织需求、岗位需求与人才需求，深刻把握组织学习、人才队伍建设和干部教育培训的规律，立足于组织现状和未来发展的新要求，以"组织学习力提升和人才梯队建设"为重点，从管理层级、管理职能和管理专题入手，突出系统性、定制化、递进式等特点，分层级分领域分专题全面提升干部队伍的政治能力、履职能力与综合素养，着力建立分级分类人才培养体系，提出分级分类的针对性解决方案，从重构复合知识结构，到重建复杂知识系统，到再造高质量学习生态，最终蜕变为适应性组织和适应性个人，系统提升组织的创新创效能力和人才的价值创造能力，全面增强学习本领，以应对不确定不可控的环境变化，让组织学习力成为核心竞争力。

显然，构建分级分类人才培养体系，是实现供给与需求精准匹配的有效措施，是企业全面推进高质量学习的关键行动和中心任务。该体系构建抓住了组织学习的主要矛盾和主体力量，找准切入点、着力点和发力点，将基础性和针对性结合起来，针对不同层级条线的人才建设和能力递进要求，以递进式的学习设计和分级分类的人才培养，搭建覆盖全员的学习体系，着力增强组织学习的时代性、系统性与有效性，推动供给与需求的精准匹配，提高人才队伍适应时代变化与战略发展要求的能力，推动学习深入、思想统一、行动一致，构建强大的组织学习力，以高质量学习为牵引带动全局工作，打造可持续竞争优势，推动高质量发展见行见效。

通常按照管理层级、管理职能、管理专题三个维度进行分级分类设计。按照管理层级，可将人才队伍划分为党委（党组）及高层管理者、中层管理者、青年干部、基层管理者等。有的企业会按照企业家人才队伍、领军人才队伍、经营管理队伍来分类。按照管理职能，可以划分为战略发展、组织人事、运营管理、财务管理、办公室、生产研发、市场营销、售后服务、党建党宣、纪检监察、专业技术、专业技能、专家等类别。企业可以根据实际需求横向增加人才队伍类别，例如科技创新、新能源、企业文化、内训师、新员工等，也可以纵向细分人才队伍类别，例如组织人事条线可以根据人力资源规划、招聘、培训、绩效、薪酬、员工关系等岗位进行细分，也可以根据层级进行细分。按照管理专题，可以划分为国企改革与公司治理、资本运作与投融资管理、科技创新与新质生产力、"一带一路"建设、能源革命与产业变革、数字化转型与智能化升级、品牌建设与价值链重构、企业文化建设与价值理念、跨界研学等类别。企业可以根据自身需求增设或优化专题内容方向。图6-8是国有企业分级分类人才培养体系（2023—2027年）设计建议。

管理层级
1. 党委（党组）及高层管理者
2. 中层管理者
3. 青年干部
4. 基层管理者

管理职能
1. 战略发展
2. 组织人事
3. 运营管理
4. 财务管理
5. 办公室
6. 生产研发
7. 市场营销
8. 售后服务
9. 党建党宣
10. 纪检监察
……

管理专题
1. 国企改革与公司治理
2. 资本运作与投融资管理
3. 科技创新与新质生产力
4. "一带一路"建设
5. 能源革命与产业变革
6. 数字化转型与智能化升级
7. 品牌建设与价值链重构
8. 企业文化建设与价值理念
9. 跨界研学

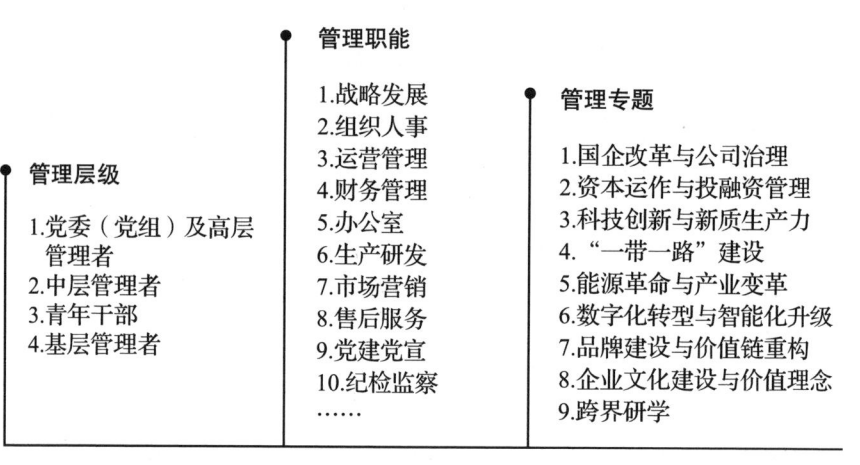

图6-8 国有企业分级分类人才培养体系（2023—2027年）设计建议

无论哪种分类，企业都要做好学习背景与学习目标分析，其目的是准确理解各级各类人才的定位、标准及差异化学习需求，科学把握各大专题的趋势、问题与重点学习方向，只有在此基础上才能进行能力递进式的专项学习设计，才能实现供给与需求的精准匹配。我们从管理层级、管理职能、管理专题中各选取一个专项学习项目来进行分析。

1. 党委（党组）及高层管理者专项学习项目分析

以管理层级中的党委（党组）及高层管理者为例，其学习背景如下：党委（党组）及高层管理者作为国有企业资产管理活动的领导核心和政治核心，始终坚持"两个一以贯之"。在改革发展中，党委（党组）发挥着把方向、管大局、保落实的领导作用，董事会发挥着定战略、作决策、防风险的作用，经理层发挥着谋经营、抓落实、强管理的作用。党委（党组）及高层管理者以增强核心功能、提高核心竞争力为重点，深入实施国有企业改革深化提升行动，着力提高企业创新能力和价值创造能力，培育具有全球竞争力的世界一流企业，服务建设现代化产业体系、构建新发展格局、推动高质量发展、推进中国式现代化，肩负着新时代新征程赋予的使命和责任，在公司治理、全球资源配置、引领行业发展、跨文化管理等方面发挥关键作用，是企业高质量发展的坚强核心。

基于学习背景，我们认为应该从以下五个方面把握其学习目标及重点内容方向：一是坚持党的领导，加强党的建设。建立体现党对国有企业全面领导的公司治理结构，建设中国特色现代国有企业制度，有效推进党的建设与生产经营的有机融合。二是提升政治能力，把握发展规律。切实提升把握方向、把握大势、把握全局的能力，以及保持政治定力、驾驭政治局面、防范政治风险的能力；深刻把握共产党执政规律、社会主义建设规律、人类社会发展规律。三是增强发展动力，厚植发展优势。深刻理解高质量发展的深层内涵，把新发展理念贯穿企业改革发展全过程，进而破解发展难题。四是强化战略管理，提升全球领导力。以全球市场为坐标制订发展目标，透过复杂的商业现象找到企业经营中的基本要素；积极弘扬企业家精神，不断提高战略思维、历史思维、辩证思维、系统思维、创新思维、法治思维、底线思维和极限思维能力。五是筑牢理想信念，加强政德修养。不断提升为政素养和政治品德，增强自律与律他能力，自觉成为共产主义远大理想和中国特色社会主义共同理想的坚定信仰者和忠实践行者。

例如，中国石油天然气集团有限公司于2023年大力推出"百名企业家"培养工程方案，聚焦提升企业家引领力，针对二级企业负责人举办集团公司首期企业家人才研修班。其学习内容设计紧紧围绕家国情怀、全球视野、战略眼光、创新精神四个维度，锚定建设基业长青的世界一流企业定位，聚焦强化科技创新、产业控制、安全支撑三大作用，重点把握绿色低碳战略转型需要，强化政治素质、战略运筹、经营管理、创新变革、风险防控、综合素养等关键能力培育，突出宏观与微观相结合、理论与实践相结合，切实提高学员引领企业高质量发展的素质和能力，旨在培养造就政治过硬、适应新时代要求、堪当建设世界一流企业重任的中国石油优秀企业家。

2. 财务管理专项学习项目分析

以管理职能中的财务管理为例，其学习背景如下：财务是企业运行的"血液循环系统"，是企业管理的中心环节，直接掌握着企业的经济命脉。随着公司的战略转型、规模扩大、业务拓宽、供应链延伸、客户定位调整，无论是外部环境变化，还是企业自身发展要求，都对财务信息的及时性、准确性和有效性提出了更高的要求，也要求财务管理延伸到整个产业链、供应链、生态链。在大数据时代发挥传统财务优势，从纷繁复杂的数据中挖掘出有效信息并指导企业运营，成为企业的价值管理者和业务最佳的合作伙伴，是新时代对财务管理的内在要求。"服务战略、融合业务、支持决策、管控风险"已成为企业财务管理的工作核心。

基于学习背景，我们认为应该从以下四个方面把握其学习目标及重点内容方向：一是加强财务管理，服务企业战略。保护企业资产安全，有效控制财务成本，强化资本运作，不断优化资本结构，进一步构建一体化财务管控体系，强化企业经营过程的决策与管控，及时发现问题、分析和解决问题。二是理解商业模式，实现业财融合。深度挖掘企业经济业务活动背后的数据信息的深层次价值，促进数据、信息、技术、标准、金融等全方位协同融合，做好本量利分析工作，将企业内部的财务管理工作从单纯的核算型工作转变为价值创造型工作，推进财务管理模式的升级换代。三是加强精细管理，指导企业运营。强化精细化管理，提升财务管理的标准化、规范化水平，提高财务核算的准确性，使财务部门的职能定位高效转型并延伸到企业各个业务环节中去，为改善企业经营管理、提高企业经济效益服务。四是重视内部控制，强化合规经营。强化财务风险管控，全面从严管理，把合规管理、合规经营、合规操作落到工作实处；强化税务管理，建立税务政策、资源、信息、数据的统筹调度和使用机制。

例如，国能大渡河流域水电开发有限公司于2018年举办的财务人员专题培训班，紧扣国家治理现代化背景下现代企业制度对财务部门的新要求，结合行业特性及企业财务管理面临的实际问题，聚焦财政政策及宏观形势、财务管理、业财融合、价值创造、税务管理（水电行业税务稽查重点）等重点方向进行课程设计，内容形式包括政策解读、专业理论、实战经验等，旨在帮助财务人员正确理解经济形势与政策要求、夯实财务基础知识、更新财务管理理念、掌握最新财务分析工具与财务管理实践，从而转变财务人员工作观念，全面提升财务人员的专业能力与综合素质，塑造一支高素质专业化的财务人才队伍，进而提高企业整体财务管理水平，健全财务管理机制，促进业财融合，提高税务筹划和风险控制能力，充分发挥财务管理对企业发展的重要支撑作用。

3. 科技创新与新质生产力专项学习项目分析

以管理专题中的科技创新与新质生产力为例，其学习背景如下：科技创新是建设现代化产业体系、实现经济高质量发展的核心，也是发展新质生产力的核心要素。新质生产力为企业高质量发展拓展空间、深度赋能。在高质量发展的关键阶段，国有企业作为科技创新的主力军，要不断强化科技创新主体地位，深化创新资源和产业要素整合，狠抓"卡脖子"技术攻关，推动"科技—产业—市场"一体联动，打通产业断点、畅通协作堵点、补齐发展薄弱点，将科技与生产紧密结合，加快推动科技成果转化为现实生产力，努力把科技创新"关键变量"转化为高质量发展的"最大增量"，以科技创新开辟发展新领域新赛道、塑造发展新动能新优势，推动质量变革、效率变革、动力变革，在新一轮国企改革深化提升行动中全力以赴，不断提升企业核心竞争力、增强核心功能，着力建设现代新国企。

基于学习背景，我们认为应该从以下四个方面把握其学习目标及重点内容方向：一是把握战略机遇，升级供需结构。把握新一轮科技革命和产业变革机遇，不断突破新兴前沿技术，补齐技术短板，为产业结构升级、供给结构调整、路径模式转型、国际竞争力提升提供坚实支撑。二是增强竞争能级，赢得战略主动。构建全产业链、全生命周期科技创新体系，培育能够创造新质生产力的战略人才和掌握新质生产资料的应用型人才，优化科技资源配置，激发创新主体活力，完善创新激励机制，提高产业链治理能力和国际竞争能级。三是把握创新规律，完善创新体系。紧盯科技创新服务主责主业的着力点和突破点，完善创新顶层设计与科技项目组织管理机制，提升科技创新活动的系统性、整体性和协调性。四是传承创新精神，构建创新生态。坚持"两路"精神、"两弹一星"精神、铁人精神、载人航天精神等国有企业先进精神，传承红色创新基因，弘扬科学家精神，持续强化创新文化塑造，大力营造求真务实、尊重知识、尊重人才、宽容失败的环境。

例如，在新一轮科技革命和产业变革交织的大背景下，在行业高端化、轻量化、智能化、终端化、绿色化、国际化发展趋势下，2023年中国铝业集团高端制造股份有限公司（以下简称中铝高端）与商儒企业管理研究院成立共同课题组，以党的科技强国思想为指导，突出"两弹一星"精神的传承和发扬，以高质量学习理论体系为依据，结合行业发展形势以及中铝高端实际，特别针对中铝高端科技创新"主力军"即技术部骨干人员，量身定制"中铝高端 2023 科技创新'启航计划'学习项目"，该项目聚焦科技创新战略、科技强国思想、全球科创前沿、科技创新企业的培育思路和方法实践方面的内容，助力企业塑造发展新动能、新优势，实现技术高端、品牌高端、产品高端、引领力高端、制造能力高端和客户体验高端，成为国家战略的尖兵。

（二）持续构建胜任力素质模型

胜任力素质是带来优秀工作绩效的知识、技能、社会角色、自我概念（态度、价值观、自我形象等）、特质（性格特征）与动机等素质的集合，是组织高水平业绩的来源，也是公司的战略与价值观的行为化体现。胜任力素质模型是确定人才标准的主要依据，是一系列人力资源管理与开发实践的逻辑起点、重要基础和必备工具，具体涉及岗位分析、招聘、选拔、培训与开发、薪酬、绩效、员工关系等各模块工作。由于企业各层级各业务条线人员在行业特征、企业特征和职业特征上权重不同，在同一个组织中，不同岗位的职务所要求员工具备的胜任力素质内容和水平是不同的；在不同组织和不同行业中，即便是相同或类似的工作岗位，其胜任力素质特征也不尽相同。因此，分级分类人才培养体系的构建，必然要有胜任力素质模型的支撑。在学习需求分析、课程内容设计、学习方式安排、人才选拔任用等环节，胜任力素质模型甚至起着决定性作用。那么，究竟该如何有效构建胜任力素质模型呢？

（1）把握胜任力素质模型构建的关键流程。第一步，确定目标岗位。根据公司战略规划、人才发展规划、行业特点、企业文化特性，选定应构建胜任力素质模型的目标岗位，初步分析目标岗位要求员工具备的胜任力素质特征，并划分好岗位序列（与人才分级分类工作同步）。可根据岗位序列的重要性与紧迫性，先挑选部分关键岗位进行胜任力素质模型构建。第二步，选择绩优对象。其前提是要有科学有效的岗位绩效考核评估依据，能够清晰地界定绩优标准。在此基础上从各类岗位中选择绩优者，作为模型构建的重点研究对象，依据工作分析的方法，将目标岗位的绩优标准分解细化为一些具体的任务要项，以发现并归纳促使绩优者达成高绩效的行为特征。还得选择少量的一般绩效者，其目的是甄别目标岗位绩优者与一般绩效者在工作中表现出的不同特质，从而挖掘出实现高绩效所应具备的知识、技能、职业素养等，作为模型构建的核心依据。第三步，收集、整理数据信息。这是胜任力素质模型构建的核心工作。通常采取行为事件访谈法、问卷调查法、文献研究法、对标分析法、专家小组法、评价中心法等方式，获取样本组有关胜任力特征的数据资料，然后将获取到的信息与资料进行归类、编码和整理。由于该环节调研程度深、工作量大，对专业性要求较高，应该组建专业化课题组，开展数据信息收集、整理工作，当然也可以在项目启动时就成立课题组。第四步，提炼并定义岗位胜任力素质。首先是数据信息分析，即根据访谈、问卷调研等归纳整理的数据资料，着重分析对个人关键行为特征、思想和感受产生明显作用的行为过程或片段，发掘绩优者与一般绩效者在处理类似事件时表现出的差异，识别导致关键行为及其结果的能力素质，并对其进行规范性定义。定义后，对每一个胜任力素质项目进行等级划分，并对不同的素质等级作出行为描述，要求采用专业的用词标准与统一的语言风格，并附详细解释、相关依据，包括关键事件访谈资料中的示例。该步骤中，可以根据已有胜任力素质或参照胜任力素质辞典中关于特定胜任力素质的解释，来确定胜任力素质的类别及等级。第五步，构建胜任力素质模型。根据上一步骤中所形成的胜任力素质要项、每个要项的定义、等级划分、各个等级行为特点的描述（含主要依据），按照知识、技能、职业素养三个维度选取适合目标岗位的胜任力素质项目及等级（含专业能力素质、核心能力素质与通用能力素质），进行模型构建，并与企业、岗位、员工三者进行匹配与平衡。重点按照"是否与岗位绩效有密切关系，是否有个体潜在的深层次特征，是否与任务情景相联系且具有动态性，是否能够区分业绩优秀者与一般者"四个标准，结合统计分析等方法进行检视、论证与筛选，剔除不符合标准且重要性偏低的能力素质项目，并在有需要时汇总通过访谈、问卷分析等得出的结论，对其中的胜任力素质项目进行优化和动态完善。第六步，评估和确认胜任力素质模型。主要通过讨论验证、实验验证、培训验证、标杆对比验证等方法，重点从内容效度、结构效度和效标效度三个维度进行评估、验证和确认。

（2）善于借鉴一些比较权威、可复制性强的胜任力素质模型或胜任力素质辞典。尤其是针对一些特定人群或者某类人才的胜任力素质模型，对于开展对标研究工作、高效构建各类人才队伍的胜任力素质模型、编制企业自身的胜任力素质辞典都会有直接的帮助。例如《兴衰30年：中国企业30年成败模式》一书中总结的企业家素质"摩天轮"（12项能力素质要素）、《创业者实战手册》一书中总结的领导力核心素质模型库（6类特征，30项能力素质要素，每个要素分为4个等级）、中国大连高级经理学院提出的国有企业高层管理者胜任力通用模型（4类特征，19项能力素质要素）、商儒企业管理研究院于2020年提出的中国企业领导干部素质能力要素。还有一些标杆企业提出的胜任力素质模型，例如IBM领导力模型（三环模型）、通用电气的领导力模型（4E+1P模型）、宝洁的领导力模型（5E模型）、华润集团领导力素质模型（CRC模型）、宝钢集团领导力核心要素模型（7个核心要素）、中国中化集团的"知行合一"领导力素质模型、华为领导力模型（干部四力模型）、航天五院党务工作者胜任力模型（C-PMP模型）等。

商儒企业管理研究院提出的中国企业领导干部素质能力要素，是基于党对干部人才培养的要求,重点参照了通用领导力核心素质模型库、企业家素质能力和东西方企业家差异相关研究的结论,并结合中国企业领导干部培训及相关课题实践案例,最终提炼而成的,分为政治素质能力、战略运筹能力、经营管理能力、专业业务能力、风险防控能力、自我管理能力、创新变革能力、综合素养能力(见图6-9)。每项能力要素都有规范定义。例如,战略运筹能力是指科学把握大局、合理筹划未来、高效配置资源、解决根本问题、应对复杂变化的能力,具体包括系统全局的理解力、紧跟时代的创造力、预知预见的洞察力、科学统筹的决策力、敏捷果断的判断力、高效自如的运筹力等。

图6-9 中国企业领导干部素质能力要素

(3)注重递进式的胜任力素质模型构建。针对某些重要岗位序列而构建递进式胜任力素质模型,这是精准匹配学习内容、学习模式与学习资源的基本条件,也是有效实现人才培养"分级分类、能力递进"的重要前提。例如某家电信类中央企业二级企业的海拓人才培养项目,其核心诉求就是人才梯队建设,为此,商儒企业管理研究院成立了专项课题组,通过对标分析、问卷调研、访谈、专家评议等方式,构建了递进式的海拓人员胜任力模型，将其分为基石海拓人员（初级）、精英海拓人员（中级）、骨干海拓人员（高级）三个层级，并明确各岗位应该具备的基础职务技能、业务发展能力、国际竞争能力，结合近期、中期、长期各时间维度进行深入剖析，进一步梳理出各岗位所对应的更为细分的胜任力关键要素。递进式海拓人员胜任力模型的构建，为后期精准匹配递进式课程学习计划、层层选拔海拓人才、完善海拓人才结构、有效实现海拓人才接续等方面提供了科学依据与重要支撑。

（4）熟练掌握必备的研究方法与工具。在胜任力素质模型构建过程中，我们通常用到的研究方法有行为事件访谈法、问卷调查法、文献研究法、田野调查法、对标分析法、评价中心法、专家小组法、主题分析法等。我们还应该熟练掌握一些关键技术与工具。例如在企业采用最多的行为事件访谈法实施过程中，要能够熟练运用基于 STAR 原则[①]设计的访谈提纲，要求被访者列出工作中成功事件、不成功事件或负面事件等关键事例，让被访者详细描述整个事件的背景、困难、目标任务、过程、结果、相关人物、产生的影响等内容。同时，在分析过程中，要注重归纳法与演绎法相结合、定性分析与定量分析相结合，并针对不同员工群体，采取差异化策略，例如针对中高层管理人员，我们往往会重点采用演绎法。另外，要持续完善胜任力素质模型。由于企业的核心能力素质、通用能力素质，往往无法在某一岗位或岗位序列的模型构建工作中一次性完成提炼和定义，需要补充和完善，而且受环境变化影响，企业各岗位所对应的能力素质也需要不断更新、升级和完善。

（三）精心打造"双赋能"培养与发展方案

对于人才培养体系构建而言，科学的分级分类与胜任力素质模型，解

---

① STAR 原则指情景（situation）、任务（task）、行动（action）和结果（result）。

决了一个核心问题，即明确了组织的人才培养目标及重点方向，并准确识别各级各类人才差异化的学习目标与学习需求。而接下来的工作重点就是如何精准满足共性化与个性化的学习需求，如何为组织和个人进行全方位赋能，这是企业全面推进高质量学习的重要任务，也是企业搭建人才培养与发展体系中的工作难点。目前，企业常遇到的问题是需求匹配度不高、学习针对性不强、学习安排与个人职业生涯规划存在冲突、组织层面的学习需求容易被忽略、组织学习力表现偏弱、学习资源投入产出比较低、"高、精、尖、缺"人才梯队建设跟不上等，最终导致个人能力提升，但组织创新创效能力未能有效提高，即"强人"但不"强企"。因此，基于科学的分级分类与胜任力素质模型，我们要统筹考虑"强人"与"强企"因素资源，精心打造"双赋能"人才培养与发展方案。"双赋能"指的是通过赋能个人与赋能组织，实现个人与组织双向赋能、共同成长。赋能过程中，个人作为组织成员，其学习与成长必然推动组织的新能力重构、文化重塑和组织的变革与发展；而组织层面的成长，必然会进一步激发个人的学习动力，促进个人终身学习、持续成长，从而实现个人与组织共同成长。那么，我们该如何打造实现"双赋能"的人才培养与发展方案呢？

（1）明确人才培养与发展方案的内容范畴，并注重规划引领性与学术支撑性。人才培养与发展方案其本质上就是一个基于公司战略，具有系统性、长周期性特点的人才培养与发展规划，严格意义上应该涵盖人才盘点分析、学习需求分析、分级分类体系设计、胜任力素质模型构建、人才培养项目计划、核心能力与资源支撑（学术、师资、课程、技术、知识管理等）、配套管理机制等。不过，这里的人才培养与发展方案，是指针对分级分类人才专项学习项目的系统解决方案，一般涵盖项目的背景及需求分析、项目思路、学习目标、学习内容方案、教学实施方案、评估总结、质量保障措施等内容，而且部分项目还囊括了人才队伍胜任力素质建模、选拔任用机制设计等内容。但无论是针对企业整体层面，还是学习项目层面，都需要高度重视规划的引领性与学术的支撑性作用。例如针对某建筑类中央企业二级企业的青年干部培养，商儒企业管理研究院提出了跨度为10年的中长期年轻干部教育培训计划，其主要思路是围绕提升年轻干部组织学习力、打造雁阵队伍这根主线，聚焦员工学习与成长、人才队伍结构优化、行业标杆等关键问题，通过深入课题研究、规划制定、规划实施、过程管理、系统保障，构建具有引领性、针对性的，独具企业特色的中长期年轻干部系统化培养体系。其中的课题研究包括公司战略环境分析、年轻干部人才盘点分析、年轻干部培养目标分析、组织学习力评价、对标分析、分层级的年轻干部胜任力素质模型构建、递进式（三个层级、三个阶段）的年轻干部能力提升计划等内容。

（2）重点做好两大"方案"设计，即学习内容方案设计与教学实施方案设计，这是"双赋能"培养与发展方案的核心内容。

学习内容方案设计，主要指课程体系开发与师资匹配等内容，一般涵盖课程设计依据、学习目标、课程价值、设计思路、课程特色、课程结构（模块）、课程主题、课程要点、匹配师资（含简介）、学习方式说明（含课程形式）、基本信息（学员对象、时间、地点等）、学习内容建议（公司战略和公司文化相关资料、标杆案例、教辅资料）等，应重点突出系统性、针对性与务实性三个要求。第一，系统性。要求从党和国家事业发展需求、组织发展需求、岗位需求、个人学习需求四个维度，注重个人政治素质、专业能力与综合素养的全面提升，注重公司战略和公司文化、理论知识、实践案例、专业技术与工具等内容的组合，注重组织学习力提升有关课程内容的融入，构建知识结构完善、多层次需求匹配的课程体系，同时持续搭建和完善体系化的、与各岗位胜任力素质模型及职业发展通道高度匹配的学习地图，为组织打通人才发展与业务发展的链接通道。第二，针对性。要求整体把握学习重点的同时，根据不同层级、不同岗位、不同领域的人才培养对象，以及不同专题学习项目的定位，合理设计党的理论教育、党性教育、履职能力培训和知识培训内容的比例。尤其是履职能力培训内容，要求与人才队伍的胜任力素质模型、当前需要重点提升的能力方向精准匹配，并针对层级细分的岗位序列，可以提出递进式能力提升课程体系。第三，务实性。要求学习内容务实管用、贴近业务需求。关键在于充分发挥科研能力优势，找准需求、量身定制、原创开发。找准需求，要求多维度考量，明确学习项目需要解决的战略共识、文化一致性、思维转变、业务困难等问题；量身定制，即根据学习需求精准匹配师资，定制化设计与行业相关、企业实际相符合的课程；原创开发，是指针对新问题，通过案例研究、课题研究等方式，定向研发易复制、标准化的流程类、操作类课程，以及专业性、普适性较强的案例类课程。

教学实施方案设计，主要指覆盖学习前、中、后各时间维度，贯穿教学活动各环节的详细实施方案设计，一般涵盖教学目标（与学习目标结合）、教学设计思路、教学特色、教学进度安排与计划（与课程安排结合）、教学执行方案、教学技术与工具说明、教学注意事项、教学质量保障措施、附件（教学管理工具表单、重要教学活动设计说明、教学资源说明）等，应突出规范性、灵活性、实效性。第一，规范性。主要体现在从理念、团队、机制三个方面确保教学实施规范化、专业化、标准化、精细化。理念方面，要求深度融入高质量学习理念，充分运用高质量学习理论体系，强化学习能力提升与学习文化建设，融合公司战略、文化、机制等相关要求，重在培育良好的学习习惯与组织学习氛围；团队方面，要求配置高素质专业化的教学研究队伍与教学运营队伍，必要情况下，针对较复杂、长周期的学习项目，可以引进专业的科研人员、学习催化师、品牌宣传员、资深设计师、数字化专员等；机制方面，要求按照企业统一的教学实施流程、标准与要求，针对每一个学习项目建立相应的教学管理机制和学习创新激励机制。例如某中央企业培训中心为了加强在线学习平台的建设、管理和深化应用工作，构建完善的在线学习运营体系，于2021年4月制定了《在线学习管理办法》，重点从组织管理、课程研发及学分设置、学习管理、师资管理、考核与激励管理、保障机制等方面提出了详细的规范、标准与要求。第二，灵活性。主要体现在针对不同管理层级、不同管理职能、参与不同职能专题学习的学员对象，定制化设计教学活动或学习方式，做到因材施教。例如，"中铝高端2023科技创新'启航计划'学习项目"，针对技术部骨干人员的群体特征和科技创新内涵要求，聚焦科技创新理论学习与科技创新方法实践两条主线，创新实施了理论学习、案例研学、跨界参访、研讨学习四种组合式学习方式，探索形成了以"基于理论与实践结合、产学研协同一体，实现知识链接与转化"为特点的跨界对标学习模式。第三，实效性。主要体现在通过强化学术研究、实践性教学、知识管理三个方面来实现学习成果的高效转化。学术研究方面，要求深入挖掘学习需求、精准把握问题原因，侧重于从源头解决问题；实践性教学方面，要求尽量设计实践性、互动性较强的教学方式，包括案例教学、对标学习、课题融入式培训、岗位轮换、外派交流等；知识管理方面，要求善于将各类教学技术与知识管理工具应用到各个教学环节，以更好地萃取内部经验、应用学习成果。

（3）统筹考虑人才测评、人才评价、人才使用、人才激励等工作，尤其要注重与人才选、用、育、留等相关培养与激励机制紧密结合。这也是构建企业整体人才培养与发展体系的要求。人才培养方式方面，可以与岗位师徒制（导师制）、岗位轮换制、外派交流机制等培养机制相结合；人才激励方面，要注重员工的教育培训支持、能力素质提升、职业发展、绩效改善、自我成就感与归属感获得等全方位激励。与此同时，我们还需要充分利用公司整体的资源优势来打造"双赋能"培养与发展方案，来支撑分级分类人才建设队伍专题学习项目的实施，具体包括学术体系、师资体系、课程体系、知识管理体系、教学运营体系、技术支持体系等资源。

综上，从公司层面构建完善高效的人才培养与发展体系，在统筹考虑人才选、用、育、留各项工作、机制及相关资源的同时，我们应该重点把握"分级分类""胜任力素质模型""学习地图""递进式能力""双赋能""组织学习力提升""组织新能力建设""人才梯队建设"等关键词，明确组织的人才培养目标及重点方向，准确识别各级各类人才差异化的学习目标与学习需求，为个人的能力提升与职业发展、组织的组织学习力提升与人才梯队建设提供全方位的学习与发展支撑，从而实现供给与需求的精准匹配，高效打造一个基于思想认同、战略认同与行动认同的学习型组织与适应性组织。

三、知识体系

此处的知识体系，是指组织层面的知识管理体系，不仅包括学习内容体系本身，还包括对学习内容的全过程组织与管理，即一个组织内部知识的识别、获取、提炼、存储、传递（共享）、利用和创新等一系列活动的管理体系，既是组织学习的知识和信息资源基础，也是组织学习的重要过程与成果输出。因此，知识管理与组织学习相辅相成、双向促进，能够有效地促进企业内部知识的共享、转化与再创造，将知识资源转化为知识资本，不断提高企业的创新能力和核心竞争力，充分发挥知识要素功能，推动形成新质生产力。知识体系是知识经济时代高质量发展背景下企业全面推进高质量学习的核心工作内容。

知识体系的构建，其本质上是一个不断学习、沉淀、传递、内化、创造和再学习的螺旋式上升的过程，贯穿组织学习的始终。知识从应用形式上可划分为隐性知识和显性知识，从获取来源可分为外部知识和内部知识。作为知识经济时代的新产物，知识体系构建需要融合现代企业管理思想、知识经济理论、组织学习理论、知识管理技术与工具、新一代信息技术等。在剧变环境与信息洪流中，构建一个复杂且实用的，具有自我优化、自我创造功能的动态知识体系，是企业的重要工作。具体而言，我们应该在整体把握"系统性、动态性、生态性、创新性"等运行特征的基础上，重点从打造精细化"流水线"、构建个性化"六库"、切实做好基础支撑三大模块开展相关工作。

（一）打造精细化"流水线"

识别与获取、提炼与加工、整理与存储、传递与内化、应用与创新，是企业知识管理活动不可或缺的五个重要环节（见图 6-10），也是一个组织的知识创造从"0"到"1"必须经历的五个阶段。因此，知识管理活动中要盯紧每一个环节，做细每一项工作，严格按照各环节的工作内容标准与要求予以实施，确保前后环节无缝衔接、整体有序推进。

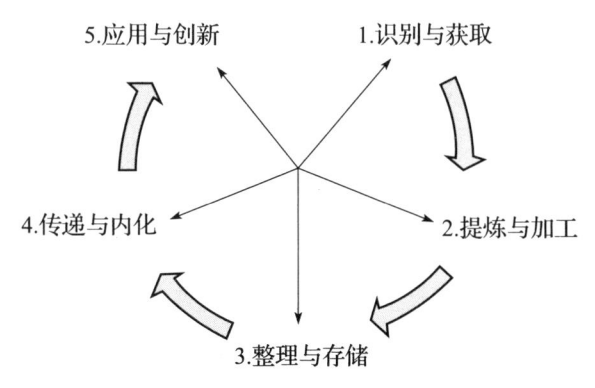

图 6-10 知识管理活动的五个环节

（1）识别与获取。这一环节解决的是知识来源的问题，明确需要怎样的知识，以及如何获取所需要的知识。其知识的价值标准显得尤为重要，直接决定了后续知识成果输出的数量、质量与效率。例如目标获取的理论、数据、信息等，一定要看是否与当前业务紧密相关，是否与当前团队能力提升直接相关，否则就会积累一大堆无效知识，且"劳民伤财"。首先，要设立专门的知识数据采集团队，要求掌握必备的知识识别，获取技术与工具，还要深刻理解公司的战略、机制与文化，准确把握当前企业组织学习及人才发展面临的知识短缺、"本领恐慌"问题。其次，要积极广泛拓展各类知识获取的渠道，包括对内进行案例征集、优秀成果征集、总结报告汇集、建立各种内部知识分享平台等，获取覆盖企业价值链各环节的内部知识。对外（包括科研机构、高校、智库、图书馆、行业内外部单位等）通过信息共享、学术交流、业务交流、市场调研、案例采集、对标分析、竞争对手分析、专家咨询等方式，获取外部相关知识及数据信息。最后，要树立高水平开放意识，充分利用先进的信息技术，尝试构建专业化的、"开源式"的、与外界互联互通的知识网络平台，链接外部大数据，精准、高效获取内外部知识。例如华为于2022年4月30日正式上线的"黄大年茶思屋"科技网站，是一个线上线下无缝衔接的、全天候的、开放的科学与技术交流平台。该网站聚焦学术领域，集合各个领域的专家学者、科研团队和业界人士展开思想碰撞和学术交流，促进"产学研用"的协作共进。

（2）提炼与加工。这一环节解决的是知识萃取的问题，其核心作用在于提高知识的正确性、使用方便性和可利用的价值，是提高知识"含金量"的重要途径。这个过程，我们需要将内外部获取的庞杂的数据、信息、文本、案例成果、项目经验、认识理解等，通过案例研究、经验萃取、专业梳理及分析等一系列专业的知识提炼方法和工具，将精华挖掘、提炼出来，重点在于将意会知识、隐性知识显性化。其输出成果包括标准化的操作流程、项目经验、文化与见解、具有参考价值的数据分析结论、重要信息等，而这些成果正是企业内部知识库建设的重要来源，也是组织内部传播、内化和应用的主要内容。由于提炼与加工对专业性要求较高，该环节需要掌握案例研究、课题研究等能力的专业人员进行组织和管理，并鼓励以交叉式的融合团队、临时项目小组、课题攻关小组、学习兴趣小组等主体形式，应对较为复杂、专业性过强、数据过于庞杂的知识提炼与加工任务。同时，由于提炼与加工涉及的知识量大，且覆盖研发、生产、销售、品牌、服务等各个环节，组织还需要为全员进行"技术赋能"，即"授人以渔"，让多数员工掌握知识提炼与加工的常用方法、技术及工具，同时强化"提炼与加工"意识，使其能够普遍完成常规性、难度相对较低的知识提炼与加工任务，例如日常的工作经验总结、流程改善、简易标准制定、简单案例编写等，让知识提炼与加工在企业内部能够常态化。

（3）整理与存储。这一环节解决的是知识分类与存储的问题，其意义在于方便后期的知识查询、知识计算应用、知识共享和知识更新。这个过程，要求将基于提炼与加工形成的有价值的知识，按照一定的标准和要求，通过科学的知识管理系统、知识图谱、专业理论体系或框架等工具，结合后续的查找、共享和应用要求，将知识进行分类、整理、归档和存储管理，使其成为"活数据"。知识的整理与存储，其关键在于"活"字，即便于后续的知识使用。因此，我们需要把握两个注意事项。一是严格把握标准和要求。这里的标准和要求，包括知识分类的标准、知识存储形式的标准和知识使用的要求。二是选择适合企业的分类与存储技术，包括知识图谱、知识信息管理系统等，打造支撑企业战略落地、理念传导与知识赋能的理论知识库、案例库、管理工具库、文档系统、知识产权库等。知识图谱以结构化、可视化、清晰的方式来理解和连接数据和实体，解决数据孤岛、信息孤岛等问题，是企业实现知识归集、沉淀、传播和运用的核心工具，被誉为企业"最强大脑"。例如，知识图谱这一概念的提出者谷歌公司，于2012年就发布了知识图谱项目，并以此为基础构建下一代智能化知识搜索引擎，开启了知识图谱应用新时代。随后，知识图谱在辅助智能问答、自然语言理解、大数据分析、推荐计算、物联网设备互联、可解释性人工智能等多个方面展现其应用价值，被企业广泛应用到智能客服、智能决策、智能营销等领域，已经由一个技术工具演变为一个管理工具。

（4）传递与内化。这一环节解决的是如何实现知识共享并有效理解与吸收知识的问题，也就是我们平时的学习与交流过程，也是知识管理与组织学习交互性最强的环节。该环节中，一般通过教育培训、主题研讨分析会、知识分享会、各类线上及线下学习交流活动、会议融入式学习、实践学习、轮岗学习、宣传学习、技能竞赛等方式，实现组织内部知识的流动和共享，并将所学习的理论、经验、方法、文化等进行消化与吸收，转化为学习主体内在素质的一部分，更新已有知识结构，提高解决新问题的能力。该过程的核心问题在于如何高质量学习。因此，其工作重点就是按照高质量学习规划，构建体系完善的内部学习平台（主要包括丰富的教学形式、完善的学习服务项目体系和能够支撑全员学习的线上学习平台与线下培训中心或实践基地），通过各种创新的学习方式和完善的学习平台功能来有效促进组织内部知识的传递与内化，并满足不同层级、不同领域学习主体的差异化学习需求。与此同时，需要不断强化学习组织队伍建设、学习机制建设和学习文化建设。

（5）应用与创新。这个环节解决的是知识转化与学习成果输出的问题，是理论与实践相结合的重要步骤，也是企业知识管理体系运行成效的综合体现，更是企业构建闭环式知识管理体系的关键环节。组织层面需要制订知识应用计划与采取创新改进措施，基于传递与内化，将所学知识与能力应用于企业价值链各环节实际工作中，包括产品创新、服务改善、流程再造、管理变革、品牌重塑、文化建设等，同时需要通过不断学习和反思，持续开展知识管理各环节工作，推动组织内部的知识创造与创新变革。如果条件成熟，还需要针对知识管理体系构建的过程及结果定期进行系统评估，以不断改进和完善各环节工作，打造精细化的知识管理"流水线"，并构建闭环式动态改进的知识管理体系。应注重三个方面的问题。首先，要注重前置思考。即以结果为导向，根据知识应用与创新的目标及要求，开展知识的识别、获取、提炼、存储、传递等工作。其次，要注重创新激励。应建立宽松、开放、包容的创新激励机制与文化，尤其要及时奖励通过学习在知识应用及创新方面取得突出成果的部门及个人，重点孵化和培育具有学习力与创新力的引领者。最后，要注重资源整合。需要加大开放式创新力度，整合外部人才、知识、技术等资源，共同提高自主研发能力，推动知识转化成果的共建与共享。例如，海尔一直秉持"科技自强、原创引领"的科技创新理念，倡导"以无界生态创造无限可能"，构建了"10+N"开放式创新生态体系，其中的"10"代表全球10大研发中心，"N"代表根据用户痛点随时互联的N个创新中心、创新网络和逾万人的创新合伙人专家社群。海尔拥有71个研究院和1000多个实验室，基于遍布全球的资源网络和用户网络，实现了"用户需求、创新资源在哪里，海尔的研发就在哪里"。

（二）构建个性化"六库"

知识库，即知识数据库，是知识整理与存储环节的核心成果内容，也是企业重要的数据资产。组织的学习内容开发、数据信息查询、经验成果应用、知识再创新等一切学习创新活动都要用到知识库。课程库、案例库、理论知识库、实战工具库、战略思想库、创新成果库是常见的六种知识库类型（见图6-11），企业可以紧密结合自身战略目标、业务需要、组织学习需求来构建体现企业特色的知识库。

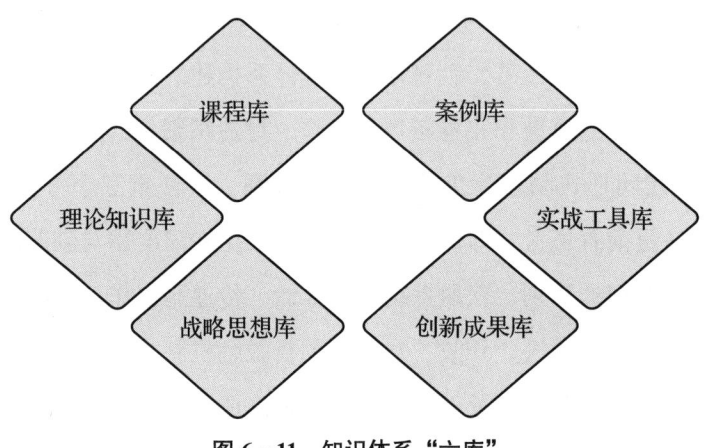

图6-11 知识体系"六库"

（1）课程库。课程库是不同类别课程按照一定的分类标准、内容和结构要求汇集而成的科学完善的课程体系，是企业内部学习内容的核心来源，其分类体系直接决定着组织的知识结构。课程库建设应重点从四个方面入手。首先，精准把握需求与定位。课程库建设要立足于满足党和国家事业发展需求、组织发展需求、岗位需求和个体需求，尤其要突出理论教育需求、党性教育需求、履职能力培训需求和知识培训需求，以各岗位能力素质模型、员工职业发展体系为主要依据，进行课程内容开发、课程资源获取。一方面要整体布局与规划，逐步构建一个高质量、高匹配度的学习地图，另一方面要特别锁定组织新能力建设的重点方向（如战略引领力、资本运营力、创新驱动力等）、人才培养重点方向、岗位能力提升重点方向，针对"短板"问题，明确课程库建设的重点内容方向及所需要的课程形式。其次，结合应用进行系统科学分类。应从多个维度进行分类，尽量细分、便于应用，一般可以分为以下七种。第一，按照专业领域分类，可以分为宏观经济、资本金融、党的建设、政治外交、军事国防、战略管理、人力资源、科技未来、生产研发、创业创新、历史人文等模块，而且每个模块应建构对应的细分专业领域。商儒企业管理研究院建构的课程体系共有26个专业方向课程模块、199个细分领域。第二，按照课题方向分类，可以分为国企改革与公司治理、全球竞争力、新质生产力、科技创新、商业模式创新、数字化转型等类别，一般根据企业自己关注的高质量发展瓶颈问题而定。第三，按照行业领域分类，可以分为金融、建筑、电力、军工、交通运输等类别，企业应根据自己所处行业特点及行业细分情况进行分类。第四，按照内容特性分类，可以分为政策解读课程、理论课程、案例课程、技术操作课程、综合类课程等类别。第五，按照形式特点分类，可以分为现场授课（含录制）、视频录制、动画、PPT、录音等类别。第六，按照课程对象分类，主要按照企业的分级分类人才培养体系进行划分，尤其要突出重点人才培养对应的课程体系，这也是学习地图构建的基本要求。第七，按照课程来源分类，可以分为原创、引进版权、本土版权、无版权等类别。再次，建立严格的课程入库及内容结构标准。主要从理论性及学术角度、课程结构完整性和逻辑性、实践应用性、师资授课水平等几个关键指标进行评估，选择符合要求的课程入库，还要明确入库的课程内容结构，包括课程主题、授课师资、课程价值、内容提纲、内容概要、授课时间、分类信息、其他基本信息等。最后，利用现代信息技术连接师资库、案例库等。通过有效连接，实现课程及相关资源的高效利用与精准匹配。

（2）案例库。案例库收入企业经营管理过程中形成的管理案例与党建案例，涉及党建、国企改革、战略、财务、人力资源、营销、采购、生产研发、信息化、创新、企业国际化等领域。案例的研究与应用，对于企业总结内部成果、传承企业历史、促进组织学习、借鉴外部经验、提炼管理理论、指导实践活动、推动企业创新、传播品牌形象等都具有重要意义。很多优秀的企业都有成熟的案例库，且能够得到高效利用。例如华为大学特别注重采用全案例式的教学方法，所有的教学案例都是真实案例。为此，华为成立了案例库，并鼓励和号召公司的专家和管理者为案例库投稿。这些案例不仅用于教学过程，也用于业务部门的总结复盘。案例库建设是企业改善业务、实现知识创造的重要途径。那么，该如何建设一个高质量的案例库呢？首先，应强化案例研究与开发能力。即成立专业的案例研究与开发小组，掌握一定的案例研究方法论、案例写作技巧，针对企业高质量发展过程中的个别成果、问题个案，通过访谈座谈、问卷调查、文献资料研究、对标分析等常用研究方法，同时采用专业分析工具，从历史、理论、实践三个维度进行案例采写、系统梳理、理论总结、经验萃取，形成具有一定理论深度、可读性强、实践价值高的标杆案例。其次，应明确案例的质量标准。要求主题具有典型性、时代性，内容客观翔实，逻辑严谨，论据充分，言之有物，案例结论具有科学性、实用性，尤其是归纳总结出的管理思想、模式和方法可供借鉴，具有普适性的实践指导意义，还要求语言简洁流畅，可读性强。在内容结构方面，要求有背景、过程、成效、理论成果或路径模式、经验启示等关键内容，还要完善案例基本信息、案例简介、知识要点、关键词、案例参考资料、企业相关信息与资料等。再次，应做好科学分类储存，并进行数字化、清单化管理，便于后期根据学习需求随时查询和提取各类案例文章及素材。按照内容性质可分为经验型、失败型、困惑型案例；按照案例用途可分为应用型、教学型、研究型案例；按照来源可分为内部（原创）案例与外部案例，有的企业还专门建立了外部标杆案例库，专门服务于对标世界一流的学习与实践；按照内容专业可分为党建类、经济类、管理类、专题类（重点课题方向类）等几个大类，具体可以按照学科体系分类标准对案例进行细分。最后，应高效利用案例并动员全员及时更新。案例主要用于经验萃取、内部传播、课程开发、对标学习、理论提炼、对外交流、品牌传播等。由于案例应用广泛，几乎覆盖企业价值链各个环节，且对时效性有较高要求，因此，需要针对各部门学习小组成员或案例开发组成员，提供案例常识、案例研究方法论、案例写作技巧等基础性知识的培训与辅导，带动全体员工常态化"产出"案例素材，再由公司专业的案例研究与开发小组成员进一步加工处理，实现案例库动态更新。

（3）理论知识库。理论知识源于实践活动，通常不涉及具体的实践操作，但可以为实践活动提供指导、解释或预测支持。现代企业管理是一门综合性的交叉学科，涵盖中共党史党建学、管理学、经济学、心理学、组织行为学等学科，其中的管理学又可以细分为战略管理、组织管理、财务管理、人力资源管理、运营管理、营销管理、生产管理、信息管理、公共管理等细分学科领域，因此在企业经营管理实践过程中，任何个体及组织都需要大量理论知识的补充，以构建应对不确定性环境的复杂知识系统。由于理论知识主要来源于企业外部，且纷繁复杂，理论知识库建设的重点就是抓好内容来源，做到去粗存精。企业要根据组织学习需求及理论知识薄弱点，选择相对权威的媒体、机构、知识平台或个人，甚至针对作者提出一定的标准与要求，并要求理论知识贴近业务、易于理解，而且要提前搭建好详细的分类框架，避免过于学术、滥竽充数、重复获取。当然，在加强引进吸收的同时，也要积极引导内部组织基于案例研究、课题研究，创造性提出原创的理论。其过程中，需要注意两个问题：一是要统筹考虑课程库有关理论知识，避免知识库重复建设；二是在分类存储过程中要注明知识版权归属者，避免后期应用时带来侵权困扰。此外，关于理论知识库的分类，可以参照课程库或案例库的分类标准，有利于后期建构一个相互连接的知识体系。

（4）实战工具库。实战工具主要指可以立即使用的研究方法论、分析工具、管理工具、标准操作流程、标准服务流程等，可以大致分为组织学习工具、日常办公工具、业务管理工具三大类，是应能力之所急、供业务之所需的"知识武器"，可以帮助需求者直接高效掌握学习方法、业务技能，并快速解决常见的学习困惑与业务难题。其中的组织学习工具主要指与个人学习、组织学习有关的研究、教学、学习技术、方法与工具，例如战略分析工具、知识经验萃取工具、团队学习配套工具、案例教学与研究方法论、课题研究方法论、对标分析方法论及工具等；日常办公工具主要指通用类的办公操作技巧、模板、工具等，例如Excel表格分析工具、办公软件操作技巧、PPT模板等；业务管理工具，包括覆盖各价值链环节的制度、规范、流程与常用管理工具表格，甚至是以可复制的系统软件形式存在，例如生产管理工具、营销管理工具、财务管理工具、售后服务管理工具、企业文化建设实战工具等。由于实战工具的核心价值在于实践应用，因此实战工具库建设应注重在"实践端"开展。一般都是由各业务部门深度参与，聚焦业务问题，在实践中逐步形成标准化、具有普适性价值的制度、流程及配套工具，并及时根据业务需求变化进行动态更新。当然，也可以借助"外脑"及外部经验，结合实际，转化为适合自己的业务管理工具。应充分利用内外部"专家端"资源，对各价值链环节形成的实战工具成果进行严格审核与质量把控，确保实战工具得到科学验证，且经得起实践检验。

（5）战略思想库。战略思想主要指与公司战略、机制、文化紧密相关的政策信息、规划报告、制度文化等资料及学习内容，为企业达成高度战略共识、统一思想与行动、提高战略决策水平提供知识支撑，是企业科学决策的重要依据来源。战略思想库是企业管方向、把大局的战略性知识库。政策信息，主要包括党的基本路线、基本方略，国家重大政策，领导人重要讲话和重要指示批示精神、重要会议文件精神、外部环境动态信息、营商环境动态信息、行业变革动态信息等；规划报告，主要包括涉及国家、行业、公司三个层面的战略规划、产业分析报告、市场分析报告、各类调查研究报告等；制度文化，主要包括公司内部重要机制、制度与规定、领导重要讲话、重要会议文件精神、企业文化体系、品牌形象资料、员工合理化建议、员工思想文章（对公司战略、组织、制度、文化等方面的思考）等。由于战略思想库的内容相对来说，站位高、跨学科复杂度高、专业性及准确性要求高、获取难度大，需要企业强化自身的战略研究能力，善于整合外部学术资源（含引进与共同开发战略性知识成果），注重战略解读类知识开发。战略解读类知识开发，是指围绕战略思想，要有政策剖析、规划解读、制度说明、企业文化释义、品牌阐释等内容支撑，便于学习与理解，而不是简单进行政策、信息、制度、文化等内容的罗列。

（6）创新成果库。创新成果主要指公司内部独创知识成果和与外部机构或个体合作创造、共享的知识成果。创新成果库是上述课程库、案例库、理论知识库、实践工具库、战略思想库建设过程中所产生的创新成果的汇集，也是企业通过知识管理体系的高效运行实现价值创造的集中体现，更是企业创新成长的"孵化器"，具体包括自主研发的课程、案例、理论、方法论、应用工具和各类学习成果，既有理论创新成果，又有实践创新成果，既有个人创新成果，又有组织创新成果。其中包括部分具有一定行业引领性或较大社会影响力的知识产权成果，而这些知识产权成果正是企业创新发展的"源头活水"，通常可以划分为产品（服务）创新、技术创新、管理创新、商业模式创新等类别。创新成果库的建设，应重点关注成果来源与成果应用两个方面。其一，要有源源不断的创新成果输出。正所谓"巧妇难为无米之炊"，如果创新成果没有一定数量与质量的保障，创新成果库建设则无从谈起，知识的应用与创新也不会有实质性的突破。这就要求企业充分发挥知识管理体系的整体作用，倡导人人创新、时时创新、处处创新，加强人才队伍创新思维与方法的培养，建立良好的创新激励机制与创新氛围，鼓励全员在企业价值链各环节大胆创新，以确保成果输出来源多、方式新、质量高。其二，要积极应用创新成果。由于创新成果包括大量的尚未正式转化为知识产权的初创知识成果，需要进一步的深入研究和实践检验，才能孵化出高价值成果。即便是成熟的创新成果，也需要在实践应用中不断更新、升级和完善。因此，创新成果库建设一定要与企业业务紧密结合，要在实践应用过程中进行动态完善，做到学用贯通、知行合一。例如，中国医药集团有限公司自2021年以来，将提质增效体系纳入财务管理工作范围，并与企业日常经营管理活动相区分，以项目制方式深入开展提质增效工作，并简化为"项目制、可量化、可考核"，其创新举措也是完全围绕这九个字展开。其提质增效工作，本质上就是发掘价值链上的薄弱环节或漏洞，并围绕"增收、提质、降本、控费、创新"来创造新价值。其创新活动覆盖集团1 600多家子公司，涉及各类业态及不同业务条线，融入企业价值链各个环节，每年立项的提质增效项目超2 200个，不仅直接提升了集团的经济效益与精益管理水平，还大大调动了员工的创新积极性。这些提质增效项目都是企业重要的创新成果，而且这些成果都是源于实践端，最终又应用到价值链各个环节，并持续创新、改进和完善，形成创新成果输出与应用的良性循环。

（三）切实做好基础支撑

知识体系构建过程中，除了打造精细化"流水线"、构建个性化"六库"之外，还应该做好四个方面的基础支撑工作，分别是队伍支撑、机制支撑、文化支撑和技术支撑。

（1）队伍支撑。建立一支专业的知识管理人才队伍，包括负责全流程知识管理的综合性人才和负责某些关键环节的专业性人才。综合性人才要求熟悉整个知识管理流程、标准与要求，并熟练掌握一定的知识管理理论、技术与工具，而专业性人才是某一知识管理环节或领域的专业人士。

（2）机制支撑。建立完善的知识管理流程与规范、知识创造激励机制、知识保密制度、知识共享与应用制度、专业人才引进机制等。要注重约束与激励相结合，既要有严格的规范、流程与要求，确保知识管理体系常态化、高标准运行，又要有正向激励的制度，引导全员积极参与知识管理与知识创造。

（3）文化支撑。塑造重视知识管理、善于创新的良好文化，与组织学习文化建设的要求是基本一致的，同样需要达成高度的理念共识、建立完善的知识管理制度、开展各类促进内部创新的学习活动、营造全员主动参与知识管理的良好氛围等。做好文化支撑，不仅需要注重知识管理重要性、知识管理基础理论知识、知识管理常用技术与工具的普及，还要通过宣传教育、体验式学习活动、激励机制等，营造良好的创新环境。

（4）技术支撑。充分利用大数据、数字化、人工智能等技术，将其应用到知识管理的每一个环节，包括建立线上知识获取平台、智能化线上学习平台、相互连接的知识库、创新生态体系等，核心价值在于创新知识管理方式、提高知识管理效率，促进知识成果转化与应用，尤其是为企业的组织学习与创新成长带来新动力、创造新价值。例如国家能源集团党校充分利用数字技术推动组织学习向数字化、信息化、智能化方向发展。一方面用数据驱动学习，运用信息技术手段使学习形式更加便捷、灵活、多样，让学习在组织内部随时随地发生；另一方面用数字技术引导学习，通过信息采集和人才评价，向组织呈现更全面、更精细、更深入的人才数据分析。其打造的"融智学习"平台以建设专业化、资源生态化、数据中台化、学习智慧化为指引，分设"网上党校"和"融智学院"两种学习场景。"网上党校"覆盖集团 10.6 万名党员，构建定位 10 种角色、涵盖 5 个维度 258 项能力的党建岗位胜任力模型，通过大数据分析进行角色画像、绘制学习图谱、精准智能推送，实现"人、岗、课"相匹配的滴灌式学习教育。"融智学院"以整合全集团学习资源、统筹全集团在线培训、打造集团级知识管理平台为目标，开设学习专区、精品学习班、岗位能力提升班、定制化学习项目等多个栏目。

四、服务体系

广义的服务体系是指支撑企业开展高质量学习项目所需要的全价值链知识服务内容，包含调研分析、课程开发、项目设计、师资匹配、教学实施、项目评估、知识管理、案例研究、课题研究、图书出版等。此处的服务体系，主要指基于学习内容、形式、机制、文化、资源等关键要素，组合形成的满足个人及组织学习需求的学习产品（项目）体系与学习平台体系，包括各类学习项目、各种学习模式、各大学习平台、各方学习资源等内容，是学习组织"供给"能力的集中体现。服务体系建设，是企业提高学习"供给"能力、有效解决"供需矛盾"与"工学矛盾"、促进高水平学习供需平衡的重要举措，也是企业推进全员学习、终身学习、主动学习与高效学习的具体行动。那么，完善的服务体系应该有哪些学习产品（项目）？学习平台又应该如何搭建？我们可以从以下两大工作模块来了解服务体系的核心内容及工作要求。

（一）开发多层次多类型学习产品（项目）

多层次多类型学习产品（项目），是指满足组织学习共性化需求以及不同层级、不同业务条线个性化需求的各类学习产品或项目，不仅包括分级分类人才培养体系中的人才专项学习项目、专题学习项目等，还包括从学习规划制定到项目落地实施，基于各种学习方式与途径所形成的各种学习项目或学习服务产品，也被称为企业内部的学习项目服务体系，能够有效解决组织学习过程中个性与共性的矛盾、定制和复制的矛盾、创新与成本的矛盾。

基于高质量学习理论体系及 20 余年 2 000 多个学习项目的具体实践及路径探索，商儒企业管理研究院总结梳理了由高质量学习规划、干部自主选学课堂、政企大讲堂、人才梯队建设定制课堂、跨界学习课堂、高质量发展课题研究计划、在线学习体系构建及微课程开发、嵌入式学习模式、高质量教学运营等构成的"1+N"高质量学习项目服务体系。这些学习项目从学术研究到实践落地、从战略规划到实施策略、从理论教育到行动学习、从线下学习到线上学习，充分融入高质量学习"九要素"、战略路径图与实施路线图，涉及学习项目各个关键环节，覆盖受众范围广且形式多样，能够有效推动知识服务供给与需求的精准匹配，助力企业构建面向未来的高质量学习体系，建设高素质专业化人才队伍，实现从重构复合知识结构、重塑复杂知识系统，到再造高质量学习生态的适应性组织，持续提升组织学习力和核心竞争力，以适应不稳定、不确定性的环境变化。

其中的"1"是指高质量学习规划。作为高质量学习体系构建的顶层设计，高质量学习规划的核心价值在于将高质量学习规划、企业战略规划和人才发展规划这三大规划作为顶层战略支撑，统筹推进、相互推动、高效落地，重塑组织学习力和知识管理的新模式，实现既"强人"又"强企"。其中的"N"是基于规划而落地实施的各类学习项目（见图 6-12）。

```
┌─────────────┐     ┌─────────────┐     ① 干部自主选学课堂
│ "1": 高质量学习│  +  │"N": 基于规划而落地实│
│     规划     │     │ 施的各类学习项目  │     ② 政企大讲堂
└─────────────┘     └─────────────┘
                                         ③ 人才梯队建设定制课堂

                                         ④ 跨界学习课堂

                                         ⑤ 高质量发展课题研究计划

                                         ⑥ 在线学习体系构建及微课
                                            程开发

                                         ⑦ 嵌入式学习模式

                                         ⑧ 高质量教学运营
```

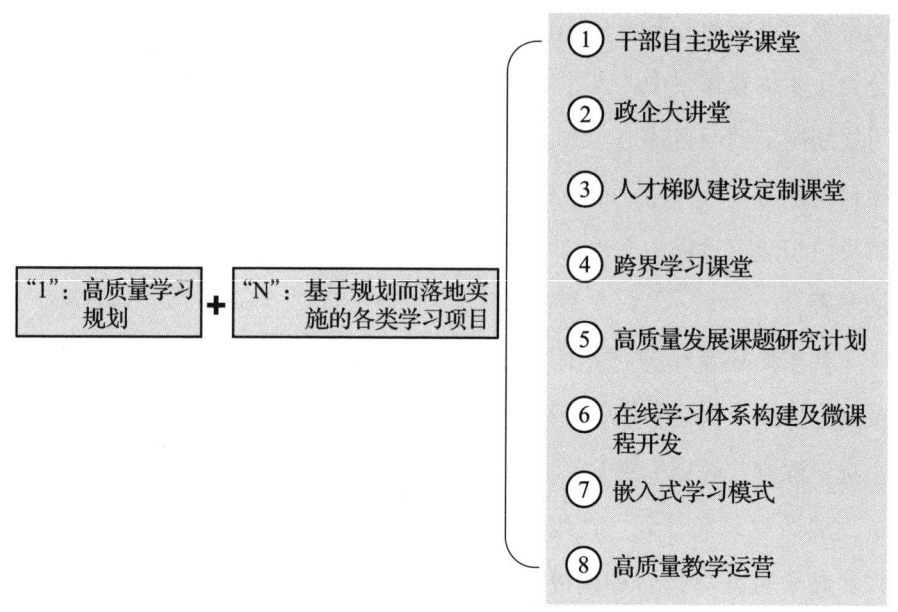

图 6-12 "1+N"高质量学习项目服务体系

（1）干部自主选学课堂——组织学习和干部成长的知识共享平台。干部自主选学课堂凭借其"课程匹配精准化、学习内容体系化、学习模式创新化、时间安排便捷化"等优势，能够有效解决干部学习的工作与学习矛盾与供给与需求矛盾、增强学习本领、提高学习质量、重塑学习文化、重构知识系统、激发学习活力，进而推动企业的"大学习""大创新""大发展"。但是，由于课题选择难、邀请专家难、组织学员难、教学管理难、时间投入有限、成本投入相对较高等现实问题，干部自主选学课堂往往需要企业联合外部专业机构、其他共性需求企业共同建设，实现规模化以降本增效，并有效管控项目风险。

例如，商儒企业管理研究院于 2011 年创办的"大企业大集团干部自主选学课堂"，是国内创建较早、规模较大，专注于服务组织学习和干部成长的知识共享平台。10 余年来，课堂坚持"创新服务模式、聚焦发展难题、重构知识系统、共建学习生态"，强化组织新能力建设，突出组织学习的时代性、针对性、实效性和系统性。课堂基于党情、国情和世情的深刻变化，紧扣组织需求、岗位需求和个人需求，精心打造以八大篇章为主体的课堂结构，内容涉及经济、政治、历史、文化、社会、科技、军事、外交等方面，精准匹配国内外优秀的专家团队和学术资源，全流程、精细化进行教学服务和质量管控，为广大企业和干部提供高水平的课程内容和课堂服务。课堂先后在成都、重庆、西安、武汉、北京等地开设，300多家企业长期合作共建，500多位专家学者参与并授课，累计举办课程1 000余期，参加学习的干部达10万余人次。

（2）政企大讲堂——定制化内部知识共享平台。政企大讲堂侧重于构建定制化的内部知识共享平台，致力于帮助组织打造学习的高地、思想的阵地、文化的营地，并在建设学习型组织过程中起到龙头引领作用，成为组织最具影响力的学习品牌和对话交流、智慧碰撞的平台。其所需要匹配的资源，与上述干部自主选学课堂几乎一致，即立足企业自身发展和人才培养需要，依托干部自主选学课堂的师资体系、课程体系、教学体系与学术体系，系统打造内部大讲堂，引导内部干部员工学习新思想、新知识、新经验，深入研究分析组织面临的复杂国际国内形势，密切关注宏观经济政策走势和市场环境变化，切实加强战略与文化共识，增强忧患意识，坚定信心，凝聚力量，积极应对和化解各种困难风险，努力增强把握发展、衡量发展、推动发展的本领。

例如"天府大讲堂"是中共四川省委组织部主动推进新时代治蜀兴川，经多年精心打造形成的干部人才教育培训品牌项目，为四川省实施创新型企业家培养计划、建设高素质专业化干部人才队伍搭建了重要平台，发挥了积极作用。2012年启动以来，围绕中央、省委决策部署，坚持高端化、精品化特色，邀请国内外相关领域知名专家学者紧扣经济金融、政治外交、社会治理、科技创新、人文社科等方面的前沿热点现场授课。截至

2024年9月，已经开展56期，培训科研院所、高等院校和相关企事业单位专家人才及党政干部2万多人次。

（3）人才梯队建设定制课堂——分级分类人才培养体系构建的解决方案。人才梯队建设定制课堂，主要是通过科学设计分级分类人才培养体系，重点解决"员工能力素质提升"与"员工职业发展支撑"两大问题，从而搭建覆盖全员的人才成长舞台，增强人才队伍适应时代变化与战略发展要求的能力，不断提升组织的价值创造活力，为企业高质量发展提供坚强的人才保障与智力支撑。要求重点做好人才发展战略分析、人才盘点分析、组织学习力表现分析和重大课题学习需求分析，根据不同层次、不同岗位干部赋予的新使命和新任务，从管理层级和关键岗位入手，突出系统性、定制化、递进式等特点，重点从政治能力、创新能力、经营能力、管理能力、政德修养五个维度进行定制化的进阶式学习项目设计，并从学习内容、学习形式、学习资源等方面进行精准高效的供给。我们通常按照管理层级、管理职能、管理专题三大类进行划分，既可以是长周期或阶段性的培养计划，也可以是短周期的重点人才能力提升计划、专题类学习项目等，例如青年干部5～10年培养计划、新员工培养计划、党务工作者能力提升专项学习班、新晋管理者能力提升专项学习班、科技创新与新质生产力专题学习项目等。

（4）跨界学习课堂——企业"走出去"的学习载体。跨界学习课堂是针对学习内容差异化问题及干部人才队伍特点专门打造的特色系统化学习载体，也是企业开展对标"世界一流"学习行动的重要学习方式。企业通过跨界学习、汲取经验、共享资源，加快"走出去"步伐，构建全球化产业链能力，推动新质生产力、品牌影响力持续提升，逐步提升全球竞争力。课堂基于现实发展问题，主动走进标杆企业、国家重点实验室、历史人文基地等，通过针对性地跨学科、跨行业、跨领域、跨地区学习与交流，助力企业实现更广泛的知识连接，不断去获取知识，在组织内传递知识并创造新知识，有效解决实际问题，打造学习型组织。

（5）高质量发展课题研究计划——理论与实践双向转化的知识库。中国之大、发展之快、问题之复杂、经济之独特，注定了国有企业高质量发展没有简单的模式可以复制，这就要求我们在借鉴先进企业经验的同时，不断总结自己的经验与成果，逐步构建企业自身的知识库，创新探索中国特色企业发展模式，以新的理论与实践突破，实现国有企业高质量发展。高质量发展课题研究计划面对新环境、新问题与新挑战，破除传统学习理念，整合全球优势师资资源、优质客户案例资源、多年积累的学术成果资源等，将案例研究、课题研究融入组织学习与工作中，强调理论与实践互动，成果相互转化、相互促进，在总结经验与成果的同时，探寻适合企业自身的高质量发展路径，促进中国特色企业管理思想与模式的形成与发展。

（6）在线学习体系构建及微课程开发——线上线下融合的学习模式。在线学习体系构建及微课程开发，是为了应对新技术带来的学习变革及新时代对组织能力建设提出的新要求与新变化。实践证明，在线学习能够帮助企业有效推动全员学习，降低学习成本，提高知识更新速度、学习便捷性和学习效率，并营造积极向上的学习氛围。要求基于高质量学习理论体系，借助数字技术，抢抓数据要素，构建体系化、个性化的在线学习平台，具体包括组织体系、课程体系、知识管理体系、师资体系、线上功能体系、教学管理体系、运营体系、硬件体系建设等，同时探索线上线下融合的创新学习模式以及教学管理机制。

（7）嵌入式学习模式——学习形式的有益补充与学习文化建设的重要手段。嵌入式学习模式，是指将学习内容嵌入各类工作会议、传播载体、组织活动当中，是常规组织学习形式的有益补充，能够达到"润物细无声"的学习效果，实现组织学习在工作过程中常态化实施，在有效解决工作问题的同时，有利于形成"干中学、学中干"的学习环境与氛围。其嵌入对象包括党委（党组）理论学习中心组（扩大）学习会议、各级党组织重要会议、战略研讨会、经营分析会、日常工作例会、各类传播渠道与载体，以及包括评比竞赛活动、团队拓展活动、公益活动等在内的各种组织活动，其嵌入的学习主题、具体呈现形式和时间周期，可以根据学习目标、要求和不同嵌入对象的特征灵活设置与安排。

（8）高质量教学运营——高质量学习实施的关键环节与质量的根本保障。高质量教学运营是高质量学习体系的重要组成部分，也是高质量学习实施的关键环节与质量的根本保障。要求建立全流程、高标准的教学质量管控体系，涉及教学研究、教学设计、教学实施、教学评估等各个环节，同时要拥有专业的教学服务团队、创新的教学服务产品与模式，为各类学习项目精准匹配教学资源与能力，提供量身定制、降本增效的高质量教学管理服务，有效促进理论与实践的深度融合、资源投入与价值创造的高效转化，不断提高学习质量、效率与效能。

由于多层次多类型学习产品（项目）种类多、涉及面广，而且囊括知识服务产业链各个环节，对企业的学习资源与能力都是一种考验，因此需要注意两点。一是不能过于追求大而全，需要循序渐进地构建多层次多类型学习产品（项目）体系，并突出品牌学习项目建设。要根据企业规模及特征、所处发展阶段及能力现状、战略重点方向及当前学习需求，分阶段、有侧重点、强调个性特色地完善学习产品（项目）体系，注重战略项目与一般项目相结合，注重常规学习项目与临时学习项目相结合，注重长周期项目与短周期项目相结合，尤其要"集中力量办大事"，即集中资源与能力重点抓学习项目品牌建设，主要针对重点人才队伍、重大课题方向的学习项目，使其成为具有行业引领性的人才培养工程典范、具有社会影响力的学习品牌。例如某层级领导干部人才培养工程项目、企业内部大讲堂等，既能够解决企业发展瓶颈问题、实现学习资源投入价值创造最大化，又能够营造良好的学习氛围。二是切忌闭门造车，需要海纳百川地整合外部学习资源与能力，建立和完善符合自身特色的学习产品（项目）体系。

（二）共建定制化"生态式"学习平台——高质量学习"生态圈"

定制化"生态式"学习平台，是指支撑上述学习项目落地实施和企业全面推进高质量学习的资源汇总而成的学习平台体系，其最大特点是"生态式"，前提是共建。高质量学习是一项系统工程，各类学习项目所需要匹配的资源与能力仅靠"一己之力"几乎是无法实现的，再加上日益更新的技术变革、组织变革与商业模式变革，要求企业加大全面开放力度，基于组织体系、人才体系与知识体系，连接内外部知识平台或个体，借助外部学术、师资、教学服务、知识数据、技术等优势资源与力量，努力构建开放、生态的科研平台、"教""学"平台与资源平台等，为企业提供全产业链的学习服务，包括规划编制、课程研发、项目实施、案例开发、课题研究、教学管理、图书出版、知识成果转化等内容，实现高水平的供需平衡。在此过程中，企业组织与内部各级单位、各部门、员工，以及外部同行、"跨界"企业、供应商、合作机构、高校、教育机构、智库、专家顾问、师资等各类"教""学"参与者，相互影响、相互支撑、相互促进，最终形成以"共识、共建、共创、共享、共生"为典型特征的高质量学习"生态圈"，并持续完善高质量学习体系。

定制化"生态式"学习平台的另一个特点就是"定制化"，即高度契合组织需求、岗位需求与个人需求，凸显企业个性特色。要求坚持实事求是，突出问题导向、目标导向与结果导向，一切以解决问题、创造价值为根本出发点，避免出现"空中楼阁"、过度建设、资源浪费等现象。例如，科研方面所需要的研发力量与研发投入，应该有长周期规划且有针对性地进行资源投放，而不能盲目投入，也不可仅追求短期利益，尤其要聚焦高质量发展瓶颈问题开展课题研究与学习活动；又如，在线学习平台建设方面，不可盲目跟风，追求"高大上"，而应该立足企业发展现状及实际需求，分步实施、量力而行、逐步完善。中国储备粮管理集团有限公司培训中心在建设在线学习平台初期，考虑到公众号、公司内网、通用性第三方平台的功能单一、学习模式落后、教学管理难、个性化需求难以满足等问题，积极整合外部技术资源，以解决当时学习需求问题为出发点，联合外部机构定制研发融课程功能模块、督学功能模块、激励功能模块为一体的个性化多功能"手机App+PC端"全员在线学习平台。三大核心功能模块主要从学习内容体系化、学习需求个性化、学习方式多样化、学习管理高效化等方面满足全员学习及日常教学管理需求，并有效解决在线学习普遍存在的受众覆盖面不够广、课程内容量不够大、学习针对性不够强、学习参与度不够高等问题，是对传统线上学习模式的一次变革，标志着一个个性化、多功能且真正实现全员学习的中储粮特色在线学习平台成功建立。当然，其平台建设并非一日之功，如功能模块中的学习地图、电子书、班级管理、分享社区、排名奖励、积分商城等功能都是后期逐步完善的。

定制化生态式学习平台，本质上就是一个系统、复杂、动态的高质量学习"生态圈"，主要由三大核心平台构成，即科研平台、"教""学"平台与资源平台，而每个平台都由专业人才队伍支撑与知识库、资源库支撑（见图6-13）。

（1）科研平台。其中"人"主要指支撑战略研究、课题研究、课程开发、教学研究、知识管理等组织学习与人才培养研究领域的科研机构与科

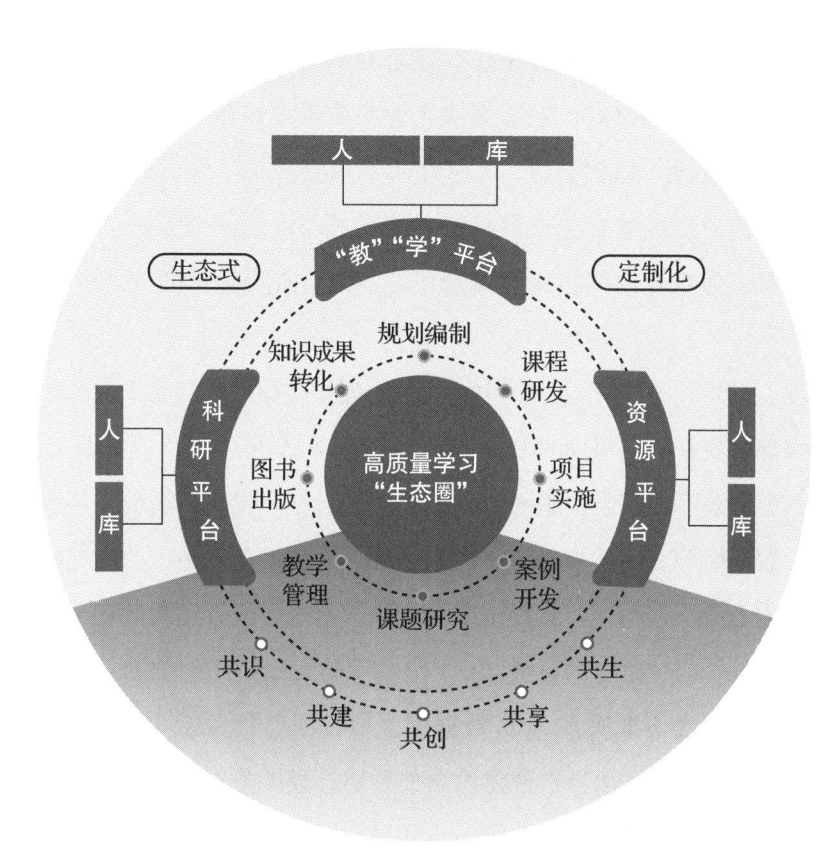

图 6-13 定制化生态式学习平台——高质量学习"生态圈"

研人才队伍,而"库"指的是基于科研形成的课程库、案例库、理论知识库、实战工具库、战略思想库、创新成果库等。一般而言,要做好三个方面的研究支撑工作:一是基础研究工作。基础研究侧重于理论研究及基础性的学习供给问题研究,包括党的基本理论、基本路线、基本方略,国家及行业重大政策,重要讲话和重要指示批示精神,重要会议文件精神,经营管理、国企改革有关基础理论、方法与工具,前沿管理思想、方法与工具,学习需求分析,师资与课程开发。二是战略研究工作。主要指围绕公司战略决策、规划与实施而常态化开展的重要政策研究、战略环境分析(包括行业趋势与动态研究)、战略情报分析、战略规划制定、战略评估等一系列战略研究工作。三是案例与课题研究工作。案例与课题研究侧重于实践研究，主要围绕企业高质量发展瓶颈问题而展开，具体涉及党的建设、组织学习、人才培养、国企改革、经营管理的各个方面。该工作应形成适合企业自身特点的案例与课题研究方法论及配套的研究工具，为企业内部案例与课题研究赋能，提高整体研究水平与创新能力。

（2）"教""学"平台。其中"人"主要指支撑教学活动实施的教学机构与内部师资队伍、外部师资队伍、教学服务队伍，"库"是指配套的软硬件教学资源库或教学实施平台，包括教学设施、设备、场地、环境、知识库、数据库等。硬件主要指有固定场所、设施设备齐全、功能完善的教育培训中心或培训基地，软件主要指在线学习平台或者远程教育平台，以及支撑"教"与"学"的各类知识库（数字化）、图书馆（含数字图书馆）、文献资料库（线下纸质）、学员数据库、项目服务数据库（含标杆项目案例）等。其中的在线学习平台建设至关重要，直接关乎企业能否真正实现全员学习，也是技术变革时代学习方式转变的必然要求，要求构建融组织体系、课程体系、知识管理体系、师资体系、线上功能体系、教学管理体系、运营体系、硬件体系为一体的在线学习体系。软件方面的课程库、组织学习工具库、学员数据库、项目服务数据库，则是"教""学"平台知识库建设的重中之重。课程库，是个人与组织改善知识结构、提升能力素质的重要内容支撑，也是学习内容方案设计的主要来源；组织学习工具库，包括与研究、教学、学习相关的方法论、技术、工具等，是个人与组织掌握学习方法、提升学习能力的重要智力支持，起着"授人以渔"、常态化赋能的效果，也是教学模式创新和教学实施方案设计的重要来源；学员数据库，是企业提出针对性解决方案、实施个性化人才培养的科学依据，因为通过学员数据库可以全面掌握学员学习与成长记录、个性特征、能力现状、职业规划和建议反馈，从而精准判断其学习与成长需求；项目服务数据库，是企业高效设计与实施学习项目的重要参考，因为项目服务数据包括项目背景、学习需求调研分析情况、项目方案、教学报告、项目经验总结及配套研究、教学、学习工具等，这些关键数据信息、成功经验及失败教训，对于企业后期开展学习项目尤其是同类项目具有极其重要的参考价值，在学习内容、学习形式（教学方法）、学习机制、学习文化、学习资源等方面，能够快速、高效、精准地进行需求匹配，起着事半功倍的作用。

（3）资源平台。其中"人"主要指支撑资源整合与对外公共关系维护、拓展的管理人才队伍，"库"是指企业实施各类学习项目、开展高质量学习所需要的一切"锻长板、补短板"的资源库，大致分为专业人才资源、学术资源、知识数据资源、研究与教学技术资源、信息技术资源、合作机构资源等类别。其中，专业人才资源，是指与组织学习及人才培养工作直接相关的专业化人才，以人才引进、交流方式为主；学术资源，主要指长期保持学术交流与沟通的科研机构、高校、智库、专家顾问、授课师资等；知识数据资源，主要指知识体系中的"六库"，以来自外部的弥补性资源为主；研究与教学技术资源，作为组织学习工具库的主要内容，原则上属于知识数据的范畴，但由于此项内容与个人及组织学习能力直接相关，其本身也是资源引进过程中使用频率较高、更新较快的学习内容，故作为资源库的重要组成部分单独罗列出来；信息技术资源，主要指大数据、数字化、人工智能等技术资源，应用相对广泛的是知识库建设、在线学习平台建设、教学管理等；合作机构资源，是指与知识服务产业链相关的内外部合作机构，包括研究服务机构、培训服务机构、教学服务机构、会议服务机构、标杆企业、挂职锻炼基地（含外部合作单位）、红色教育基地、图书馆、行业内外学习交流单位等。

五、激励体系

学习激励体系，是以激发员工学习的主动性、积极性与创造性为出发点，注重激励与约束并重、组织学习与人才培养相统一、高质量学习体系构建与人力资源管理相结合，通过系统性、多元化、多层次的物质激励与精神激励，将各部门及员工践行高质量学习的行为表现与个人职业发展、薪酬绩效及组织效能紧密挂钩，引领、规范全员参与和推进高质量学习，营造全员参与、内外互动、文化认同的组织学习环境。其过程中，通过建立完善的学习机制，与学习文化互补融合、相互促进，促进形成闭环式自我改进的高质量学习体系，以强大的组织学习力推动组织的变革、创新与发展，最终实现员工与企业共同成长。

完善的学习机制主要包括两方面内容：一是贯穿学习全流程的教学管理与运营机制，包括日常教学流程与规范标准、学员学习管理制度（含学习奖惩制度）、班级管理规章制度、内外部师资评价与管理制度、现场核查制度、全流程监督机制、教学评估反馈机制、风险防控机制等；二是组织学习与公司战略、人才发展相关的激励与约束机制，包括组织学习力评价、学习型个人及学习型组织评先评优、员工学习与成长满意度评估、科技创新激励制度、全员创新激励制度以及与学习有关的人才选拔任用机制、职业发展通道、绩效考核、薪酬福利等人力资源管理制度。可见，激励体系构建的基础是建立严谨、规范的约束性教学管理流程与标准，而重点是本着以人为本、公平公正的原则实施各类以正向为主的激励机制，主要包括评价与考核激励、"融入"激励、榜样激励、员工成长与发展激励、环境激励五个方面（见图6-14）。

（一）评价与考核激励

评价与考核激励，是指就高质量学习开展的过程与结果，实施的各类

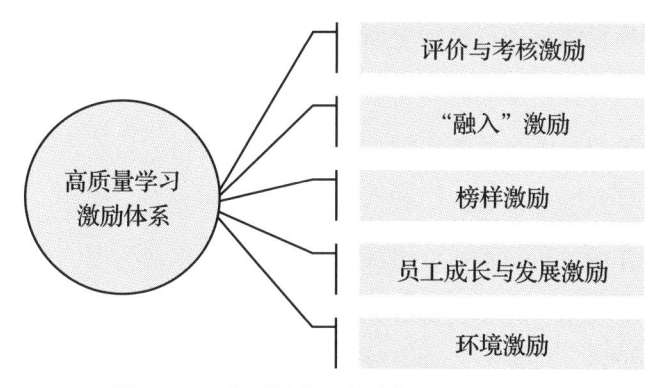

图 6-14 高质量学习激励体系的五个方面

评估、评选、考核制度，并根据评估考核结果给予适度的物质激励与精神激励，起着重要的监督与激励作用，是学习制度激励的核心内容，也是高质量学习激励体系的重要组成部分。完善的评价与考核激励机制，覆盖组织学习活动各个重要环节，涉及组织学习各个关键要素，既有针对组织学习活动中某些关键环节或重要对象的评价与考核，包括需求分析、项目设计、学习活动组织、学习内容、教学实施、师资授课、学员表现、知识管理等，又有针对学习效果的跟踪式与结果性评价与考核，包括项目学习效果、阶段性或不定期的学习效果、人才学习与培养效果、长周期整体学习效果等。但是，对于处于不同发展阶段的企业来说，需要根据实际需求来设计评价与考核激励制度，也无须面面俱到。那么，该如何构建完善的评价与考核激励机制？

首先，明确评价与考核的重点。一般而言，过程中应重点把握对项目设计、教学服务、师资质量、学员表现的评估与监督，结果方面，应突出重点项目成效评估、重点人才培养效果评估和整体性的组织学习力评估。当然，需要注意的是，过程评估与结果评估是一个有机统一体，只是差异化对待不同项目。例如，企业每年都有大量的学习项目、人才项目，多数项目，只需要对其流程、执行过程及成效进行标准化的评估与考核即可，但是对重点项目需要进行更加全面的评价与考核，除了一些基础性评价内容之外，还应包括前期的调研分析、方案设计，后期的能力测评、学习反馈、实践成效等，甚至是跨年度、长周期跟踪评价。另外，针对不同的评价对象，所采取的评估方式、评估周期也会有所差异。例如，各部门日常组织学习工作的评价与考核，可根据企业实际需求按月度、季度、年度进行，一些针对师资、教学关键环节、学习项目的评价与考核，需要将即时实施、定期汇总、定期综合评价结合，整体的组织学习力评价、大规模的评先评优活动可每半年或每一年进行一次。

其次，制定评价与考核指标体系。目前企业应用相对广泛的是教学管理评估指标体系、师资（含内外部师资）评价指标体系、培训效果评价指标体系，而且项目层面的评估应用居多，有的企业还结合线上学习、引进先进评估模型，构建独特的评价指标体系。例如，中国南方电网有限责任公司党校基于精益管理微学院发展经验，借鉴柯氏四级培训评估模式，总结形成了由业务端评估、平台端评估、学习端评估三个层面构成的具有自我特色的线上学习项目评估指标体系，三个层面又分别设置了细分的评估指标。例如，业务端评估包括知识、规模两个维度。其中的知识维度，要求业务端能够提供足够的知识单元支撑线上学习中心，并对内容数量和质量提出具体要求。在内容数量上，以15分钟为单元的视频课程为例，知识点不能少于1个；内容质量上，要求符合知识体系的基本标准，具有可复制性和针对性，而不是广泛的通用知识。然而，组织学习力评价，是高质量学习规划的起点，是实现干部教育培训供给与需求精准匹配的根本前提，因此，建立组织学习力评价指标体系，是评价与考核激励体系构建不可或缺的内容。具体可以参照本章第二节的"科学制定一套指标体系"有关内容。

最后，建立评价与考核激励机制。这里主要指聚焦评价与考核重点，依据科学的评价与考核指标，制定具体的评价与考核实施办法，并针对评价与考核结果提出相应的激励措施。

企业可采用教学服务工作评估及考核办法、学习型组织建设评价及考核办法、组织学习力评价与考核办法、培训项目效果评估及考核办法、重点人才项目评估与考核办法、师资评价与管理办法、在线学习评价与管理办法等，应建立配套的奖励与惩罚制度，以正向激励为主，例如优秀师资、内训师、学习催化师评选制度，年度先进学习型组织、学习型团队、学习型个人评选制度，年度优秀学习成果、创新成果评选制度等。需要注意的是，这些组织学习评先评优制度，要与企业年度评先评优、党组织评先评优、精神文明建设评比等活动紧密联系，同时要将组织学习有关评价考核指标纳入人力资源管理体系、党建工作体系中，与公司整体的绩效考核、党建工作考核、薪酬福利、职位晋升等挂钩。

（二）"融入"激励

"融入"激励，是指在组织学习过程中，融入先进的学习理念、学习技术与方法来强化学习共识、提升学习效率，进而启发式提升员工学习的主观能动性和学习创造性，是组织学习激励体系中最有效的方式之一。其背后的逻辑是从思想、行动两个层面，改变认知与学习态度，进而促进学习行为转变。具体融入过程中应该注重"点面结合"，既要融入先进的学习理念，又要融入先进的学习技术与方法。

融入先进的学习理念，强调的是改变思维方式与心智模式，促进全体员工就高质量学习达成高度共识，并树立重视学习、善于学习的文化氛围，其本质上是学习文化激励的重要体现。先进的学习理念主要包括高质量学习的重要性与必要性、党倡导的学习理念、企业倡导的组织学习与人才发展理念等，具体融入方式应该强调整体组织学习层面的深度融入，且贯穿始终，包括理念进规划、理念融入制度、理念融入宣贯、理念融入行动等。理念进规划，是指企业所倡导的组织学习理念，作为高质量学习规划的重要内容，成为一切高质量学习活动遵循的基本原则；理念融入制度，是指将组织学习理念融入各项组织学习日常管理制度、知识管理制度、评价与考核激励制度等，还要在相关的人力资源管理制度、党建工作制度中同步体现；理念融入宣贯，是指通过培训、传播等方式，提高全体员工对组织学习理念的认知水平与认同感；理念融入行动，是指在日常工作学习活动中积极践行组织学习理念，例如在学习项目设计时，就注重学习文化建设，尤其是学习理念的融入，而不是仅强调业务能力提升。

融入先进的学习技术与方法，强调的是在具体的学习行动中，引入或创新高效学习技术与方法，突出学习的趣味性、互动性与实效性，切实提高学习质量与效率，让员工亲身感受到组织学习产生的价值，并充分激发员工的学习主动性与积极性。其融入内容，包括能够有效激发学习兴趣的各种学习技术、学习模式等，例如"触发式"学习、游戏化学习、案例研究、翻转课堂、结构化研讨等，具体融入方式相对比较灵活，可以融入各类学习项目，也可以综合性融入整体组织层面并形成特色的、可复制的学习模式。例如，广东电网公司党校于2018年举办的年轻干部培养项目，结合该学习群体个性特征，基于心理学的角度，采用了营销领域"让用户养成产品使用习惯"的Hooked模型，运用了全新的"触发—行动—奖励—投入"培训模式实施教学活动。其中，触发是指运用各种宣传渠道，明确学习目的，传递学习理念，使学员形成学习思想动力。行动是指通过搭建团队学习、业务交流、提问解答、兴趣充能、班级管理五大平台，使学员主动参与知识分享与团队学习，并形成竞争学习意识。奖励是指从责任担当与学习投入两个维度，设置培训积分，评选学习标兵、服务标兵等，并持续推荐优秀学习成果，通过对学员的学习表现、学习成绩、创新学习成果进行及时奖励，触发学习成长动力。通过触发、行动、奖励，促使学员持续投入，形成闭环式学习模式，有效激励年轻干部的学习热情与活力，进而提升学习行动力与转化力，同时还带动了学习内容、学习方式、评估方式的升级优化。中国银联支付学院在十多年前，就探索了针对中层管理者的"加勒比海盗"实战模拟学习项目、基于"团队熔炼"卡片工具的文化融合学习项目，还借助微信平台开发了"一战到底""银行卡答题""我猜"等大众化游戏类学习项目，借助"游戏化"让学习和培训变得生动有趣，有效提高学习参与度与学习成效。

（三）榜样激励

榜样激励，是指通过宣传组织学习先进典型（如组织学习标兵人物、先进示范岗位、先进学习型组织等），向员工树立标杆学习的榜样，传播典型组织或人物事迹，引导员工更好地理解组织学习理念并以榜样的力量激励员工积极主动参与和推动高质量学习，不仅在组织学习过程中起着比、学、赶、帮、超的推动作用，还能够塑造共同学习、积极向上的学习文化与良好的组织学习形象。做好榜样激励工作，需要重点把握发现、筛选、培养、宣传、激励五个环节。

一是发现典型。可以设立自申报通道，鼓励在组织学习中表现突出且做出一定贡献的员工、部门毛遂自荐。也可以利用日常培训活动调研、优秀学习案例征集、学习效果评估、年度评先评优、职业技能竞赛等多渠道主动挖掘先进部门和个人，其中的优秀案例征集活动可以常态化开展，然后每半年或一年进行一次案例评选活动，为筛选典型做好准备。二是筛选典型。先进典型往往都是企业所倡导的组织学习理念的体现，也是其他员工学习的榜样。筛选过程中，应遵循公开、公平、公正的原则，以员工群体为基础，向基层一线倾斜，充分体现先进性、代表性和广泛性，还应坚持民主集中制，做到自下而上的民主推荐与自上而下的组织考察相结合。

三是培养典型。对发现的准典型或已筛选出的典型进行进一步的培养，不断提升典型的政治素养、思想觉悟、学习能力、应用能力和引领示范能力，确保先进典型真正成长为企业所倡导的学习榜样。四是宣传典型。对发现、筛选和培养的先进典型进行广泛有效的宣传，充分发挥先进典型的引领示范作用。过程中，需要总结先进典型事迹、挖掘典型亮点，利用企业内部宣传渠道、企业自媒体以及外部媒体等各类媒介及整个企业文化传播体系，并结合网络时代的传播技术进行全方位"渗透式"推广和宣传。对先进典型要进行持续密集的宣传，甚至可以让其向员工群体进行学习经验分享与传授。五是激励典型。通过精神奖励与物质奖励，让先进典型既得荣誉又得实惠，主要包括荣誉称号、特殊冠名、职位晋升、薪酬提高、项目奖金、优先权等方式。其奖励一定要及时，且侧重于精神奖励，同时要与培养、宣传工作相结合，及时表彰、宣传榜样、培养赋能先进典型、榜样讲故事、优秀案例展播等都是激励典型的有效方式。

（四）员工成长与发展激励

员工成长与发展激励，是指从员工的薪酬待遇、学习成长、职业发展、组织公平感、参与管理等方面，给予员工帮助与支持，同时要求积极开展员工满意度调查，并不断提升员工满意度，为员工的生活、学习与成长提供良好环境和制度保障。让员工有条件平衡好学习、工作、生活，可以提高员工在企业的获得感、幸福感与安全感，进而提高员工的学习动力与工作热情，形成积极向上、凝心聚力的文化氛围。可见，员工成长与发展激励是一种重要的企业文化激励方式，也是学习文化建设的重要内容之一。一般而言，大多数企业基于完善的企业文化，都有相对成熟的员工成长与发展激励体系，因此，员工成长与发展激励，只需要与企业文化建设工作协同开展即可。其激励措施主要包括六方面。

（1）薪酬待遇。合理的薪酬待遇十分重要。要使薪酬与绩效合理挂钩，让员工看到自己的努力以及所创造的价值能够得到回报，确保不同职位、级别和能力的员工得到公平的待遇。

（2）学习成长。员工学习成长是企业推动高质量学习的本质要求，既是过程，又是结果。员工也只有在亲身感受到学习成长的前提下，才会更加主动、积极地融入组织学习。学习成长支持主要指向员工提供培训支持、完善的人才培养机制、合理的职业发展通道，不断提高其学习本领、专业能力及综合素质。

（3）职业发展。职业发展关乎每一位员工的切身利益，是组织学习实现供给与需求精准匹配的重要影响因素。尤其是在学习内容设计、人才培养体系构建中，要注重满足员工职业发展的需要。这里主要指为员工制定合理的职业生涯发展规划、明确的职业发展通道，并持续为其提供职业发展指导与支持。

（4）组织公平感。组织公平感包括人际关系公平感、分配公平感、程序公平感等，这种感受直接影响到员工的工作满意度和工作动机。提高组织公平感的具体策略包括建立公平的薪酬体系、建立有效的申诉机制、保持透明沟通、及时奖励并表彰员工贡献、增加员工参与决策的机会等，同时要建立相应的监督机制，确保组织的政策和程序得到准确有效执行。

（5）参与管理。参与管理有利于提高员工对组织的公平感与信任感，同时还能增强其责任感与成就感。具体策略包括合理有效授权，建立开放的沟通渠道，通过员工代表制度、员工委员会、员工志愿者活动等建立员工参与管理的机制，让员工参与战略规划制定、高质量学习规划制定、学习型组织建设、企业文化建设，耐心倾听员工声音，引导员工积极参与创新活动等。

（6）员工满意度。员工满意度直接影响着员工的工作投入度、工作质量与工作绩效，能够反映出员工的忠诚度、企业精神风貌、企业领导力与管理水平,是企业管理的"晴雨表",是企业的幸福指数。提高员工满意度的有效策略就是开展好员工满意度调查,根据差距问题,有针对性地改进员工关系,加强企业文化建设。满意度调查中的问卷设计尤为重要,具体可以参照"盖洛普Q12""工作描述指数量表""明尼苏达工作满意调查量表"等员工满意度调查量表,针对企业发展现状,结合企业文化建设、人力资源管理等课题或者实践活动,重点从工作本身、工作回报、工作环境、工作群体、企业经营五个维度进行问卷设计。

(五)环境激励

环境激励,是指通过评价与考核激励、"融入"激励、榜样激励,员工成长与发展激励过程中各类制度、规范要求、活动等,包括约束性考核制度、正向激励制度、学习理念宣传、组织学习理论与技术工具学习、优秀案例征集、评先评优活动等,来营造充满"正能量"的学习文化氛围,突出以环境影响人、用环境鼓舞人,推动全员积极主动参与高质量学习。其本质上属于文化激励范畴,属于学习文化建设的重要内容,又是上述各种激励措施的汇总。环境激励应注意三个工作要点。

(1)遵循人才发展规律,尤其是对激励理论的科学把握和应用。具体包括内容型激励理论与过程型激励理论两部分,内容型激励理论有马斯洛需求层次理论、ERG理论、成就需要理论、双因素理论等,过程型激励理论包含期望理论和公平理论。其中,应用非常广泛的双因素理论,亦称激励-保健理论,是美国心理学家弗雷德里克·赫茨伯格(Fredrick Herzberg)于1959年提出的一种激励模式理论。该理论表明主要存在两种性质不同的因素,会影响到员工的工作,即激励因素与保健因素。激励因素主要指那些能带来积极态度、满意和激励作用的因素,能满足个人自我实现需要的因素,包括成就、赏识、挑战性的工作、增加的工作责任,以及成长和发展的机会等。其主要作用是对员工产生更大的激励，增强其工作积极性，使其取得更好的工作业绩。保健因素主要包括公司政策、管理措施、监督、人际关系、物质工作条件、工资、福利等。其作用是消除员工不满意情绪，但并不能产生积极的激励。

（2）注重以人为本、公平公正原则。无论是评价与考核激励、"融入"激励、榜样激励、员工成长与发展激励等具体激励措施的实施，还是激励环境的营造，都必须本着以人为本、公平公正的原则来进行。"以人为本"要求激励机制以尊重人、关心人、鼓舞人为出发点，致力于满足员工的需求、实现员工的价值，若脱离了"以人为本"，激励机制将形同虚设、毫无价值；"公平公正"要求激励机制的设计与实施做到客观、公开、公平、公正，致力于公平与效率的完美结合，若脱离了"公平公正"，激励机制将有失公平、起负面作用。因此，在环境激励过程中，应始终将以人为本、公平公正作为一切工作实施的前提。

（3）注重激励的结果导向。环境激励的最终目的是产生激励效果与实际价值，而不仅是营造环境氛围。其结果导向主要体现在两个方面：一是制度设计。组织学习相关考核指标应纳入人力资源管理体系与党建工作体系，并与绩效考核、薪酬福利、职位晋升、党建工作考核挂钩，同时，组织学习相关评先评优活动应当与企业年度人才评先评优、精神文明建设评比办法、党组织评先评优等活动紧密联系。这样就能保证组织学习激励机制与公司战略、人才发展、党的建设等融为一体，以常态化、高效运行的机制来建立规范有序的学习环境。二是具体实施。首先，鼓励正向激励，尤其要及时奖励，保留必要的负向激励（例如绩效考核），但需要正确把握分寸，做到奖惩（宽严）适度。其次，具有持续性，制定系统性、长周期的激励方案，避免只顾眼前利益，因为短期的激励措施未必能马上见效。例如企业可以根据其实际需求来安排活动，保证每年至少举行一次评选活动并树立榜样人物或先进组织，每个季度至少举行一次小型的活动。再次，注重个性化，即奖励因人而异，根据不同人群、部门的特点实施差异化的激励措施，提高激励的实效性。最后，体现多元化，即根据企业发展战略及组织学习需求，实施恰当的激励机制与措施，注重物质激励与精神激励并重，制度激励与文化激励相结合，并不断完善组织学习激励体系，营造一个充满活力与生机、追求价值创造的学习环境。

第五节　高效实施：从教学服务到教学运营

所谓"教学相长、互促共进"，教学作为组织学习的主要过程，涵盖需求分析、内容研究、方案设计、教学实施、评估反馈、改进提升等工作内容。教学质量直接决定学习成效，是高质量学习实施的关键环节。我们所处的"难学习""大学习"时代，对组织学习带来诸多挑战，给教学管理也带来不少困惑。例如，传统的教学服务跟不上先进的教学理念，所采取的教学模式跟不上技术变革与需求变化速度，所提供的服务内容难以满足复杂环境下的组织学习需求，教学研究与知识转化能力偏弱，教学效果与预期存在差距……这就要求企业从教学服务理念与教学服务能力两个方面进行全面升级，构建高质量的教学运营体系，以确保学习质量，增强学习效能，提高学习收益。那么，何谓高质量的教学运营体系？

高质量教学运营体系，是指以全面提升组织学习力的关键"五力"——学习共识力、学习组织力、学习行动力、学习转化力、学习优化力为总体目标，运用管理科学理论、高质量学习理论体系、先进的教学理念、系统教学方法论及配套技术工具，充分发挥计划、组织、协调、控制等管理职能，对高质量学习各要素、教学过程各环节加以统筹，以专业的教学管理、成熟的教学质量管控和完善的教学评估为基础，依托丰富的师资课程库、学习技术库、案例课题库、数据信息库、教学人才库、服务资源库，构建融教学内容研究、教学方案执行、教学质量管理、教学资源运营为一体的教学运营体系，为组织学习提供全流程、精细化、高标准的教学实施和质量管控，以满足企业和学员的共性化需求与个性化需求，实现规模化降本增效，有效管控风险，保障各类学习项目高质量落地实施，同时营造全员参与、内外互动、文化认同的组织学习环境，重塑组织知识管理的新模式，促进知识更新、知识结构调整、知识体系完善和知识库建设，提升企业价值创造的新动能，形成学习、发展、人才有效协同的战略支撑，让组织学习力成为核心竞争力（见图6-15）。

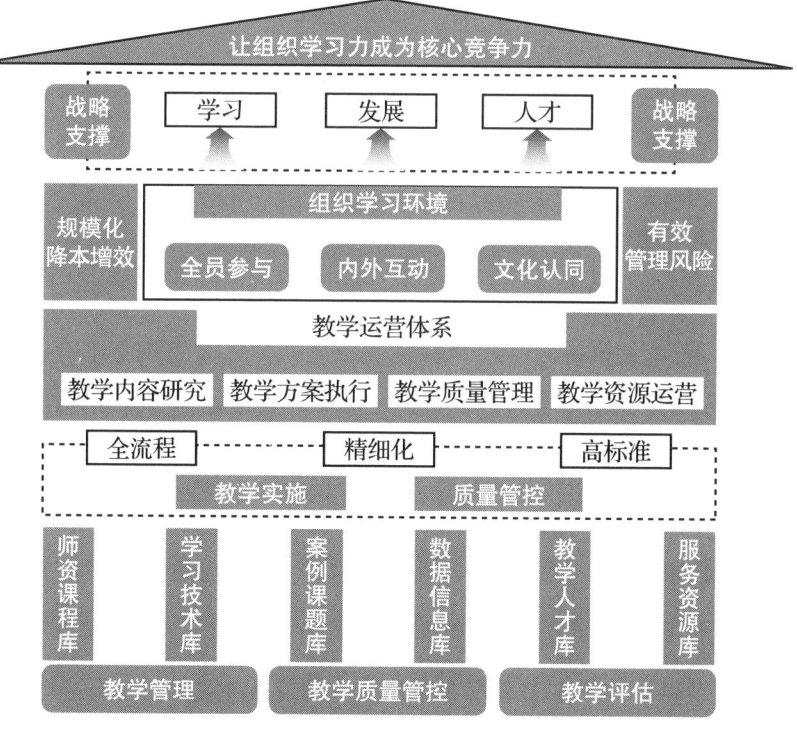

图6-15　高质量教学运营体系总体运行逻辑图

其内涵特征是从教学服务向教学运营发生根本性转变，具体体现在理念升级与能力升级两个方面。理念升级，是指以高质量学习理念、高质量学习理论、先进教学理念及方法论为指导，尤其是将高质量学习"九要素"、"九功能"、"六特性"、"三支柱"、"五力"模型全面应用到学习项目的关键环节和主要步骤；能力升级，是指强调系统集成式的教学运营能力塑造，围绕学习项目实施的"学习需求分析—现状评估—学习内容设计—教学实施—实践应用—学习反馈"流程，从传统的教学服务，转向提供融"教学内容研究、教学方案执行、教学质量管理、教学资源运营"为一体的系统解决方案，强化学习的系统性、针对性、实效性，体现出三大核心价值：实现学习需求与供给的精准匹配，确保学习质量；推动理论与实践的深度融合，增强学习效能；促进资源投入与价值创造的高效转化，提高学习收益。

其核心内容是基于理念升级与能力升级所形成的整体解决方案，为组织学习落地执行提供强有力的保障。其方案背后的支撑是高质量学习理论体系，教学研究方法论，高标准、严要求的闭环式全流程质量管控体系，丰富的实践经验，专业的服务团队、创新的教学技术与服务模式，主要包括教学内容研究、教学方案执行、教学质量管理、教学资源运营四大工作模块。

一、教学内容研究

教学内容研究，是指教学人员深度参与或主导学习项目实施前的学习需求分析、学习内容设计、教学方案定制化设计等工作，其目的是让教学人员深刻地理解每一个学习项目背后的为什么学、学什么、怎么学，包括项目本身的目的、要求以及与项目相关的公司战略、文化等，有助于教学人员在项目执行环节中精准把握学员的学习需求、准确执行教学设计活动，真正践行高质量学习理念，以达到预期效果。其中，参与的教学人员一般包括专职教学研究人员和负责项目实施的教学运营人员，其参与方式及参与程度可根据各自岗位、工作职责差异灵活安排。教学内容研究工作往往是由科研人员、教学人员和必要的专家师资共同完成。对于某些难度大、复杂程度高的学习项目，应该由科研人员或者专家师资来牵头组织实施教学内容研究工作。

（一）学习需求分析

学习需求分析是一种适用于各类学习项目的需求分析方法论，是指基于战略导向、问题导向与结果导向，聚焦组织学习力打造与人才梯队建设主线，以高质量学习理论体系、组织学习力评价指标体系、中国企业高质量发展关键要素、中国企业领导干部能力素质要素等为主要理论支撑，科学运用文献研究、问卷调研、对标研究、案例研究、座谈访谈、因子分析、PESTEL 分析等研究方法与工具，按照历史逻辑、理论逻辑与实践逻辑，围绕高质量发展环境、企业高质量发展瓶颈问题、项目具体需求三个方面进行深度调研与分析、全面盘点与梳理、科学判断与建议，从而明确满足组织需求、岗位需求与个人需求的学习目标与重点方向，并形成学习需求分析报告，为企业定制化的学习内容和教学方案设计提供科学依据。

学习需求分析，其本质上就是组织学习力评价的应用。一般而言，组织学习力评价是针对整个组织而言的系统性、全方位评价，而这里的学习需求分析可以理解为组织学习力评价方法论在学习项目上的具体应用，尤其是项目具体需求分析，完全是坚持系统观念，采取组织学习力评价的方法及相关工具，既考虑学习项目本身需求，又统筹考虑公司战略、人才、文化、学习力等方面要求。具体而言，是结合学习项目背景、学习对象特征，对学习理念、学习对象、学习组织、学习内容、学习形式、学习机制等关键要素进行全面盘点与分析，明确学习目标（含人才培养目标、政治觉悟提高、专业能力提升、综合素养提高目标等）、学习内容方向、学习形式倾向、学习机制要求、学习模式选择等，在解决学习项目所要求的核心能力提升问题的同时，统筹考虑如何提升组织学习力、如何强化人才梯队建设。

而其中的高质量发展环境分析与企业高质量发展瓶颈问题分析，与本章第二节"全面做好'三层'学习分析"中的"战略分析"部分高度一致。因此，在具体的学习项目需求分析过程中，我们可以直接采用"三层"分析的有关结论，无须重复研究分析。只不过，"三层"学习分析（战略分析、对标分析、组织学习力分析）面向整个组织，其分析内容更加完善、涉及面更广，所采用的研究方法与工具也相对复杂一些。

(二) 学习内容设计

"内容为王"，学习内容的优劣直接决定学习项目能否精准匹配学习需求，能否达成学习目标。尤其是处于知识与信息"爆炸"时代的今天，如何遴选最具价值的学习内容，如何开发适合人才成长特点、满足业务发展需要的学习内容，显得尤为重要。因此，学习内容设计是学习项目实施的重要环节，也是分级分类人才培养体系实施过程中重要的工作内容之一。

学习内容设计，要求根据学习需求分析结论、人才成长特点及规律，结合学习项目实践经验或标杆项目经验，紧扣组织的战略引领力、创新驱动力、人才发展力、资本运营力、财务控制力、管理变革力、组织健康力、文化内生力等关键能力，从学习对象的现状出发，以"党的理论教育是根本，党性教育是核心，履职能力培训是关键，知识培训是基础"为基本原则，精准匹配课程内容及授课师资，并合理分配各类课程内容所占比例，同时，根据不同层级条线的梯队建设和能力递进要求，分阶段、差异化制定学习规划，科学安排课题研究、案例研究、集中调训、跨界学习、自主选学、线上线下结合等创新学习形式，以满足适应未来变化的新能力建设需要。其主要输出成果是课程方案（含师资匹配），包括学习背景、学习目标、课程设计思路与依据、课程价值、课程结构（模块）、课程主题、课程要点、匹配师资、学习方式说明（含课程形式）等内容。

学习内容设计对参与人员的学科专业性、业务熟悉度、组织学习专业水平等方面要求相对较高，其内容设计要突出系统性、针对性与务实性，尤其是要从知识结构体系化、（学科）专业能力提升、综合素质培养、业务能力改善、组织学习力提高、人才梯队建设等维度全面考虑，进行学习内容开发、设计和师资匹配。因此，学习内容设计工作，一般是由科研人员与专家师资来主导，而教学运营人员以参与、配合为主。

（三）定制教学方案

教学方案，是学习项目落地实施的系统计划与详细安排，是一切教学活动执行的基本依据，覆盖学习前、中、后各阶段，贯穿教学活动各个环节。教学方案的好坏，直接决定着教学质量的好坏，也对教学成果能否有效产出、教学效果能否达到预期起着决定性作用。由于不同学习对象、不同学习项目各有特点与要求，其所需要的教学管理要求、教学活动设计、教学资源匹配等都存在较大差异，因此，定制化是教学方案设计的基本要求。定制教学方案，是学习项目执行实现高质量与高效率的基本前提，也是分级分类人才培养体系实施过程中重要的工作内容之一。

定制教学方案，要求遵循按需设计、规范严谨、个性化匹配、解决实际问题的设计原则，基于学习内容设计（含学习内容与学习形式）的总体要求，紧密结合组织发展战略和学习文化建设要求，紧扣学习需求、学习内容、学员人数、学习时间、学习地点、课程形式、评估方式等教学关键要素，明确教学目标，划分学习阶段，设计教学活动，制定执行流程与细节要求，配置教学资源，配套保障措施，注重学习项目实施与学习文化建设同步进行，为学习项目高质量落地实施做好规划统筹，为组织学习力提升提供教学支撑。其主要输出成果是教学实施计划，一般涵盖教学目标、教学设计思路、教学进度安排与计划、教学执行方案、教学技术与工具说明、教学质量保障措施等内容。

优质的教学方案，往往具备规范性、简明性、灵活性、实效性四大特点，即有规范严谨的流程与标准，有简明扼要、可操作性强的执行计划，有基于因材施教理念、个性定制化的教学活动设计，有促成学习成果转化的有效措施，且注重解决工作实际问题，激发学员学习动力。因此，定制教学方案，往往是由精通教学管理流程与标准、具备丰富教学实战经验、熟悉公司或项目相关业务且深刻理解学习文化的专业教学运营人员来完成，若涉及重大课题融入式学习项目，则可以与科研人员、专家师资共同研究并设计方案。

二、教学方案执行

教学方案执行，是教学运营人员组织和开展教学活动的中心环节，也是教学相长、学学相长的主要过程，其执行状态也是学习项目质量与效率的直接体现。先进的教学理念能否得到准确贯彻，系统的高质量学习理论体系能否得到科学应用，优秀的教学方案能否达到预期目标，学习项目成果能否得到有效转化，都在此一举。这就要求负责教学方案执行的教学运营人员，掌握必备的高质量学习基础理论、教育教学规律、人才成长规律，先进的教学理念、技术与工具，丰富的教学项目经验，围绕学前教学准备、学中班级管理、学中教学管理、教学成果展示、项目总结复盘五个环节（见图6-16），严格执行教学流程与标准，并注重将因材施教、引导激发、学习互动、循序渐进、学用结合等教学理念与原则贯穿其中。

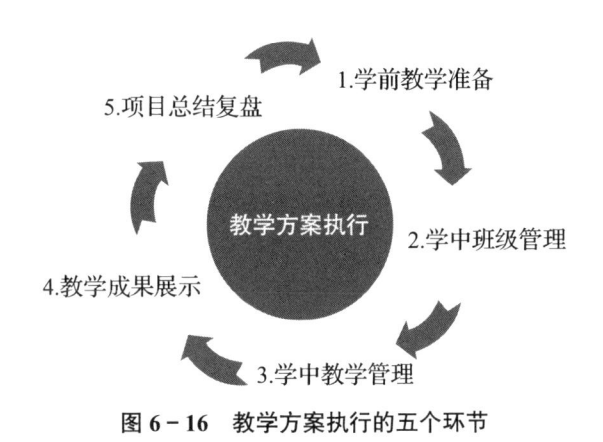

图6-16 教学方案执行的五个环节

（一）学前教学准备

学前教学准备，是指以项目小组协同推进的工作机制，全面考虑学习项目所涵盖的人、事、物，建立健全学习机制，精确收集人员信息，周密筹备学辅资料，并营造团结、紧张、严肃、活泼的学习环境，为学习项目的顺利开展做好充分准备。主要有成立项目小组、制定学习机制、确认名单信息、做好需求衔接、准备学辅物料、营造学习环境这六个方面的工作内容。

其中，做好需求衔接至关重要，是指做好组织端、学员端学习需求与师资端供给的紧密衔接，是实现供给精准匹配需求的关键环节。通常是指将学习项目的组织需求、学员需求、学习基本概况提前向授课老师进行反馈，便于授课老师从课程内容与形式方面进行定制化课程设计与开发，以精准满足学习需求。授课老师也会提出相应的学习要求，例如课前必要的资料学习、基础理论知识了解、专业术语学习等。具体工作内容包括学习需求集中反馈（学员层级、年龄等基本信息、综合能力与素质基本情况、专业方向历史学习情况等）、与授课老师共同探讨课程内容与形式、课程PPT检查与确认、课前学习辅导等。另外，营造学习环境这个环节是强化学习共识力的重要步骤，要求有效传递先进的组织学习理念，提前辅导与本项目有关的学习技术及方法，明确本项目学习要求等。

（二）学中班级管理

学中班级管理，是指通过建立临时党支部强化组织管理，运用"以学管学"联合班委机制，辅以积分管理调动学员积极性，实现班级自治，切实做到"人人有事做，事事有人做"，确保学习的严肃性、规范性、纪律性、行动统一性。其中的班级自治尤为重要，强调学员在学习和生活中的自主性和自主权，学员不仅是知识的被动接受者，还是参与决策、管理班级事务、制定学习目标和自我监管的积极主体。班级自治是促进"学学相长"、培养自主学习能力、塑造自主学习文化的重要途径。

建立临时党支部在较长周期学习项目的实施过程中是很有必要的，也是典型的中国式组织学习模式。在学习期间成立临时党支部，能够充分发挥党组织的战斗堡垒作用和党员的先锋模范作用，营造支部引领、党员带头、学员参与的比学赶超氛围，切实做到哪里有党员哪里就有党组织，哪里有党组织哪里就有党的生活。其核心职能是组织党员开展政治学习，教育、管理、监督党员，具体包括强化党性观念、讲党课、主题党日、谈心谈话、学习党章党规、重温入党誓词、重读入党志愿书等。

（三）学中教学管理

这里所言的学中教学管理，是指学习过程中的各类教学活动的策划、实施与管理，不包括教学质量管理。其目的是通过开展丰富多彩的教学活动，来营造团结向上、轻松活力的学习氛围，促进企业内部文化融合，提高大家的学习共识力，激发学员的学习行动力与投入度。学中教学活动管理，需要把握三个原则：一是注重理念植入，即深度植入企业提倡的学习理念与企业文化理念，并将其贯穿项目始终；二是注重教学互动，即有效推动老师、学员间的"教学相长"和"学学相长"；三是注重实践应用，即有力促进"学用相长、知行合一"。

这些教学活动，通常是规模不大、周期较短、组织起来灵活性强的互动性或实践性小活动，一般穿插安排在课程学习之外的时间，例如培训班开班启动阶段、课前"热场"时间、课后休息时间、早上晨读时间、晚上讨论时间等。当然，一些重要的教学活动也可以作为正式课程内容之一，列入课程安排，例如"沉浸式"红色主题教育活动、知识竞赛活动、学习成果分享活动等。根据教学活动内容属性、形式特点及其主要功能，可以将其大致分为开班破冰互动类、红色主题教育类、学以致用探究类、任务驱动分享类、巩固理论知识类、启智观影类、思维竞技类、课前暖场类、团建主题类等。不管哪类教学活动，对于教学运营人员来说，需要重点把握每一项活动的特性、价值及实施方法。

例如，学以致用探究类活动，其主要功能是将所学知识通过教学活动与工作实际问题紧密结合，提高学习能力，促进知识转化。具体形式包括世界咖啡法、头脑风暴法、团队列名法、思维导图法、案例研讨、ORID[①]、情景模拟、团队画像、辩论赛、主题演讲等。其中多数教学活动，对教学运营人员的教学研究能力、专业教学技术能力、活动组织能力都有较高要求。一些教学活动在实施之前，有必要就相关学习技术对学员进行

---

① ORID（objective，reflective，interpretive，decisional）即焦点呈现法，是一种通过催化师引导来开展的结构化会谈方式，也是经验萃取的一种形式，可以灵活运用于研讨、培训、会议、会谈等场景。

知识普及与方法指导。

(四) 教学成果展示

教学成果展示以学习对象为主体，是学员学习成果输出的重要形式，也是教学工作成果的梳理过程与客观呈现，不仅包括项目结束后形成的系列学习成果，还包括项目执行过程中学员的学习表现及相关成果。一般涵盖日常学习记录、教辅活动记录、结业考核、结业汇报、荣誉表彰等五类学习成果。其中的结业汇报是教学成果展示的重点，是指在课程或者学习项目结束时开展的一系列成果汇报、分享交流等教学活动，包括小组汇报、课题汇报、座谈汇报、代表分享、班委分享、结业会演、结业视频等。

(五) 项目总结复盘

项目总结复盘，是在学习项目结束后对整个项目过程进行总结和反思的一种方法，强调对学习项目进行全景式的自我审查和自我反省，主要用于总结经验、发现问题、改进教学，提高项目质量与学习效能，其本身属于知识提炼、经验萃取的知识管理活动，是一个回顾、总结、反思、提升的完整过程，是教学方案执行的关键"收尾"环节，也是教学工作闭环式改进的必然要求，更是教学运营方面个人和团队快速成长的有效途径。主要包括撰写报告、归档资料、开展复盘三个方面的工作内容。

开展复盘乃重中之重，即对每一个已完成学习项目的思维、决策和行动等进行回顾和反思，通过分析成功和失败的原因，总结经验与教训，重在形成标杆性、可复制的经验与成果，为后续项目执行提供参考价值，同时避免重蹈覆辙。具体包括对照目标、回顾过程、评估结果、检视成效、总结经验、发现问题、分析原因、优化建议、改进提升等。

三、教学质量管理

教学质量管理，是指按照培养目标、规划与要求、教学规律，围绕师资、学员、教学目标、教学内容、教学手段和教学环境等关键教学因素，积极运用系统的组织学习理论、教学方法论和现代信息技术手段，就教学的所有阶段、所有环节实施全过程质量控制，并对教学效果进行科学评价，是教学管理的核心，也是高质量教学运营体系的重要组成部分。教学质量的好坏，直接决定了教学目标能否达成及学习项目的成败。做好教学质量管理，需要重点从运营团队、运营体系、运营流程、运营改善四个角度统筹考虑，并形成创新的管理模式、完善的运行体系、严格的流程管控与科学的质量评估。

（一）创新的管理模式

作为企业一切学习活动的组织者与实施者，专业化的教学运营团队是保障教学质量的关键力量。其专业化主要体现在专业化的队伍素质能力与创新的团队管理模式两个方面。

（1）专业化的队伍素质能力。要求针对不同层级的教学运营人员，设置对应的能力素质模型，并明确相应的绩效考核、职位晋升与激励制度，同时，注重"师徒培养""训战结合"，通过完成项目来培养专业水平高、项目经验多、实战能力强的教学运营人员。

（2）创新的团队管理模式。要求采用创新的"1+2+N"教学运营模式、双向多频次的沟通反馈机制，融设计、研究、实施、监督为一体，开展专业化教学工作，并有效管控风险，保障教学质量，为教与学、学与学、学与用的稳定性和高质量提供全方位的专业支撑。例如，针对企业内部大规模、高规格、长周期的学习品牌项目，在教学管理过程中，配备1名项目管理者或教务长负责整体项目的策划、组织、协调、控制和监督，配备 2 名教学运营人员负责实施、管理、沟通，同时安排领导人员、科研人员、品牌策划人员、形象设计人员等多位项目组成员，负责项目质量监督、需求调研与学术把关、师资沟通、文案撰写、美术设计、案例总结、品牌宣传、课程内容提炼、知识沉淀等工作。

（二）完善的运行体系

完善的运行体系，主要指针对学习项目实施过程各阶段、各环节的执行规范与要求，所形成的标准化质量管理体系，不仅涵盖教学实施过程，还包括教学研究、效果评估、实践应用等环节，涉及调研工作管理、课程质量管理、师资质量管理、服务资源质量管理、教学流程管控、评估效果管理等范畴，是完整性、高质量实施学习项目的基本遵循，也是实现学习系统性、针对性与有效性的重要制度保障。

系统性与完整性是完善的运行体系的突出特点。每一个关键环节都有规范化的执行标准和要求，并形成持续优化的教学研究体系、教学实施体系和效果评估体系。例如，商儒企业管理研究院按照学习需求分析、现状评估、学习内容设计、教学实施、实践应用、学习反馈六大环节，总结了全流程、高标准的 100 多项质量管理规范，已经成为标准化的 DECAF 教学质量管理体系的重要组成部分。规范化与标准化也是其特点。每一个关键环节的每一个步骤有相应的细分标准与要求。例如学习内容设计要有内部调研或意见征集、需求分析、设计初稿、师资沟通、专家确认、修订并确定学习内容方案等步骤，以其中的师资沟通为例，要求将学习需求完整准确反馈给老师，同时要将老师提出的教学意见和要求反馈给学员或直接体现在学习内容方案中。

（三）严格的流程管控

严格的流程管控，主要是针对教学执行而言，即按照学习前、中、后三个重要阶段，将教学执行分为学前教学准备、学中班级管理、学中教学管理、教学成果展示、项目总结复盘五个环节，依据明确的流程规范，保证教学工作的标准化、精细化、可视化，通过现场核查机制、监督机制、评估反馈机制、风险防控机制，确保各个环节无缝衔接、各项工作高效运行。

可见，严格的流程管控，一方面，强调标准化，即严格按照完善的运行体系，尤其是教学活动实施流程与规范，来执行一切教学活动；另一方面，强调高质量实施与高水平安全，即通过一系列核查、监督、评估、风险防控机制来进行有效的质量监督与风险管控。例如，在一些重要学习项目的教学实施过程中，尤其是关键的里程碑节点，往往都有相应的教学负责人进行核查、项目负责人进行现场监督、专家顾问进行科学评估等，同时，及时纠正质量偏差、学风不良等项目问题，有效防范和化解环境教学活动风险、环境安全事故等各类项目风险与事故等，并设有相应的核查清单、教学工作评估表、评价标准、风险事故排查清单等工具表单。

（四）科学的质量评估

科学的质量评估，是指依据科学的评价指标体系，对教学方案执行质量和学习效果进行全面、客观的评估与测量，以了解学习项目质量现状，分析存在的问题与原因，并提出改进和调整措施，是发现质量问题和改进提高质量的关键，也是需求方客观评价供给方教学质量保证能力和质量水平的重要手段。教学质量评估，主要围绕教学质量目标与教学质量标准两个核心要素展开，涵盖教学计划、教学内容、教学形式、教学态度、教学机制、教学资源、教学效果等方面的评估内容，其输出成果为教学质量评估报告，一般包括学习项目背景与目标、评估标准与方法、评估结果与数据分析、改进建议及实施计划等内容。

教学方案执行质量评估侧重于过程性评价。主要依据严格的流程管控标准与相关指标，就教学各环节实施情况进行评估与反馈，达到持续优化流程、改进教学质量的目的。学习效果评估侧重于结果性评价。结果性评价需要统筹考虑个人层面和组织层面进行质量评估，其评价指标体系可以参考组织学习力评价指标体系，同时适当引用先进的培训效果评估模型，包括柯氏四级培训评估模型、考夫曼五层评估模型、菲利普斯五级投资回报率模型等。个人层面，可以综合借鉴上述评估模型，从学习效果的反映层面、学习层面、行为层面、结果层面（业绩提升、效益产出）、投资回报率等维度进行满意度评估、知识掌握度评估、能力运用评估、效益产出评估；组织层面，可以应用组织学习力评价指标体系和组织学习"五力"模型，通过组织学习力和组织创新创效能力评估教学质量。

四、教学资源运营

教学资源是指教学过程中一切可以用于教学的人、财、物、信息、技术等要素，泛指物质条件、技术条件、自然条件、社会条件、媒体条件等，具体包括课程、师资、教材、案例、教学技术、教学工具、基础设备设施、教学环境、自媒体、合作机构、项目数据信息、学员数据信息等。教学资源运营，是教学资源配置与利用能力的集中体现，为高质量实施学习项目提供资源保障，是实现学习供给与需求精准匹配的重要过程，其过程中所形成的教学资源库，也是高质量学习"生态圈"的重要组成部分。

（一）六类教学资源的运营

教学资源涉及面广、涵盖要素多，要想实现资源配置效率最优化和效益最大化，首先要厘清教学资源的分类、主要内容、功能价值和资源建设要求，只有这样才能根据企业现实条件、整体学习规划和项目的具体学习需求，精准匹配各类资源，高效利用现有资源，重点开发稀缺资源，有效避免资源闲置、浪费、重复建设等问题。根据不同教学资源的属性、主要功能及其重要程度，可以将企业开展高质量学习必备的教学资源大致分为以下六类。下面分别介绍它们的运营特点。

（1）师资课程类。主要依托企业内部关于组织学习与人才培养的科研能力及企业建立的师资库与课程库，为各类学习项目高效匹配师资与课程。同时，要做好师资接待、需求沟通与关系维护工作，并不断完善师资信息。

（2）案例课题类。主要依托企业内部的案例与课题研究能力及企业所建立的案例库与课题库，为各类学习项目提供案例与课题资源支撑。要熟悉案例与课题的专业分类及各专业领域的典型成果，同时要掌握必备的研究方法论，能够辅导学员开展案例研究、课题研究。

（3）学习技术类。主要依托企业内部学术研究、教学研究力量及企业建立的组织学习工具库，掌握必备的政治理论、组织学习与人才发展理论、管理学理论等，熟练运用各类组织学习技术、方法与工具，提高教学专业化服务及运营能力，并为全体员工有效赋能学习技术，不断提高组织学习效率与效益。

（4）数据信息类。主要凭借知识管理经验、项目实践经验，充分利用现代信息技术手段，对教学关键信息进行模块化梳理和数字化编码，持续优化数据管理和处理流程，构建一个一致性、完整性、安全性的数字信息库，包含学习方案、学习成果、调研数据、人才测评、组织学习力评价、师资评价和各类评估分析报告等内容，为项目实施提供科学依据与数据支持。

（5）五是专业人才类。主要通过内部培养、外部引进、人才交流等方式，储备各类支撑教学内容研究、方案执行、质量管理、资源运营的专业人才资源。

（6）基础支撑类。主要通过高效的内外部资源整合，从学术、技术、硬件、后勤、合作机构等方面，为学习项目实施提供基础支撑作用，以满足多元化、多层次项目需求。其中，技术是指教学过程中应用到的软件、平台、大数据、数字化、人工智能等，合作机构包括学术合作机构、研学合作机构、会务合作机构、拓展服务机构、培训合作基地、挂职锻炼基地等。

（二）客户导向的运营思维

掌握教学必备的资源能力与条件，其根本目的是提高专业化教学服务水平与学习项目实施质量，以更好地保障学习供给精准匹配组织需求、岗位需求与个人需求。因此，以客户为导向的运营思维至关重要。这就要求教学运营人员始终将各部门、员工当成客户，树立主动服务意识，基于问题导向来整合、开发、配置和利用资源，做到"三个善于"。

（1）善于理解客户。要求教学运营人员以客户为中心，通过组织学习力评价、学习需求分析等，深刻理解和精准把握组织和个人的差异化学习需求，在此基础上精准、高效地配置、利用资源，包括积极培育和开发重点资源，适当引进和整合外部资源。例如，通过组织学习力评价，发现学员知识转化能力相对较弱，则需要重点开发或引进能够促进知识转化的学习资源，包括案例研究与撰写方法论、知识经验萃取工具、学习催化师等。

（2）善于管理资源。与知识管理的整个过程类似，教学资源管理包括获取、沉淀、整理、应用与创新等环节，需要高效运行、动态更新、不断完善。例如如何识别和获取高价值的教学资源，是管理教学资源的第一步，也直接决定了教学资源的基础能力与水平。而且，教学资源需要结合教学工作、学习需求、业务发展需求，进行系统分类、定期梳理、智能推送、持续更新，以不断提高资源应用的便捷性与高效性。另外，在应用过程中需要抓住主要矛盾，聚焦重点项目或关键教学环节，将有限的资源用在刀刃上。

（3）善于产品化。教学资源产品化是教学资源整合能力和专业化服务水平的集中体现，是教学资源实现高价值转化的核心过程，主要包括资源产品化与专业化服务产品化两个层面。资源产品化是指教学资源内容清单化形成资源菜单，组合化形成资源包，便于教学运营人员自身快捷高效使用资源，同时为各部门及员工提供简洁明了的菜单式资源服务；专业化服务产品化是指将教学资源与教学服务能力组合产生"1+1＞2"的合力，形成固化的、细分的、可供客户自行选择的教学服务模式（产品），从而为各部门及员工提供全方位、高质量的专业化教学运营服务，包括教学研究服务、教学管理服务、教学赋能服务等。教学研究服务包括项目学习需求分析、学习内容设计、学习方案定制、师资匹配、课程体系搭建、教学执行计划、成果总结、教学管理体系完善等；教学管理服务包括教学方案设计、物料准备、师资接待、课程主持、班级管理、会谈学习、主题活动、会务服务、流程把控、项目总结、复盘优化等；教学赋能服务，主要指向企业内外部输出教学服务标准、赋能教学运营人才、填补教学人才缺口，包括帮助需求方搭建高质量教学流程管控体系、教学质量保障体系、培训效果评估体系和教学人才梯队建设体系等。

第六节　持续改善："学"与"习"互动，学无止境

持续改善是指对企业不同领域或价值链各环节进行小的、逐步的、连续的改进和完善。第二次世界大战后，通过对 TWI（training within industry）[①] 和 MT（management training）[②] 的引进、消化和吸收，日本企业

---

① TWI 即一线管理者技能训练，是精益生产的基础，起源于 20 世纪 20 年代的英国。
② MT 即管理能力训练，起源于美国空军在二战期间的创新，战后被日本采纳并普及。MT 注重人际关系、工艺改进以及 PDCA 方法应用等知识。

结合实际，先后发展了全面质量管理（total quality management，TQM）、全员生产维修（total productive maintenance，TPM）、准时生产体制（just in time，JIT）等精益管理、持续改善方面的管理理论，逐渐形成了完整的体系。随后，持续改善概念由日本的世界著名质量管理大师、改善思想之父今井正明在《改善：日本企业成功的奥秘》一书中正式提出，他认为持续改善思想是日本战后经济迅速崛起的奥秘，是日本企业的竞争优势，例如丰田成功的关键在于贯彻了持续改善的经营思想。持续改善思想对日本企业管理的理论和实践有着深远的影响。

持续改善对于企业推动高质量学习同样极其重要且具有特殊的意义。一方面，高质量学习的本质特征是构建动态、协同、开放、自我创新完善的学习生态体系，组织学习的内涵要求也包括了持续改善。显然，高质量学习体系构建和高质量学习全面开展的一切细节活动，都需要持续改进和完善，如持续减少非增值活动、有效降低成本、消除资源浪费、改进项目实施流程、增强研究能力、提高教学质量、提升管理水平、不断激励员工等，持续改善思想理应贯穿企业推动高质量学习的整个过程，是构建闭环式螺旋上升的高质量学习体系的动力支撑，例如评价切入阶段的组织学习力评价、系统推进阶段的评价与考核激励、高效实施阶段的科学的质量评估等，都是属于持续改善的重要内容。另一方面，高质量学习体系的持续改善，不仅是组织学习自身的持续改善，还带动企业党的建设、经营管理等全方位持续改善，使组织获取一种面对各种问题持续改善的能力。因此，持续改善既是组织学习过程中的关键环节，又是组织学习所追求的自然结果；既是组织学习自身创新完善的必然要求，又是企业整体经营管理创新完善的必然要求。

那么，应该如何运用持续改善思想，持续完善高质量学习各项管理活动与各个关键环节，构建闭环式螺旋上升的高质量学习体系呢？企业需要紧扣质量，所有雇员的努力、介入、自愿改变和沟通等关键因素，完善组织学习评估流程与标准，始终以"学"与"习"互动为中心。

一、完善组织学习评估流程与标准

查尔斯·吉德林说："发现问题往往比解决问题更加重要，把问题清楚地写下来，就已经解决一半。"科学评估是精准发现问题的唯一有效措施，也是持续改善工作的第一步。这就要求我们建立完善的组织学习评估流程与标准，主要从组织学习开展工作评估和结果评估两个层面，对组织学习评估的指导思想、基本原则、理论依据、评估对象、评估内容、评估标准、评估方法、评估形式、评估机制、报告方案、结论应用等内容进行设计和规范，把组织学习评估贯穿于高质量学习实施全流程，客观、真实地了解组织学习进展情况及学习效果，并及时进行改进。组织学习评估流程与标准的构建，是高质量学习体系建立闭环系统、实现自我完善和提升的关键步骤，具体分为确定评估内容、制定评估方案、实施评估工作、应用评估结果四大工作模块（见图6-17）。

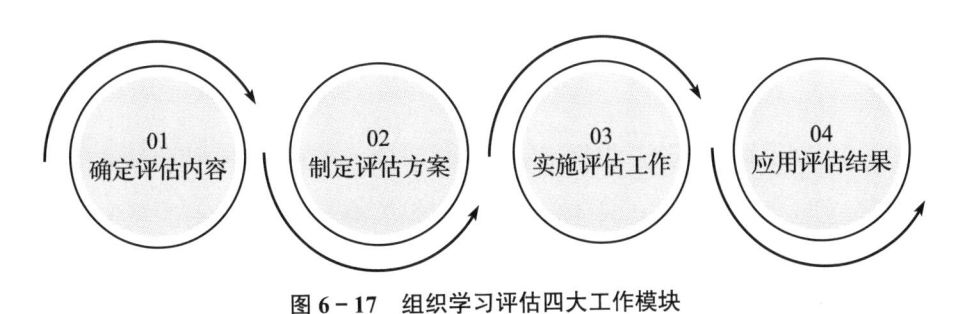

图6-17 组织学习评估四大工作模块

（1）确定评估内容。根据组织学习发展所处的阶段、目标与任务，确定组织学习评估的目标定位、侧重点及具体内容。评估内容通常包括工作评估和效果评估两部分，工作评估是指对高质量学习推进过程中工作计划与落实情况进行评估，效果评估是指对高质量学习工作取得成效的评估。在确定评估内容过程中，工作评估与效果评估往往是结合开展的，其中的关键在于明确评估对象、评估内容重点并确定评估指标体系。一般包括组织学习力评价、学习项目效果评估、教学工作评估、师资评估、教学人员评估、项目验收评估等。例如：对企业整体的组织学习工作和效果进行评估，可以直接采用组织学习力评价指标体系，从学习规划、学习理念、学习组织、学习对象、学习内容、学习形式、学习机制、学习文化、学习资源等维度进行工作评估，可以从战略性、系统性、针对性、实效性、生态性、标杆性及学习共识力、学习组织力、学习行动力、学习转化力、学习优化力等维度进行效果评估。针对学习项目，往往会结合柯氏四级培训评估模型，从学习内容、授课师资、学习效果、教学管理、实践反馈（行动学习反馈）五个维度进行评估，其中的学习效果包括实践指导反思梳理、知识结构更新调整、工作方法能力提升、系统分析思维转变四项细分指标。针对教学管理，工作评估环节，需要根据教学工作执行流程标准及要求，对教学运营人员的执行状态直接进行评估或以项目验收单打分形式进行评价，效果评估主要是学员对教学服务满意度方面的评价。另外，评估不同部门、岗位和个人，所采用的评估指标体系应有所差异。

（2）制定评估方案。根据确定的评估对象、评估内容和评估标准，制定切合实际的评估方案，具体包括确立组织机构、明确职责分工及工作要求，明确评估目标、任务要求与内容范围，确定评估方式与评估周期，拟定评估工作进度安排等。评估方式通常分为自我评估与外部评估两种。自我评估是指自行设计或在外部专家的指导下设计组织学习方面的评价考核标准，并依照方案进行自我评估、诊断分析；外部评估是指借助外部专家的力量，对组织学习的实施措施、典型特征、"五力"表现、运行机制、实施效果等方面进行系统评估并形成诊断分析报告和改进提升方案，包括制定高质量学习规划。制定评估方案的重难点是针对评估对象，确定合适的评估方式与评估周期。例如针对日常高质量学习工作，应定期开展自我评估工作，还需要不定期开展随机抽查性的评估工作，而针对组织学习存在的一些瓶颈问题，应该引进外部专家的力量，设立联合课题组共同进行评估、改进、提升。

（3）实施评估工作。依据以上评估方案组织开展评估工作，具体包括培训评估工作人员、问卷调查、座谈访谈、360度反馈、现场评审会、召开协调会、记录评估进展情况、整理有关数据和信息、分析评估结果等，其主要输出成果为组织学习力诊断分析报告。分析评估结果，是指依据评估方案中所采用的组织学习工作评估分析工具，对评估过程中收集到的信息、数据进行统计、归纳、整理和分析，针对评估内容重点及评估对象，形成评价结果或评估报告，并向有关范围的组织和人员进行反馈或讲解说明。实施过程中，应该严格按照工作进度安排或相关工作流程予以实施，组织学习评估工作要做到科学（依据事实、严谨研究、专业分析、反复论证）、深入、全面、客观、公平、公正，必要时应借助外部专家的力量。

（4）应用评估结果。评估结果的有效应用及成果转化，是组织学习评估工作的核心价值所在，是组织学习工作持续改善、不断提升组织学习力的具体体现，也是构建闭环式螺旋上升的高质量学习体系的关键过程。其评估结果应用主要体现在两个方面：一是根据评估结果，总结组织学习成功经验，形成高质量学习实践成果总结报告、高质量学习典型实践案例，甚至是进行高度凝练与理论升华，形成创新的组织学习力提升理论成果，有利于内部学习传播及进一步的组织学习实践。二是根据评估结果反馈的主要问题与不足，明确未来改进方向并提出具体的改善措施，形成组织学习力提升方案或高质量学习规划,这是本阶段的重点,也是组织学习评估真正实现价值的环节,具体可按照组织、部门、个人三个层面分别制定改进提升方案,发动全体员工积极主动推进方案各项任务的落实。其中部门与个人可依照组织的总体改进方案拟定自己的改进计划。通过"评估组织学习现状—总结经验、发现问题并制订改进计划—制定创新提升方案—实施方案—评估组织学习效果",构建组织学习工作开展的良性闭环系统,不断优化高质量学习运行体系,促进组织学习的持续改进、创新提升,实现螺旋式上升。

二、始终以"学"与"习"互动为中心

子曰:"学而时习之,不亦说乎?""学"主要指从外界获取知识或技能的过程,可以直接接受,也可以自我探索,是一个输入的过程;"习"是通过反复复习、练习和实践,来巩固和加深对所学知识的理解和应用,是一个输出内化的过程。"学"与"习"的相辅相成与良性互动,是任何一项学习活动产生最佳学习效果的完整过程与必然要求,更是一个组织强大组织学习力的集中体现。因此,组织学习评估,也应该以"学"与"习"互动为中心,即强调"学"与"习"的辩证统一,既要重视学习输入的过程评估,又要重视学习输出的效果评估,还要强调"教"与"学"的辩证统一,结合教学端的教学评估和学员端的学习评估,总体上要突出学习共识力、学习组织力、学习行动力、学习转化力与学习优化力评估。那么,组织学习评估该如何做到以"学"与"习"互动为中心呢?

(1)注重科学性。以改进学习质量与效率、提升组织学习力为核心,科学设计组织学习评估方案并严谨实施。例如:评估标准方面,要有理论依据充分、兼顾过程结果、符合企业实际的评估指标体系,这是精准发现

问题、找出问题原因的基本前提;评估方法方面,要根据企业自身现状及评估对象、评估内容的差异化,选择恰当的评估方法与评估工具,不可盲目照搬或过于公式化;评估数据方面,要通过严谨科学的调研,获取真实性、客观性、准确性、完整性的数据与信息;评估队伍方面,要有专业人士的参与或指导,要求懂组织学习理论且实战经验丰富。

(2)注重系统性。一方面,注重组织学习评估工作内部的系统性,统筹考虑评估工作的各要素或各类矛盾,要求做到整体改进与局部优化并重,既要有企业整体的组织学习力提升计划或高质量学习规划,又要有项目和各环节持续优化的流程与机制,还要有落实到部门、个人,层层分解目标的组织学习力提升计划,并及时进行跟踪监督与指导改进。同时,评估内容要做到过程与结果相统一,评估对象要做到组织评估与个人评估相统一,评估方法要做到定期与不定期相结合,评估指标要做到财务指标与非财务指标相结合。另一方面,注重组织学习评估工作与其他管理活动的系统性,即组织学习评估工作要与质量管理、评先评优、职位晋升、绩效考核、薪酬激励等管理活动相结合,保持互动性与一致性。

(3)注重动态性。持续改善强调的是连续性与渐进性,其本质要求就是动态优化与完善。首先,在评估流程方面要形成闭环,这是组织学习评估动态性的根本要求与集中体现。主要通过定期开展评估工作,并将评估结果科学应用到下一个工作环节,以规划引领未来工作开展,推进组织学习工作的整体持续改进;其次,强化学习反馈,突出局部的动态优化,一方面是每一个学习项目的评估与改进、每一个环节的评估与改进、日常部门及个人工作的持续改进,另一方面是不定期就过程中问题或某一关键环节,进行子课题研究并评估,从关键局部入手进行改进与完善;最后,评估工作应具有适应性与灵活性,即根据环境的变化与企业战略调整,调整评估指标体系、评估方法与工具等,同时善于整合内外部资源,动态组合评估队伍，进行科学评估。

（4）注重激励性。激励全员全身心投入到组织学习的持续改善活动中，是持续改善思想的关键之一。提高全员学习本领与持续改善能力，并强化思想认同，实现有效激励，主要通过本领赋能、文化赋能来实现。本领赋能是指向全体员工提供持续改善理念、策略与工具的培训与指导，具体包括精益管理思想、全面质量管理、全员生产维修、准时生产体制、策略部署（policy deployment）、合理化建议（proposal）、质量圈（quality circles）小组、PDCA 循环、流程再造等，还要提供组织学习技术、方法与工具的辅导；文化赋能是指加强改善思想宣传与培训，将其融入企业文化建设，同时结合组织学习评估与考核，及时认可并实施物质与文化激励，尤其是与薪酬激励、职位晋升等直接挂钩，建立常态化的持续改善激励机制，塑造质量第一、日新月盛、勇于变革、敢于创新的持续改善文化，激励全员主动参与其中。

小　结

达成共识，是企业推动高质量学习的基本前提，主要基于心智模式改善，通过高质量学习理念共识、理论共识与路径共识，让学习成为一种信仰，增强组织的学习共识力。

评价切入，是企业制定高质量学习规划的起点，主要基于问题导向，以组织学习力评价为切入点，通过科学制定一套指标体系、精细设计一份调研问卷、全面做好"三层"学习分析，为科学制定高质量学习规划提供重要依据，为实现学习供给与需求精准匹配奠定坚实基础。

规划引领，是企业高质量学习体系构建的顶层设计，主要依据高质量学习规划编制方法论，通过规划思路明确清晰、规划要点精准到位、规划依据充分可靠、规划输出务实高效，为企业提升组织学习力提供行动指南，为企业开展高质量学习提供方向指引，为企业实现高质量发展提供制度遵循。

系统推进，是企业高质量学习体系构建的完整过程，主要依据高质量学习规划，通过重点构建组织体系、人才体系、知识体系、服务体系与激励体系五大子体系，打造一个要素完善、自我优化、"生态"开放、持续稳定、功能强大、高效运行的高质量学习体系。这五大子体系是基于"九要素"而形成的，是高质量学习体系的核心内容，也是高质量学习理论应用的集中体现，其子体系的运行状态是企业的学习组织力、学习行动力、学习转化力的充分体现。

高效实施，是企业高质量学习项目实施的质量保障，主要依据高质量学习理论体系、先进的教学理念、系统教学方法论及配套技术工具，通过重点构建由"教学内容研究、教学方案执行、教学质量管理、教学资源运营"构成的教学运营体系，为组织学习提供全流程、精细化、高标准的教学实施和质量管控，实现从教学服务向教学运营转变，以确保学习质量、增强学习效能、提高学习收益。

持续改善，是企业构建"闭环式"螺旋上升的高质量学习体系的关键环节，主要依据改善思想，通过重点完善组织学习评估流程与标准，始终以"学"与"习"互动为中心，对组织学习的过程与结果、个体与组织、学习项目与项目各个环节进行全方位、系统性评估与改进，实现高质量学习体系的自我调整优化与持续动态改善，充分体现出企业组织的学习优化力。

显而易见，从达成共识，到评价切入、规划引领，到系统推进、高效实施，再到持续改善，是高质量学习体系构建与落地实施的全部过程，也是高质量学习理论体系应用的主要过程。高质量学习理论体系全面运用了"九要素"、"六特性"、"三支柱""五力"模型等核心理论,充分融入了"改善心智模式""坚持问题导向""系统思考""体用结合""持续改善""以始为终"等管理理念,以全面提升学习共识力、学习组织力、学习行动力、学习转化力和学习优化力为主线,为企业有效提升组织学习力提供"步步为营"的指导手册,为企业系统开展高质量学习提供"拿来即用"的行动指南。

参考文献

[1] 毛泽东. 毛泽东选集：第1卷. 2版. 北京：人民出版社，1991.

[2] 毛泽东. 毛泽东选集：第2卷. 2版. 北京：人民出版社，1991.

[3] 毛泽东. 毛泽东选集：第3卷. 2版. 北京：人民出版社，1991.

[4] 毛泽东. 毛泽东选集：第4卷. 2版. 北京：人民出版社，1991.

[5] 习近平. 习近平谈治国理政：第一卷. 2版. 北京：外文出版社，2018.

[6] 习近平. 习近平谈治国理政：第二卷. 北京：外文出版社，2017.

[7] 习近平. 习近平谈治国理政：第三卷. 北京：外文出版社，2020.

[8] 习近平. 习近平谈治国理政：第四卷. 北京：外文出版社，2023.

[9]《党的十九大报告辅导读本》编写组. 党的十九大报告辅导读本. 北京：人民出版社，2017.

[10]《党的二十大报告辅导读本》编写组. 党的二十大报告辅导读本. 北京：人民出版社，2022.

[11] 中国共产党章程. 北京：人民出版社，2022.

[12] 中国共产党组织工作条例. 北京：人民出版社，2021.

[13] 中共中央宣传部. 习近平新时代中国特色社会主义思想学习纲

要（2023年版）．北京：学习出版社，人民出版社，2023．

［14］中华人民共和国国民经济和社会发展第十四个五年规划和2035年远景目标纲要．北京：人民出版社，2021．

［15］国务院研究室编写组．十四届全国人大二次会议《政府工作报告》辅导读本．北京：人民出版社，中国言实出版社，2024．

［16］本书编写组．中共中央关于进一步全面深化改革 推进中国式现代化的决定．北京：人民出版社，2024．

［17］中国共产党第二十届中央委员会第三次全体会议公报．北京：人民出版社，2024．

［18］习近平．在哲学社会科学工作座谈会上的讲话．北京：人民出版社，2016．

［19］习近平．序言∥全国干部教材编审指导委员会．新时代新思想新征程．北京：人民出版社，2019．

［20］《人民日报》评论员．坚持党对国有企业的领导不动摇：论贯彻习近平总书记国企党建工作会议讲话精神．人民日报，2016-10-12（4）．

［21］新华社．习近平出席中央人才工作会议并发表重要讲话．（2021-09-28）[2024-08-01]．中国政府网．

［22］新华社．习近平对宣传思想文化工作作出重要指示．（2023-10-08）[2024-08-01]．中国政府网．

［23］习近平．在企业家座谈会上的讲话．人民日报，2020-07-22（2）．

［24］习近平．关于建设马克思主义学习型政党的几点学习体会和认识．学习时报，2009-11-16（3）．

［25］习近平．在中央党校建校80周年庆祝大会暨2013年春季学期开学典礼上的讲话．人民日报，2013-03-03（1）．

［26］习近平．发展新质生产力是推动高质量发展的内在要求和重要

着力点. 求是，2024（11）：4-8.

[27] 中共中央党史研究室. 中国共产党历史：第1卷（1921—1949）. 2版. 北京：中共党史出版社，2011.

[28] 中共中央文献研究室. 建国以来重要文献选编：第2册. 北京：中央文献出版社，1992.

[29] 中共中央文献研究室. 建国以来重要文献选编：第4册. 北京：中央文献出版社，1993.

[30] 中共中央组织部，等. 中国共产党组织史资料. 北京：中共党史出版社，2000.

[31] 党史学习教育工作条例. 北京：人民出版社，2024.

[32] 中共中央关于在全党深入开展学习贯彻习近平新时代中国特色社会主义思想主题教育的意见. 党建研究，2023（5）：19-25.

[33] 中央宣传部、中央组织部联合印发《关于进一步提高党委（党组）理论学习中心组学习质量的意见》（全文）.（2023-09-20）[2024-08-01]. 中国政府网.

[34] 中共中央印发《全国干部教育培训规划（2023—2027年）》.（2023-10-16）[2024-08-01]. 中国政府网.

[35] 中组部、财政部、教育部联合印发《关于进一步规范和加强中央企业中长期经营管理培训工作的通知》.（2016-10-20）[2024-08-01]. 人民网.

[36] 关于印发《国务院国资委关于加强和改进中央企业人才工作的意见的通知》.（2004-06-17）[2024-08-01]. 国务院国资委网站.

[37] 中共中央、国务院关于深化国有企业改革的指导意见.（2015-09-13）[2024-08-01]. 中国政府网.

[38] 中共中央印发《中国共产党国有企业基层组织工作条例（试行）》.

（2021-01-05）[2024-08-01]. 新华网.

[39] 关于开展对标世界一流企业价值创造行动的通知.（2023-04-27）[2024-08-01]. 国务院国资委网站.

[40] 中办国办联合印发《国有企业改革深化提升行动方案（2023—2025年）》的八项要求.（2023-11-02）[2024-08-01]. 国资网.

[41] 中共中央办公厅印发《关于中央企业在完善公司治理中加强党的领导的意见》.（2021-05-30）[2024-08-01]. 中国政府网.

[42] 关于加快推进国有企业数字化转型工作的通知.（2020-09-21）[2024-08-01]. 国务院国资委网站.

[43] 刘鹤. 必须实现高质量发展. 人民日报，2021-11-24（6）.

[44] 王勇. 做强做优中央企业 培育具有国际竞争力的世界一流企业. 国有资产管理，2011（1）：4-8.

[45] 张玉卓. 在推进中国式现代化建设中谱写国资央企新篇章. 学习时报，2023-08-07（1）.

[46] 王炳林，等. 中国共产党百年学习史. 北京：北京师范大学出版社，2024.

[47] 曲青山，等. 延安时期干部学习教育对新时代持续深化全党大学习的经验启示. 学习时报，2020-07-31（5）.

[48] 冯俊. 新中国60年干部教育培训工作的历程. 红旗文稿，2010（18）：13-16.

[49] 熊彼特. 经济发展理论. 北京：华夏出版社，2015.

[50] 德鲁克. 创新与企业家精神. 北京：机械工业出版社，2019.

[51] 明茨伯格. 管理工作的本质. 北京：中国人民大学出版社，2012.

[52] 沙因. 组织文化与领导力：第5版. 北京：中国人民大学出版社，2020.

[53] 施密特. 重新定义公司: 谷歌是如何运营的. 北京: 中信出版社, 2015.

[54] 科索马罗, 塞尔比. 微软的秘密. 北京: 电子工业出版社, 2010.

[55] 刘伟. 新时代中国特色社会主义政治经济学探索. 北京: 北京大学出版社, 2021.

[56] 邓志雄, 等. 岭峰之观: 基于环境的企业发展战略. 北京: 电子工业出版社, 2019.

[57] 黄群慧. 新中国管理学研究70年. 北京: 中国社会科学出版社, 2020.

[58] 曾鸣. 略胜一筹: 中国企业持续增长的战略突破. 2版. 北京: 机械工业出版社, 2006.

[59] 王辉. 辩证领导行为: 基于中国传统文化的领导理论与实践. 北京: 北京大学出版社, 2021.

[60] 叶康涛, 冷元红, 何建湘. 兴衰30年: 中国企业30年成败模式. 北京: 中信出版社, 2015.

[61] 陈春花, 赵曙明, 赵海然. 领先之道. 北京: 中信出版社, 2004.

[62] 中国式管理研究团队. 中国式企业管理科学基础研究总报告. 北京: 机械工业出版社, 2013.

[63] 张瑞敏. 永恒的活火. 北京: 中国财政经济出版社, 2023.

[64] 宁高宁. 五步组合论. 北京: 企业管理出版社, 2023.

[65] 宋志平. 三精管理. 北京: 机械工业出版社, 2022.

[66] 杨永胜. 全球竞争力培育: 新时代中国企业如何高质量"走出去". 北京: 中国人民大学出版社, 2019.

[67] 何建湘. 企业文化建设实务. 2版. 北京：中国人民大学出版社，2019.

[68] 阿吉瑞斯，舍恩. 组织学习. 北京：中国人民大学出版社，2011.

[69] 圣吉. 第五项修炼. 北京：中信出版社，2009.

[70] 马奎特. 创建学习型组织5要素. 北京：机械工业出版社，2003.

[71] 邱昭良. 学习型组织新实践持续创新的策略与方法. 北京：机械工业出版社，2010.

[72] 张声雄，姚国侃.《第五项修炼》实践案例. 上海：上海三联书店，2003.

[73] 冯奎. 学习型组织：未来企业成功的模式. 广州：广东经济出版社，2000.

[74] 周德孚. 学习型组织. 上海：上海财经大学出版社，1998.

[75] 王昆，等. 团队学习法. 北京：机械工业出版社，2020.

后 记

2005 年，未名湖畔，我们抱持学习之心，开始接触组织学习理念与项目实践；

2019 年，清华园旁，我们怀揣探索之心，首次提出"高质量学习"概念并思考中国式组织学习的未来；

2024 年，永引渠①边，我们回归守常之心，初步形成高质量学习理论体系以及高质量学习"1+N"知识服务体系。

为学之志，始终如一。20 年来，我们本着"立足本土，融贯中西；知行合一，经世致用"的理念，一直深耕组织学习力提升的理论研究与项目实践，探寻中国式组织学习理论与路径模式。无论是外部环境冲击，还是内部组织变革，无论是业务战略转型，还是自主品牌建设，无论是面向民营企业，还是面向国有企业，无论是产品服务创新，还是案例课题研究，"让组织学习力成为核心竞争力"都是永恒的主题。即便是疫情时期，我们仍然坚持以规划编制、主题交流、线上访谈、项目总结、案例研究等方式，与大量中国企业一道探讨"高质量学习"主题，我们从未停止过前进的步伐，也从未放弃过自己的梦想。

为学之道，成己成物。20 年来，我们研究组织学习，又在组织学习中自我成长，并努力为利益相关者创造价值。理论方面，从基础研究到应用研究，从历史剖析到方向探索，从西方理论借鉴到本土实践思考，从案

---

① 永引渠指北京"母亲河"永定河之引水渠。

例梳理到模式总结,从课题研究到理论提炼,从项目方法论探讨到系统理论完善,我们重新定义了组织学习与组织学习力,重新定位了组织学习的战略地位及核心价值,重构了组织学习理论体系,开启了中国式组织学习理论的体系化与学理化探索。实践方面:于客户,我们以不断升级优化的"1+N"高质量学习知识服务体系,平均每年服务全国500余家大企业大集团,完成项目800余个,学员达10万人次,助力中国企业提升组织学习力与核心竞争力;于合作者,我们倡导"价值为本、众创共享",与研究机构、企业组织、师资、学员、供应商等共同构建"共识、共建、共创、共享、共生"的高质量学习生态圈;于社会,我们积极履行社会责任,常年在贵州省铜仁市江口县多所小学实施"奖教金"和"奖学金"计划,让学习的种子在更广阔的土地上生根发芽;于员工,我们坚持以人为本,注重知识资本,尊重价值创造,塑造了一支使命如磐、真诚善良、责任担当、灵动协同、创造高效的"雁之队"。20年来,因为专注于学习,也因为有学习的同道者,我们方能应对变化与风险、战胜困难与挑战,在理论与实践中不断突破自我,重塑新能力、创造新价值,并实现企业与个人、社会的融合发展。所谓"学贵得师,亦贵得友",在这里,衷心感谢一直以来支持我们高质量学习事业、热爱学习的每一家客户、每一个组织、每一名专家、每一位学员以及所有的"学友们"。

特别感谢中国人民大学原校长刘伟教授,上海交通大学上海高级金融学院首任理事长屠光绍先生,中央马克思主义理论研究和建设工程咨询委员会委员、中共中央党史和文献研究院原院务委员陈晋研究员,国务院国资委产权管理局原局长、规划发展局原局长邓志雄先生,中国大连高级经理学院原常务副院长、中国国有企业研究院院长董大海教授,十四届全国政协委员、中国社会科学院大学经济学院黄群慧教授,中央党校(国家行政学院)中国式现代化研究中心主任张占斌教授,北京国家会计学院党委副书记、副院长叶康涛教授，北京大学领导力研究中心主任王辉教授。他们在百忙之中不吝赐教并乐于俯身为拙作作序或推荐，给予我们极大的肯定和鼓舞！

同时，感谢程郁缀、李礼辉、贾庆国、季晓南、王一鸣、周文彰、姚洋、赵艾、张虹、龚云、胡敏、何志毅、彭凯平、孟宪忠、李海洋、王向明、孙富春、范玉顺、余明阳、刘哲昕、王杰、赵可金、杨建国、杨永胜、赵玉建、钱兴坤、王润秋、王计平、叶海林、曾刚、范黎波、宁连举、赵占波、杨学成、周丽莎、王国玮、何仁初、刘秉君、柯银斌、于兹志、冷元红、陈坚、贺艳青、薛江、胡昊、高靖海、赵彦博、陈万福、李国贵、钟家霖、王雪、赵晓东、邓美涛、皮涛、王勇、余景春、刘建贤、彭颖、王红奇、马亮、梁刚、胡演斌、李立、尹雪春、李延明、王世杰、张洪涛、许军平、孙文良、谭大辉、黄常胜、吕林、贺勇、潘伟、申祺永、喻翔宇、李作民、樊宣刚、钟晓、喻云华、王国春、刘世平、梁辉、宋斌、王强、吴新、郑维、李平、周建明、李东明、徐湛、王有治、李秀芳、赵文涛、于进松、武晓宇、徐欢生、王文益、赵明辉、孟起、周孚方、刘绥滨、胡圣云、王岳峰、刘茂才、樊建川、彭满山、张晋川、王海林、刘明建、陆恺、郝跃南、米瑞蓉、常捷、贾立峰、翟继林、雷永强、李应彪、李建良、李再英、赵春吉、泰昌鹏、薛礼红、牛忠富、武利军、关旭初、王永庆、常晓春、何冀兵、张万文、阳海涛、刘峰、屠执中、喻祥奎等学者、实践专家及好友一直以来对我们研究或实践的指导、鼓励与支持！

也非常感谢中国人民大学出版社热衷于挖掘中国自主知识体系成果的丁一编审，他不仅为本书出谋划策，还为我们之前的《企业文化建设实务》《创业者实战手册》等内容撰写提出真知灼见。

还要感谢始终坚持"传承、创新、融合、守常、适变"、坚守高质量学习事业，披荆斩棘、一路走来的"商儒君"们，此书也是大家共同的智慧成果与实践结晶。

最后，还要向身边的每一位亲人以及"商儒君"的家属们致以深深的谢意，是因为有大家浓浓的爱和默默支持，才有突破性成果的顺利诞生，才有组织的韧性成长，才有高质量学习事业的长足发展。

为学之路，任重道远。实践没有止境，理论创新也没有止境。面对纷繁复杂的内外部环境，面对"难学习""大学习"之挑战，中国式组织学习理论，定然会面对更多的问题与困惑，要反复实践检验、不断丰富和发展，这需要更多的研究者、实践者和服务者参与其中，共同努力，这是一条无止境的"长征之路"。但是，无论如何，唯有理论创新与实践创新不断良性互动，才能让理论之树常青、事业之树常青。我们依然会坚守"学以成己成物"的初心，持续深化组织学习理论研究与实践探索，致力于构建具有学术影响力的中国企业发展智库，打造中国管理领域知识服务的领先机构，树立具有全球竞争力的学习生态品牌，以高质量学习推动中国企业高质量发展。我们也期望与更多组织学习领域的"同行者"，一道丰富与发展中国式组织学习理论，为促进中国自主知识体系建设贡献力量，为推进中国式现代化进程提供智力支持，共同推动"大学习"、促进"大创新"、实现"大发展"！

高剑峰　何建湘

2024 年 11 月 15 日

北京市复兴路 2 号院

图书在版编目（CIP）数据

高质量学习：中国式组织学习实践与创新 / 何建湘，高剑峰著. -- 北京：中国人民大学出版社，2025.4.
ISBN 978-7-300-33709-8

Ⅰ. F279.2

中国国家版本馆 CIP 数据核字第 2025VD1204 号

高质量学习——中国式组织学习实践与创新
何建湘　高剑峰　著
Gaozhiliang Xuexi——Zhongguoshi Zuzhi Xuexi Shijian yu Chuangxin

出版发行	中国人民大学出版社				
社　址	北京中关村大街 31 号		邮政编码	100080	
电　话	010-62511242（总编室）		010-62511770（质管部）		
	010-82501766（邮购部）		010-62514148（门市部）		
	010-62515195（发行公司）		010-62515275（盗版举报）		
网　址	http://www.crup.com.cn				
经　销	新华书店				
印　刷	北京联兴盛业印刷股份有限公司				
开　本	720 mm×1000 mm　1/16		版　次	2025 年 4 月第 1 版	
印　张	22.5 插页 1		印　次	2025 年 4 月第 1 次印刷	
字　数	276 000		定　价	79.00 元	

版权所有　侵权必究　　印装差错　负责调换